财务云丛书

财务共享服务

（第二版）

陈 虎 孙彦丛 著

中国财经出版传媒集团
中国财政经济出版社

图书在版编目（CIP）数据

财务共享服务/陈虎，孙彦丛著．—2 版．—北京：中国财政经济出版社，2018.6（2023.4重印）

（财务云丛书）

ISBN 978－7－5095－8271－8

Ⅰ.①财… Ⅱ.①陈…②孙… Ⅲ.①企业管理－财务管理－商业服务－世界 Ⅳ.①F279.1

中国版本图书馆 CIP 数据核字（2018）第 110431 号

责任编辑：温彦君　樊清玉　　　　　　　　责任校对：李　丽

中国财政经济出版社　出版

URL：http://www.cfeph.cn

E－mail：cfeph@cfeph.cn

（版权所有　翻印必究）

社址：北京市海淀区阜成路甲28号　邮政编码：100142

营销中心电话：010－88191522

天猫网店：中国财政经济出版社旗舰店

网址：https://zgczjjcbs.tmall.com

北京时捷印刷有限公司印刷　各地新华书店经销

成品尺寸：170mm×240mm　16 开　21 印张　323 000 字

2018 年 7 月第 2 版　2023 年 4 月北京第 7 次印刷

定价：88.00 元

ISBN 978－7－5095－8271－8

（图书出现印装问题，本社负责调换，电话：010－88190548）

本社质量投诉电话：010－88190744

打击盗版举报热线：010－88191661　QQ：2242791300

未来的财务,一定是共享服务的天下!

陈虎
2008 年 8 月

我认为陈虎博士所领导的团队就是这么一批幸运者,因为他们不仅改变了自己,还在某种程度上改变了中国的会计行业。

中国会计学会会计信息化专业委员会主任
上海国家会计学院 副院长　刘勤教授
2014 年 6 月

你不是一个人在读书!
扫码进入财务云读者群
与小伙伴"同读共进"!

责任编辑邮箱:Qingyuf@sina.com

自序

从未停止改变，从不畏惧失败

从 2005 年开始财务共享服务实践，到今天业界越来越多的同仁都在关注并探讨财务共享服务，越来越多的企业已经成功上线并有效地实施了财务共享服务，十几年财务共享服务的探索历程中，我们实现了中国企业财务共享服务领域的很多个"第一"：第一个网络报销系统；第一个共享任务平台，第一个企业差旅系统；第一个中国企业的财务共享服务中心；第一个中国的全球财务共享服务中心；第一次提出"战略财务"和"业务财务"名词；第一个提出"财务云"概念……这是作为SSC 人最自豪的事情。

回顾 2005 年初，公司开始全面国际化，需要派驻海外很多财务人员。我们发现当时的财务运行效率低下，实施财务基础服务的革命（财务共享服务），用更科技化和现代化的手段来完成财务体系的变革和再造已经迫在眉睫。

可是，观念的转变不是那么简单。财务共享服务项目启动之初，我们团队在十天内飞了八个城市：深圳、广州、北京、沈阳、上海、南京、成都和西安。我们告诉分布在这些城市的财务人员我们需要变革，改变基于桌面、基于纸面的会计处理模式，我们需要更加专业化、标准化、流程化和信息化。但是由于大家不了解共享服务，认为自己的工作再也没有价值了，有人选择了离开。在那段时间里，看见这么多的同事离去，看见这么多的业务需要重新再造，我们才真正深刻地认识到，这不是一次简单的流程再造，而是一次财务的自我革命。我们必须赋能团队、壮士断腕、砥砺前行。

幸运的是，我们完成了这件事。这不单单是一项优化的工作，也不单单是一套软件的设计和应用，这个过程是流程的再造、组织的再造、信息系统的再造，财务人员的知识结构和业务层次的革新，是观念的革命。这些迷茫中的寻找，变革中的阵痛，眼泪中的欢笑，是我们最宝贵的回忆。

2005年，没有凭证的系统自动分配，没有影像系统，一个简易的刚好能装50份凭证的布制凭证袋，开启了我们财务共享服务实践的新征程。

2006年，在财务共享服务的支持下，我们实现了财务组织的成功转型，2008年首次提出"战略财务、业务财务、共享服务"三分财务架构模式。那年，我们在会议室一起讨论的三个名词"战略财务""业务财务"和"共享服务"，今天已经成为中国财务界的通用名词。

2009年，我们建立了单据条形管理体系、影像管理系统、任务分配机制和电子档案系统，打通了财务系统和前端业务系统，成功地实现了财务和业务系统的有效融合。

2011年，我们第一次提出了"财务云"的概念，我们希望财务能像水和电一样无处不在，并唾手可得。

2013年，我们启动了全球财务共享服务中心的建立，把所有的财务业务集中到中国来处理。从第一个国家泰国，到最后一个国家印度，语言、会计和税收政策、法律、时差、文化、系统的差异和挑战，都未能阻挡我们前进的脚步，我们用1308个日日夜夜，成功地把全球的财务基础业务移交至财务共享服务中心。如今，财务云仅仅不到400名财务人，便可以处理全球 100 多个国家和地区的会计报表，近千个银行账号的资金收付，上百万份单据的财务审核，我们的财务能够用云服务的方式高效精准地支持公司的全球业务，财务真正实现全球化的统一运作。

十多年的探索历程，让我们积累了大量的知识和经验，沉淀了全球会计、税务、财资、贸易、法律以及金融环境相关的知识。我们知道，我们前进的每一步，解决的每一个问题，未来的中国企业可能都会遇到。我们的经验和教训，无数的中国企业走向海外，都能够借鉴。如今，我们荣幸地帮助很多中国企业陆续建立了财务共享服务中心。在财务全球化的进程中，我们有幸与更多的中国企业并肩前行再创辉煌。

感谢一路同行的 SSC 人，感恩一直给予我支持和鼓励的领导和同事们，感激一直默默支持我的家人，和你们在一起，度过人生最美丽的为实现梦想而努力的时光，是我最大的幸运和幸福。人生本该如此，从未停止改变，从不畏惧失败。

深圳市中兴新云服务有限公司总裁
陈虎
2018 年 5 月

序一

21世纪是一个挑战与机遇共存的时代,能否在快速变革的新环境下整合资源、锐意创新、把握时机,是当代企业能否在竞争中取胜的关键。伴随着企业集团化、全球化、精益化管理的需求,变革转型成为了集团财务管理的必然趋势。

传统的财务管理模式中,财会部门对企业的作用主要体现在价值守护方面,财务人员的主要职能仅仅是停留在财务核算、资金结算、报表编制等基础会计工作中。面对外部环境的激烈竞争,传统的会计工作已经不能满足企业发展对财务信息的需求,我们需要更多管理会计方面的支撑,需要财务人员提供更多关于公司运营数据、预算管理、业绩分析、绩效管控等方面的决策和支持,需要财务管理从价值守护转向价值创造,使广大财务同仁在做好公司价值守护者的同时,把传统的财务管理工作变成一种市场竞争力,为公司和客户增值,助力公司快速成长。

价值守护与创造包含了两重含义:其一就是守护,作为财务的传统监督职能,这是对财务人员的最基础要求,即账务与资金的清晰核算,真实反映公司的经营成果,为所有股东、供应商、客户等利益相关者守护公司价值;另一重含义就是创造，这是传统财务职能的升华，要求财务人员在做好传统财会工作的基础上，还要思考和探索财务工作的价值空间，最大程度地创造和释放价值，从各方面帮助公司提升经营能力，不仅守财，还要造财，这是对财务人员更高层次的要求。

价值守护与创造的理念实质就是希望财务实现从传统到现代的变革和创新，实现对于公司战略和业绩的更有力支撑，甚至是直接创造业绩，提升财务在公司整体经营框架中的地位与价值。

财务共享服务中心作为一个独立运营的经济实体，以顾客需求为导向，整合重复性、标准化业务并集中处理，为企业内部各业务单位及外部企业提供专业化的共享服务。共享服务模式不仅促进企业集中有限的资源和精力专注于自身的核心业务，创建和保持长期竞争优势，并达到整合资源、降低成本、提高效率、保证质量、提高客户满意度的目的。此外，通过市场价格参与服务外包竞争，也使其财务服务能力成为集团组织新的盈利增长点，真正实现了价值守护与创造的内涵。

财务共享服务是财务转型的先行军，更是价值守护与创造的奠基者。财务共享服务模式通过基础业务的规模化、制度化、流程化处理，释放出大量高素质人才到战略财务和业务财务。战略财务参与战略的制定与推进，进行预算资源管理和绩效控制，为公司经营决策层提供全公司的经营信息分析；业务财务深入到业务一线，与业务单位紧密合作，参与公司价值链各环节的价值创造。从这个意义上来看，我们建立财务共享服务的主要目的不是为了集中，而是为了分散，把财务人员更多分散下去，让他们一方面把数据真实、完整地收集上来，另一方面把财务的理念灌输到每一个经营活动当中去，使价值增值成为企业各项工作的终极目标和方向，从而也促使了财务组织发展为能够担负起公司经营决策、变革领导、业务导向与协作者的重要支撑，使财务职能发展为更为开阔、更有活力、更具创新能力的价值体系。

　　《财务共享服务》是一本集理论阐述与实践总结于一体的综合性共享参考书，不仅条理清晰，逻辑严密，更是蕴含了作者多年来从事财务共享服务创新与实践工作的珍贵经验。全书行云流水，深入浅出，适合各界希望对财务共享服务及财务转型有所了解的革故鼎新的研究者、实践者及创新者。相信本书无论是对于博闻强识的专家学者、开拓进取的企业家，或是孜孜求索的学生而言，都将是一本了解共享、碰触共享、走进共享的引路书。

中兴新通讯有限公司董事长
韦在胜
2014 年 5 月

序二

在《易·系辞下》中有过这样一段话:"上古结绳而治,后世圣人易以书契,百官以治,万民以察"。自人类出现,理财活动便持续不断,演变至今,精进而趋。市场经济的发展,商业模式的重塑,企业管理的演进,对财务管理不断提出新的挑战。在价值创造理念的驱动下,财务功能如何改善,成为企业战略、运营乃至价值链管理的最"给力"的支持系统,已经是 CEO 和 CFO 们需要认真考量的问题。财务共享服务,是一种依托信息技术,以财务业务流程处理为基础,以优化组织结构、规范系统流程、提升流程效率、降低运营成本、强化决策支持、创造企业价值为目的,以市场视角为内外部客户提供专业化、标准化服务的管理模式。

财务共享服务产生于跨国公司,但近十余年来,中国本土企业间也盛行起来,方兴未艾,对其理论与实践如何及时地加以总结和推广,使其成为正处于转型发展、创新驱动关键时期的中国企业之"利器",亟待学术界和实务界为之努力一番。我欣喜地看到,中兴新云陈虎先生,以其丰富的实践经验、独特的学识智慧、严谨的研究方法,完成了业界期待已久的此项大作。

这是一本有关财务共享服务的研究报告，更是一本显示中国新一代财务管理智慧与思想的著作。

阅览之余，不胜感慨，缀于卷首，是为序。

上海财经大学
孙　铮
2014 年端午节

序三

进入 21 世纪以来，随着全球化和信息化浪潮的兴起，社会经济发展遇到了前所未有的冲击，产业组织面临重塑要求，商业模式被迫不断转型，管理理念的创新方兴未艾。就会计行业而言，变革也非常显著，以移动互联网、大数据分析、云计算和物联网等为代表的新技术，正在彻底改变整个会计行业：如会计组织更趋于集中和共享；财务处理流程正走向智能化；XBRL 开始成为国际财务报告的信息标准；凭证处理逐步前移和影像化；会计服务方式走向社会并云端化；信息系统的操作终端已突破传统计算方式变得无所不在；大数据正在迅速地成为资产，已经或即将成为会计重要的管理对象。与此同时，会计信息系统的安全风险也日益凸显，对会计人员的新技术要求也越来越高。

在这一系列令人眩目的变革中，尤为值得一提的就是财务共享服务模式。所谓的财务共享服务，是指依托信息技术，以财务业务流程处理为基础，以优化组织结构、规范流程、提升效率、减低运营成本或创造价值为目的，以市场视角为内外部客户提供专业化生产服务的分布式管理模式。这种模式之所以值得关注，是因为它浓缩了一系列新的管理理念，集中应用了一批技术变革的成果，代表了新时代的管理现代化和会计信息化的新趋势。

当今，财务共享服务，已经成为一种卓有成效的组织管理模式。据调查，世界《财富》500 强中，大多数企业都已建立了财务共享服务中心。在中国，财务共享服务发展也很迅速，已投入运行的服务中心超过了 450 家。2011 年，CIMA 和中兴通讯的联合调查结果表明，我国的财务共享服务，未来"将进入迅速扩展的发展阶段"，这不得不引起所有行业管理者的关注。

在推进中国财务共享服务事业的发展中，中兴通讯是当之无愧的实践先行者和技术输出者。1999 年，中兴通讯就开始筹备成立共享服务中心，2005 年正式提供财务共享服务。经过十几年的发展，中兴通讯不仅实现了自身业务处理成本的显著下降和效率的显著提升，还将其实践成果产品化，并进行了有效的技术输出，让本土更多的集团企业分享了其管理经验和收益。为此，2010 年，中兴通讯获得了"中国管理模式杰出奖"的桂冠。中兴通讯的财务共享服务创新，也因此获得了很多高层管理者的关注，财政部党组成员、部长助理余蔚平先生曾于 2014 年 5 月亲自到中兴通讯西安财务共享中心考察调研，对中兴通讯的成就给予了高度的评价。

中兴通讯的陈虎博士，是中兴财务共享中心的创始人之一，曾亲自参与设计和组建多个全球财务共享服务中心，在财务共享服务理论体系、方法论上作出了很多探索。陈虎博士以丰富的实践经验，并结合国内外运作模式的研究，曾先后出版过《财务共享服务》（2008）和《财务共享服务行业调查报告》（2011）等专著。我认真拜读了他的这些著作，其深邃的思想和内容给我留下了深刻的印象。为此，我曾经给上海国家会计学院的很多学员和研究生做了隆重的推荐。可以说，中兴通讯开拓性的实践和陈虎博士的理论总结意义重大，对我国近年来财务共享服务的茁壮发展起到了非常重要的推动作用。

在中国企业日渐国际化和信息化、管理会计得到空前重视的背景下，陈虎博士及时推出了这本新的财务共享服务专著。在众多企业对财务管理新技术、新模式十分渴求的时候，这本崭新的、理论和实践兼备的专著可谓应时而生。我有幸看了全部书稿，感觉相对其前面的著作，本书又有了很多新的发展，如更注重理论框架、更注重战略思考、更注重运营管理、更注重风险控制等。此外，本书还对推行财务共享服务的阻力和困难，如信息系统的制约、流程优化的障碍、人员转型和安置等值得关注的问题进行了重点论述，尤其是在很多章节中引入了相关的经典案例，为读者借鉴全球最佳实践提供了详细的素材。总而言之，这本新书最具价值的是其在本土语境下所提供的完整理论体系和最佳实践的有机结合。

此前，CIMA 和中兴的联合调查显示，只有 5% 左右的财务共享服务中心的建设是完全借助咨询公司来完成的。因此，对于大多数准备筹建和已经建成共享服务中心的相关从业人员而言，这本书就是可用于实战的操作指南。对于其他财务同仁或学生而言，本书也能为大家开拓一个全新的管理和技术视角。

苹果公司的原 CEO 乔布斯曾经说过："每一个革命性的产品的到来都将改变一切……如果在你的职业生涯中能够为其中的一件工作过那将是非常幸运的"（2007 年）。我认为陈虎博士所领导的团队就是这么一批幸运者，因为他们不仅改变了自己，还在某种程度上改变了中国的会计行业。

最后，我诚挚地向大家推荐本书，希望行业同仁能从中有所感悟、有所借鉴，同时我也衷心希望本书的出版有助于中国会计改革，能对中国的企业转型发展作出进一步的贡献。

中国会计学会会计信息化专业委员会主任
上海国家会计学院副院长
刘勤教授
2014 年 6 月

序四

　　十年磨一剑，很高兴看到由中国企业管理者研究与实践所凝练而成的《财务共享服务》一书的出版。

　　创新是永远的话题，在中国经济社会加速转型的今天，中国企业必须加快商务模式与管理模式的变革与创新，才能在全球化的经济环境中获得竞争优势。中国经济的发展有赖于中国企业的发展与管理的进步。近20年来，我国企业成长速度举世瞩目，形成了一批具有国际影响的大型企业集团。就处于经济转型时期和正在走向集团化的中国企业而言，财务管理模式的设计是一个十分重要的话题。财务管理模式如果设计不当，会严重影响整个企业集团的管理效率。但是，这一话题又往往被忽视，在过去的研究中，财务管理类书籍很少对此做专门的研讨。

　　由于企业规模的快速扩张，很多大型企业集团由于种种条件的限制，比如管理幅度的限制，分支机构广泛的地域分布，以及提高决策效率的考虑，采用了"分权"的财务管理模式。但是从企业长期经营和发展来看，"分权"模式带来了一系列新的问题。第一，企业内部财务目标不协调；第二，增加了集团总部对分支机构的监督成本；第三，代价昂贵的激励成本。

同时，随着企业业务向多元化领域延伸，企业的管理者对财务团队的要求也愈来愈高，要求财务团队能参与重要的企业决策制定与执行。越来越多的大型企业，由于战略上的需求，趋于财务管理集中化。财务管理集中化包括会计核算集中化，财务决策集中化与风险控制集中化。其中，会计核算集中化是基础，而财务决策与风险控制集中化必须依赖于会计核算的集中化。而会计核算集中化的实现，需要借助财务共享服务的出现与发展。

财务共享服务的理念来自于20世纪末跨国公司的管理创新，并迅速得到了财务界的认同和推广。但是，财务共享服务在中国企业中从概念阶段到实践阶段，也不过十年左右时间。《财务共享服务》一书，提出了财务管理的新模型，指出了财务转型的新路径，相信很多企业的管理者都会深受启发。尤为重要的是，本书详细阐述了财务共享服务的整体框架和实施方法，总结了一流的财务共享服务中心的经验，从财务共享服务的定位，到设计细节，再到管理实践，不仅给出了理论依据，也列举了大量的例证进行经验分析。其内容之详尽完整，是目前国内关于财务共享服务的书籍中所鲜有的。作者多年的心血可见一斑。该书融理论性和操作性于一体，对于相关领域的理论研究者和实际工作者都具有重要的参考价值。

北京大学光华管理学院

陆正飞教授

2014 年 6 月

序五

2008年的时候,我曾为陈虎的第一本《财务共享服务》写序,那本书也是国内首次系统介绍和研究共享服务的专著。时隔六年,财务云丛书之一《财务共享服务》得以重新编著,此次,作者的视角更广,提出了完整的财务共享服务管理框架,以及项目实施的阶段与步骤。本书的内容也更加丰富与成熟,对财务共享服务中心管理方法的讨论,已超过了传统的财务部门的管理理论,更多的是跨职能型的、创新性的管理理念。这表明我国企业在财务共享服务领域的创新和实践在不断深化和提升,越来越注重利用信息技术和组织变革来加强自身的竞争优势。

请允许我先简单地谈一下财务共享服务的优势,企业信息技术的应用以及管理会计和财务共享服务的融合。

财务共享服务的实施对于大型企业的益处是显而易见的,我接触的采用共享模式的企业管理者们,往往会提到共享服务提高了财务部门运行效率,也就是降低了财务部门的运行成本。因为会计业务的集中处理,会计业务的标准化,把部分财务工作转嫁给泛会计人员,以及信息的一次性录入,剔除了很多重复性工作。第二,财务共享服务提高了财务信息产生的速度，财务报告完全可以做到实时和同步。第三，提高了信息的准确性，消除技术性差错。第四，智能化软件替代了感知、判断、比较、验证、记忆以及常规性决策，一方面会计操作简单化或自动化，另一方面会计系统设计复杂化。最后一个就是支持集团公司扩张发展战略。企业规模越大，地域越分散，财务共享服务中心的优势就可以显现出来。

随着信息技术的发展，财务共享服务中心可以得到进一步"升级"，不仅是财务会计核算和报告中心，同时实现企业管理控制系统的反馈功能，也是决策支持系统。未来可以将财务共享服务嵌入预算管控系统，平衡计分卡管控系统及管理驾驶舱等管控系统，让财务共享服务可以递进式向前发展。前面提到财务共享服务可以降低财务部门的成本，其实财务共享服务可以降低整个企业的成本，提高整个企业的管理运营效率。财务共享服务作为平台立足点，集成现存系统的"碎片"或"孤岛"，实现企业信息系统"大统一"愿景。随着企业会计的不断整合，以后企业里面将不存在会计人员，但是存在有会计知识不专门做会计的人员。

最后，财务共享服务中心与管理会计的融合势在必行。美国 IMA 学术顾问 Gary Cokins 在其一本著作中对管理会计的七大趋势预测中有一点说到"管理信息技术和共享服务将成为管理会计的一项业务"。财务共享服务中心与管理会计融合主要利用财务共享服务中心内管控系统的反馈功能，管理者在决策时财务共享服务中心可以提供历史数据来进行支撑，从而可以构建一个决策支持系统。其实这一点，与本书的观点不谋而合，财务共享服务中心将成为企业的财务数据中心，推动企业有效利用管理会计，提升企业价值的创造能力。

我国企业开始实施财务共享服务，虽然只不过是近十年的事情，但发展非常迅猛，可以看到，关于财务共享服务的研讨会频频举办，更多的企业管理者开始分享实践经验。同时，关于财务共享服务的思考与研究论文也常见于国内财经类期刊。本书的作者著有不少财务共享服务相关的研究成果，又将自己的研究与创新在大型企业集团中进行落地实现。对于有意向实施，或者已经在实施财务共享服务的国内企业来说，本书的意义在于：第一，提供了一个可供参照的财务共享服务中心样本。从管理理念到实施方法，给出了大量真实的资料和案例，符合企业的实际环境，企业完全可以参照进行尝试；第二，理论与实践的有机结合。本书大篇幅地介绍了跨领域的多种管理思想，比如流程管理、组织管理、绩效管理、质量管理以及服务管理等等，并详细讲述了如何将多种管理方法实际应用于财务共享服务中心，理论性和操作性都非常强；第三，首次给出了财务共享服务的完整体系。作者创新性地提出了财务共享服务的框架，即共享服务发展各阶段所包含的关键影响因素及各关键因素之间相互关系所构成的组合，读者可以树立起财务共享服务项目的整体观。在项目实施阶段，作者提出了"361度方法"，指导实施者如何成功完成这场组织与管理模式的变革。与之前该领域的书籍相比，读者可以更完整地理解财务共享服务中心的设计、管理、实施与运营。

本书适合关注财务转型的，有意向或者正在实施财务共享服务的企业管理者，同样适合财经管理领域的学者、老师与学生，相信读者定能受益匪浅！

清华大学经济管理学院
于增彪教授
2014 年 6 月

序六

很荣幸为陈虎的《财务共享服务》一书写序。该书以一家大型跨国集团的财务共享服务实践为基础,结合财务共享服务行业的发展,形成了系统的财务共享服务理论体系,提出了实施财务共享服务的一整套完整、全面的方法论。

随着信息技术的发展和经济全球一体化的推进,跨国企业集团在面对挑战的同时,也抓住新技术带来的机遇,不断进行财务管理创新。30年前福特(FORD)公司在底特律创建了全球第一个财务共享服务中心,其后,GE、HP、Accenture等世界500强企业也成立了各自的财务共享服务中心。财务共享服务就是跨国企业集团一种新的财务管理模式,可以显著降低集团日常事务的处理成本,降低风险,提高效率,并支持企业集团战略有效执行,因此,财务共享服务模式得到了理论界和实务界的广泛关注。

近20年来,我国企业集团如雨后春笋般地涌现出来,企业集团从小到大,2013年已经有70多家企业集团屹立在世界500强的排行榜中。然而,我国企业集团成立时间短,发展扩张速度快,瞬息万变的经营环境对企业集团管理带来了巨大的挑战。财务管理是企业集团管理的核心,企业集团的财务管理效率低、成本高、财务信息质量差、风险不可控等问题成为了企业集团存在的问题，如 2004 年中航油集团新加坡子公司财务危机事件、2004 年华源集团"9·16"财务危机事件、2008 年中海集团韩国釜山公司的"中海资金门"事件等等。可以看到，中国的企业集团在发展壮大的过程中，企业集团财务管理弱化问题严重制约了企业集团的健康发展。CFO 团队能否支持公司在全球扩张中对分子公司的财务管控，能否把全集团的资源进行合理的配置，能否根据经济环境的变迁，去建立支持公司提升竞争力的财务管理模式，这都是在战略层面需要考虑的问题。在这样的背景下，很多企业的 CFO 团队对财务组织进行了变革，开始尝试财务共享服务模式的应用。通过这种尝试，降低企业的成本、提高财务信息的质量、提升业务处理的效率、控制企业集团的风险，做好管控，做好决策，来支持公司战略实现，保证公司的核心竞争力。

在十多年前，中兴通讯由于公司规模的快速扩张，开始对财务流程进行优化改造，将各分支机构中分散、重复的财务核算和账务处理予以标准化、流程化，并集中至财务共享服务中心进行处理，成为国内第一家成立财务共享服务中心的企业。在积累自身实践经验，不断创新财务管理模式的基础上，中兴通讯为其他多家企业提供了财务共享服务解决方案，帮助更多的中国企业提升财务管理水平。

本书的作者潜心研究财务共享服务多年，并亲自设计、实施、运营和管理其所在公司的财务共享服务中心，他们的研究和实践使得《财务共享服务》一书的学术性和可操作性有机结合。本书最大的亮点是对该跨国公司的财务共享服务中心的最佳实践进行深入剖析，从该公司管理创新路径出发，总结创建财务共享服务中心的理论体系，提出了财务共享服务的框架，对财务共享服务中的战略定位、流程创新、组织和人员设置、信息系统的架构、运营管理和变革与风险管理等关键因素进行了深入的分析。在此基础上，进一步对财务共享服务的落地实施进行了阐述。不管是财务共享服务理论部分，还是实践部分，都为正在建设或准备建设财务共享服务中心的企业提供了宝贵的经验参考。

在此，特向企业管理者和工商管理领域的研究者、老师和研究生，以及管理咨询公司的咨询师们诚挚地推荐本书，希望诸位从本书中有所参考、有所借鉴、有所吸收，为我国企业提升财务管理水平，形成持续的国际竞争力，作出应有的贡献。

中国人民大学商学院

张瑞君教授

2014 年 5 月

前　言

　　共享服务管理模式的诞生是现代管理模式的一次深度变革，尤其是财务共享服务的应用，为企业财务管理所带来的效益日益突显，使得越来越多的跨国公司对财务共享服务青睐有加。

　　20世纪80年代，福特公司建立世界上第一个财务共享服务中心，共享服务的理念便开始在集团高管的管理思路中渗透。1999年，摩托罗拉"亚洲财务结算中心"在天津的成立，更是为共享服务在中国版图上的实施打开了新局面。已经走向全球的中兴通讯是最早引入这一国际先进管理模式的中国企业。为了适应财务管理方式及其组织架构的深度变革，中兴通讯财务共享服务中心不断进行整合和优化，通过财务管理制度创新、流程创新、财务组织创新和技术创新，中兴通讯财务流程处理成本比实施共享服务前降低了69%，服务质量及运作效率实现双重提升。

　　财务共享服务作为跨国企业集团财务管理的一种新的管理模式，可以显著降低集团日常事务的处理成本，提高效率，并支持企业集团在全球扩展的战略得以有效执行。中国企业在走向国际化的进程中，如何建立财务共享服务中心，有效实施财务共享服务，提升财务管理能力，助推企业核心竞争力，是当前急切需要解决的问题。

本书以财务共享服务的理论与实践为主题，展示了未来财务变革与财务转型的发展趋势，提出了全球经济一体化背景下的全球财经管理模式，以及财务共享服务是企业财务变革与财务转型的必经之路。本书对财务共享服务的理论、方法进行研究，并将之转变成可操作的实践方法和实施方案，其中财务共享理论和共享实践的有机结合，是本书极有价值的部分。

本书全文共分为13章，其中第1章、第2章从财务管理的变革需求，引出财务共享服务的理念、意义及发展趋势；第3章则系统地概括了共享服务框架的搭建，并从第4至第9章，针对共享框架详细阐述组成框架的各个模块，包括战略定位、流程、组织和人员、信息系统、运营管理、变革与风险管理；第10章至13章重点介绍了财务共享服务项目的实施，其中，第10章介绍共享服务项目的实施方法论，并由此出发，在11至13章分别阐述方法论中实施步骤的三个阶段，定义与启动、规划与设计、实施与运营，以及各阶段中的工作内容、输出物和关注事项，为共享服务的实践指明切实可行的方向和参考路径。

本书主要内容是针对准备建立或已经建立财务共享服务中心的人员如何更系统、更有效地开展共享的建立和管理工作，是具有较强操作性和实用性的共享实施的指导书籍。然而，它的读者也不仅仅局限于此，我们希望任何致力于财务变革、企业全球化拓展的管理者，都能将本书作为不可多得的参考书，同时，希望为广大的财务同仁、大专院校财经专业学生，展开一个更为广阔的行业视角，为财务的创新和发展助添活力。

陈　虎

目　录

第1章　变革时代的财务转型 ·· 1
   1.1　财务转型的背景 ·· 1
   1.2　财务转型的过程 ·· 5
   1.3　创造价值的财务管理模式 ·· 14
   1.4　财务转型的路径 ··· 19
   小结 ·· 23

第2章　财务共享服务 ··· 24
   2.1　共享服务的产生及意义 ·· 24
   【案例】花旗共享服务中心的建立 ···································· 42
   2.2　财务共享服务的概念与发展 ····································· 46
   【案例】GE 全球运营：机器人时代下的共享服务 ·················· 56
   【视点】"五个统一"是财务共享服务的基础 ······················ 59
   小结 ·· 60

第3章　财务共享服务的框架 ··· 61
   3.1　财务共享服务的框架 ·· 63
   3.2　管理框架各要素说明 ·· 65
   【视点】关于财务共享服务建设的四大误区 ························ 72
   小结 ·· 74

第4章　战略定位 ··· 75
   4.1　财务共享服务中心的战略目标 ·································· 75
   4.2　财务共享服务中心的战略结构 ·································· 79
   【案例】共享服务的战略演进 ·· 84
   4.3　财务共享服务中心战略职能规划 ······························· 86
   【案例】简柏特 GENPACT ·· 88
   小结 ·· 90

第5章　流程 · 91
- 5.1　什么是流程 · 91
- 5.2　流程管理 · 93
- 5.3　财务共享服务中心的流程框架 · 94
- 5.4　财务共享服务中心的流程 · 97
- 5.5　财务共享服务中心的流程示例 · 102
- 5.6　财务共享服务中心的流程实施与优化 · 105
- 【案例】福特汽车公司采购应付账款管理 · 107
- 小结 · 110

第6章　组织和人员 · 112
- 6.1　财务组织结构的影响因素 · 112
- 6.2　财务共享服务中心的组织定位 · 118
- 【案例】某保险公司财务共享服务中心在公司组织结构中的位置 · 120
- 6.3　财务共享服务中心的内部组织设计 · 122
- 【案例】辉瑞制药财务共享服务中心的组织结构 · 126
- 6.4　财务共享服务中心的人员配置 · 129
- 小结 · 132

第7章　财务信息系统 · 133
- 7.1　财务信息系统概述 · 133
- 7.2　财务信息系统整体框架 · 137
- 7.3　财务共享服务的核心信息系统 · 141
- 7.4　财务共享信息系统示例 · 143
- 【案例】中兴通讯网上报账系统 · 149
- 小结 · 163

第8章　运营管理 · 164
- 8.1　财务共享服务中心运营管理体系建设 · 164
- 8.2　目标管理 · 165
- 8.3　绩效管理 · 166
- 【案例】花旗银行财务共享服务模式下的绩效管理 · 170
- 8.4　人员管理 · 174
- 【视点】全球共享服务（GBS）证书 · 178

8.5 知识管理 180
8.6 质量管理 184
【案例】六西格玛（6 sigma）在质量管理中的应用 189
8.7 流程与制度 192
8.8 服务管理 195
8.9 标准的管理 198
【视点】SLA（服务水平协议） 199
小结 205

第9章 变革与风险管理 206
9.1 财务共享服务中心的变革管理 206
【案例】SAP亚洲六年瘦身 CFO 畅谈共享服务变革 221
9.2 财务共享服务中心的风险管理 225
【案例】区域 SSC 向全国推进的风险 237
小结 242

第10章 财务共享服务项目实施方法 243
10.1 财务共享服务实施的 PDE 方法 243
10.2 财务共享服务项目实施的"361度方法" 245
【视点】实施财务共享服务的常见问题 253
小结 256

第11章 财务共享服务项目定义与启动 257
11.1 项目立项 257
11.2 项目组织 258
11.3 项目启动会 261
11.4 项目调研 262
【视点】财务共享服务中心实施过程中的关键点 265
小结 266

第12章 财务共享服务项目规划与设计 267
12.1 财务共享服务规划设计 267
12.2 财务共享服务项目详细方案设计 275
【案例】共享服务中心的选址方案 283
小结 285

第 13 章　财务共享服务项目实施与运营 ·················· 286
　　13.1　财务共享服务实施部署 ························· 286
　　13.2　财务共享服务的运营 ··························· 292
　　13.3　财务共享服务中心的持续改进 ··················· 293
　　小结 ··· 294

展　　望 ··· 295

后　　记 ··· 298

参考文献 ··· 300

第1章 变革时代的财务转型

1.1 财务转型的背景

1.1.1 经济全球化

经济全球化是商品、技术、信息、服务、货币、人员等生产要素的跨国、跨地区的流动，这种流动将全世界连接成为一个统一的大市场，各国在这一大市场中发挥自己的优势，从而实现资源在世界范围内的优化配置。

经济全球化主要从以下几个方面表现出来：

生产一体化 经济全球化最基本也是最为实质的特征就是生产要素和商品的全球化流动，例如波音747飞机有400万个零部件，由分布在65个国家1 500个大企业和15 000多家中、小企业参与协作生产。德国拜耳公司与35 000多家国内外企业建立了协作关系，拜耳向它们提供中间产品，由它们加工成各种最终产品。

贸易自由化 每个国家几乎都成为了世界经济体系中的一员，并从对外开放中得到实惠。1995年1月1日世界贸易组织（WTO）正式运转，标志着一个以贸易自由化为中心、囊括当今世界各领域的多边贸易体制的构筑。

金融一体化 世界性的金融机构网络，大量的金融业务跨国界进行，跨国贷款、跨国证券发行和跨国并购体系已经形成。世界各主要金融市场在时间上相互接续、价格上相互联动，几秒钟内就能实现上千万亿美元的交易，尤其是外汇市场已经成为世界上最具流动性的市场。

科技全球化 各国科技资源在全球范围内实现优化配置，以信息技术产业为典型代表，先进技术和研发能力大规模跨国界转移，跨国界联合研发广泛存在,各国的技术标准越来越趋向一致。

1.1.2 企业全球化与跨国公司

跨国公司是当今世界经济中除国家以外最活跃的国际行为主体,是当今世界经济活动的主要组织者。跨国公司作为经济全球化的产物,它的迅速发展不仅使其在世界经济中的地位和作用不断加强,反过来也进一步促进了经济全球化,推动了国际分工的深化和经济全球化在生产、投资、贸易、金融、技术开发等方面的发展,推动了经济全球化的进程和世界经济的发展。

根据联合国贸易和发展组织(UNCTAD)发布的国际生产的主要指标可以看出,跨国公司的国际生产持续扩张(见表1-1)。2011年跨国公司的外国子公司聘用了6 900万名员工,创造销售额28万亿美元,增值7万亿美元,比2010年约高9%。联合国贸易和发展组织(UNCTAD)对最大的100家跨国公司进行了年度调查,所得数据反映出国际生产总体呈上升趋势,这些公司在外国的销售额和员工人数的增长速度明显高于母国。

表1-1　　1990—2011年直接外资与国际生产若干指标①
按现行价格计算的价值　　　　单位:10亿美元

项目	1990年	2005—2007年危机前平均水平	2009年	2010年	2011年
直接外资流入量	207	1 473	1 198	1 309	1 524
直接外资流出量	241	1 501	1 175	1 451	1 694
内向直接外资存量	2 081	14 588	18 041	19 907	20 438
外向直接外资存量	2 093	15 812	19 326	20 865	21 168
内向直接外资的收入	75	1 020	960	1 178	1 359
内向直接外资的回报率	4.2	7.3	5.6	6.3	7.1
外向直接外资的收入	122	1 100	1 049	1 278	1 470
外向直接外资的回报率	6.1	7.2	5.6	6.4	7.3

---

① 联合国贸易和发展会议:《世界投资报告》,2012年,第8页。

续表

项目	1990年	2005—2007年 危机前平均水平	2009年	2010年	2011年
跨境并购	99	703	250	344	526
外国子公司销售额	5 102	20 656	23 866	25 622	27 877
外国子公司增值（产值）	1 018	4 949	6 392	6 560	7 183
外国子公司总资产	4 599	43 623	74 910	75 609	82 131
外国子公司出口额	1 498	5 003	5 060	6 267	7 358
外国子公司员工数（千人）	20 458	51 593	59 877	63 903	69 065
备查：					
国内生产总值	22 206	50 411	57 920	63 075	69 660
固定资本形成总值	5 109	11 208	12 735	13 940	15 770
特许权和许可证收费	29	156	200	218	242
货物和服务出口额	4 382	15 008	15 196	18 821	22 095

在经济全球化时代，企业从国内经营走向全球市场，有一个从初级阶段到高级阶段的演进过程，每个阶段都有不同的全球化形态。当企业成为无国界经营的全球性企业，企业的国籍属性不再重要。企业的资源、产业链布局以全球为舞台，战略、运营、文化全球化，企业不仅仅是将分别位于全球不同地理位置的点简单地连接起来（Global Connectedness），而且还要让它们组成和谐有序的交响乐曲，持续地奏出动听的乐章（Global Orchestration）。更重要的是，企业具有全球性，其思维方式、决策过程和企业文化都已超越国界，以全球为唯一的参照背景。真正实现全球化运营，需要能力的积累，不可一蹴而就，从全球范围来看只有为数不多的企业能达到这一境界，如：可口可乐、百事可乐、丰田汽车、埃克森-美孚等。

1.1.3　管理思想变革

20世纪90年代以来，知识经济的到来使信息与知识成为重要的战略资源，技术越来越多地被用于企业管理；顾客的个性化、消费的多元化决定了企业只有能够合理组织全球资源，在全球市场上争得顾客的投票，才有生存和发展的可能。而企业组织愈来愈不能适应新的、竞争日益激烈的环境。美国企业从80年代起开始了大规模的企业重组革命，日本企业也于90年代开始进行第二次管理革命。这十几年间，企业管理经历着前所未有的、脱胎换骨的变革。此时，传统的古典管理理论、行为科学理论、战略管理理论已不能满足管理实践的发展需求，管理学界提出要在企业管理的制度、流程、组织、文化等方方面面进行创新，出现了企业再造（Re-engineering）、学习型组织（Learning Organization）等新的管理思想。

企业再造理论的最终构架由迈克尔·海默（M. Hammer）博士与詹姆斯·昌佩（J. Champy）完成。他们在其合著的《企业再造》（1993）中阐述了这一理论：现代企业普遍存在着大企业病，面对日新月异的变化与激烈的竞争，要提高企业的运营状况与效率，迫切需要脱胎换骨式的革命。企业再造的首要任务是BPR——业务流程再造（Business Process Re-engineering），它是企业重新获得竞争优势与生存活力的有效途径；BPR的实施又需两大基础，即现代信息技术与高素质的人才，以BPR为起点的企业再造工程将创造出一个全新的工作世界。

1990年，彼德·圣吉（P. M. Senge）所著的《第五项修炼》出版，该书的主要内容旨在说明：企业惟一持久的竞争优势源于比竞争对手学得更快更好的能力，面对剧烈变化的外在环境，组织应力求精简、扁平化、终生学习、不断自我组织再造，以维持竞争力。学习型组织不存在单一的模型，它是关于组织的概念和雇员作用的一种态度或理念，是用一种新的思维方式对组织的思考。在学习型组织中，每个人都要参与识别和解决问题，使组织能够进行不断的尝试，改善和提高它的能力。

1.1.4 科技革命影响

随着云计算、移动互联网等新一代信息技术的广泛应用，社会信息化、企业信息化日趋成熟，多样的、海量的数据以爆炸般的速度生成，全球数据的增长速度之快前所未有。2013年，麦肯锡全球研究机构（MGI）在一项最新研究报告中称，云计算技术、移动互联网等技术未来十年将对社会经济产生颠覆性影响，上述领域内的每一项创新，到2025年至少都会为世界经济带来1万亿美元的效益。

云计算技术使处理工具发生变化，移动互联网使沟通媒介发生变化，大数据提供的数据基础成为新发明和新服务的源泉。就像望远镜让我们能够感受宇宙，显微镜让我们能够观测微生物一样，大数据正在改变我们的生活及理解世界的方式。在大数据时代，每天都会产生海量数据。本质上说，仅仅把大数据存储起来并没有太多价值，在合理的时间内对这些海量数据进行撷取、管理和处理，进行基于大数据的洞察、分析和优化，才能为企业带来巨大的增值价值，这也是企业推行大数据的根本原因。大数据要注重应用，其核心技术之一就是能够在不同的数据类型中，进行交叉分析。语义分析技术、图文转换技术、模式识别技术、地理信息技术等等，都在大数据分析时获得应用。

大数据分析常和云计算联系到一起，因为实时的大型数据集分析需要向数十、数百甚至数千的电脑分配工作。云计算（Cloud Computing）就是这样一种资源交付和使用模式，用户可以通过网络以按需、易扩展的方式获得所需服务。基于云计算，服务提供商实现了为客户提供远程的及时服务，当用户在某时某地需要一项服务时，只需提出服务请求并付费，服务云就会提供相应服务产品，把自己的运营能力像水和电一样让外部随需使用，即云服务。云服务可以支持任何企业或个人提出的在运营管理方面的需求，无需企业自行建设，可以将精力聚焦在核心业务中。

随着宽带无线接入技术和移动终端技术的飞速发展，越来越多的人希望在移动的过程中高速地接入互联网，获取急需的信息和服务，移动互联网应运而生并迅猛发展。移动互联网正逐渐渗透到人们生活、工作的各个领域，短信、移动音乐、手机游戏、视频应用、手机支付、位置服务等丰富多彩的移动互联网应用迅猛发展，正在深刻改变信息时代的社会生活。由于移动是一种不同的工作负载，已经改变了交易方式，所以在同一个系统里，有数据、有事物、有应用程序、基础架构，还有虚拟化资源，它通过无处不在的移动网络，将大量的数据传输到"云中"去。

移动互联、云计算、大数据几个技术创新的领域连在一起，量化的数据促进"反馈经济"（Feedback Economy）的出现，经济的发展将进入一个新的时代，人们的行为很快地被纠正，走向很快地被认知，由技术创新带来的新经济形态意义将越来越大。

1.2　财务转型的过程

1.2.1　企业的目标

经济全球化、企业全球化、管理思想变革、科技革命……面对如此

财务共享服务

变幻莫测的商业环境,企业如何进行战略决策?要回答这一问题,我们必须先回答一个最本质的问题:"企业的目标是什么?"迈克尔·波特(Michael Porter)在其《Competitive Advantage》一书中阐明:"企业所做的每件事都应该为顾客创造价值,而且,由于对于稀缺资源的竞争,每个企业都必须以某种讲求成本——效益的方式来创造价值。"也就是说,企业之间的竞争,从根本上看,是企业为顾客创造价值的能力之间的较量,为顾客提供他们满意的价值,为顾客创造更多更好的价值,是企业存在和发展的目标。然而,企业的经营活动纷繁复杂,如何保证企业的各项活动和过程中都秉承这一目标呢?其实,每一个企业,虽然其环境、规模、商业模式、管理方式都不一样,但是,从本质上来说,最终都会抽象成为业务循环、管理循环和信息循环,这三大循环相互协作,共同运转,构成了企业从战略制定到行为修正的PDCA循环(见图1-1),只要每一项循环、循环的每一项活动都能够遵循为顾客创造价值的目标,企业就能够保持竞争优势、实现持续发展。阿妮塔·S.霍兰德(Anita Sawyer Hollander)在其《Accounting, Information Technology and Business Solutions》一书中,对三大循环作出如下阐述:

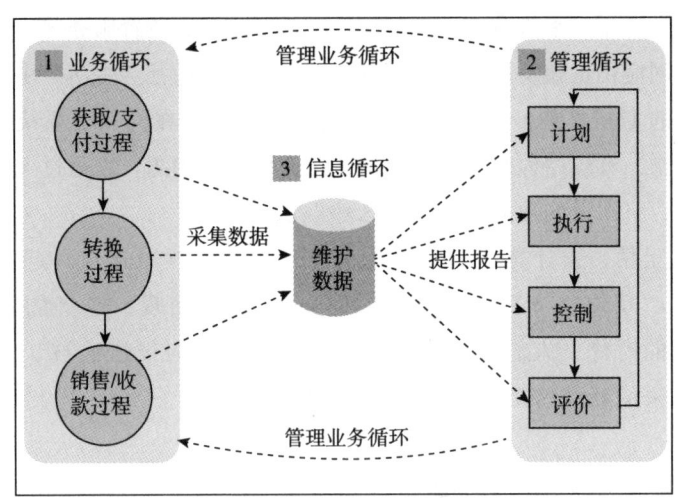

图1-1 企业的三大循环[①]

---

① 阿妮塔·S.霍兰德等:《现代会计信息系统》,杨周南等译,经济科学出版社1999年版,第8页。

第1章 变革时代的财务转型

三大循环的第一个循环是企业的业务循环，企业通过开发和提供满足顾客需要的商品和服务来创造价值，而商品和服务是通过一系列的业务过程来提供的。业务过程是指为实现某个业务目标而进行的一系列活动。不论所提供的商品和服务的种类如何，每个组织都至少存在三种类型的业务过程：

- 获取/支付过程：获取、维护和支付企业所需的资源，这些资源包括人力资源、财产、厂房、设备、财务资源、原材料等，他们是企业向顾客提供商品和服务所需的输入；
- 转换过程：将获取的资源转换为顾客需要的商品和服务。通过转换过程，原始的输入变成完工的商品和服务；
- 销售/收款过程：向顾客销售和交付商品及服务，并收取货款。

企业的管理者负责管理业务循环，管理活动可以分为：计划、执行、控制和评价。计划需要企业的管理者定义业务目标，优化业务过程，并提供实现目标所需的蓝图。企业的管理者必须发现可能得到的机会，并评价与每个机会相关的风险。然后管理者将业务过程分成较小的业务活动，组织并激励团队完成，从而执行计划。控制则是通过复查来实行，复查是为了验证某项业务活动或整个业务过程的执行结果是否与管理者所期望的结果一致。通常，管理者需要定期评价运营成果以考察业务过程是否正在实现组织的目标。评价的结果可用于修正计划、目标或期望值。计划——执行——控制——评价，这四项管理活动构成了一个完整的管理循环。

管理的中心是决策。管理人员在计划、执行、控制、评价企业的过程中需要作出多项决策，而正确的决策需要及时、相关的信息。因此，在业务循环和管理循环运转的过程中，还有一条无形的信息流在发挥作用，这就是企业的第三个循环——信息循环。信息循环通过三个主要的信息过程提供决策有用的信息，分别是：记录业务活动数据、数据维护、报告管理所需的数据。

当企业的业务循环和管理循环发生变化时，信息循环也必须跟着变化。而当业务循环、信息循环和管理循环融为一体时，企业完成其目标——为顾客提供价值——的可能性会大大增强；而当它们不能紧密合作时，企业会处于一种不协调和无效的状态，缓慢费力地前进。

1.2.2 财务转型的趋势

财务是信息循环的重要构成部分。财务的目标，是以客户为中心，

财务共享服务

将业务循环中的信息进行提取、挖掘、加工、分析、展示,输出内部报告和外部报告,支持企业的管理循环(含资金管理、预算管理、投资管理、风险管理、合规管理和税务管理等),进而支持企业的经营决策分析,为客户创造价值(见图1-2)。全球化时代、技术的飞速进步让本已复杂多变的商业世界更加难以预料,企业需要获得的财务支持与日俱增,财务部门服务的,不再仅仅局限于外部客户,而是包括了企业主价值链上的各个业务单元以及企业的各级管理者;财务部门需要提供的,将不再仅仅是三张会计报表(资产负债表、利润表和现金流量表),而是从各个维度分析企业经营业绩的管理报告。

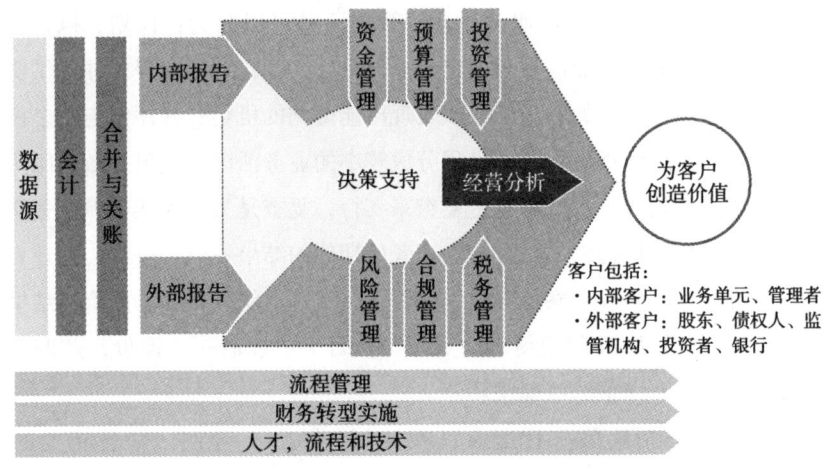

图1-2 财务的目标:为客户创造价值

面对这样的挑战,CFO们应该如何转型,才能应对新的环境和新的挑战?1995年,《财富》刊登了一篇题为《超级CFO》的封面文章,揭示了一种趋势:"CFO们领导公司的关键性变革,并作为CEO的真正伙伴参与公司决策。"企业开始寻求新的财务管理的组织形式和结构:一方面企业试图取得成本上的优势,另一方面,又致力于财务资源整合,为公司的价值链管理及其战略决策提供财务支持。在社会、技术等综合因素的推动下,财务变革已势在必行。在财务变革过程中,出现如下三种趋势:

(1)降低财务运行成本

全球化促进了资源的优化配置,也带来了超越以往的激烈竞争。面对激烈的市场竞争，很多企业将降低成本作为竞争的重要手段，微利成为这一时代的鲜明特色；而传统的财务部门仍用超过80%的资源进行简单的交易记录和活动控制，这不仅没有增加企业的价值，还造成了企业资源的严重浪费。面对这一状况，财务部门也不得不寻求降低其成本的良方；另一方面，在实现企业价值最大化目标的驱使下，价值链管理与战略决策支持要求财务提供支持的呼声越来越大，这就要求财务组织的结构能够及时进行调整，整合资源，使财务人员的精力能够从大量重复的基础核算业务中释放出来，进而投入到企业的经营以及战略决策支持中去。

科尔尼咨询公司（A. T. Kearney）在对欧洲的25家跨国公司进行基准研究（Benchmarking Study）后发现，最大的财务成本削减措施在于"交易处理的规模效应"，交易处理量越大，单位交易的处理成本则越低，从而建立共享服务中心来处理大量交易将会大大降低成本。

外包是企业的另一个选择。由于精简流程和强化核心竞争力的需要，上世纪90年代出现一种趋势——将非核心业务外包。外包虽然不如共享服务这么普及，但使用的公司正在增加。目前公司外包的财务模块主要是一些非核心模块，如应付、税务申报等。

（2）提供深入价值链的业务支持

随着现代企业的发展，越来越多的信息技术被应用在业务循环中，财务作为信息循环的重要构成部分，可以以这些信息技术为平台，更好地和业务循环以及管理循环相融合，面向业务经营，提供财务服务。

财务可以在如下三个方面提供深入价值链的业务支持：

- 和业务循环相融合，控制和反馈业务循环是否遵循管理循环提出的规则和要求；
- 采集和存储有关业务循环的详细数据；
- 为管理循环提供及时的、与决策相关的报告。

The Conference Board（1994）的调查发现，85%（调查样本为248）的CFO现在参加业务会议，65%的CFO对竞争者的财务政策进行了分析。这说明财务部门已经开始主动地涉入经营部门，与他们一起探讨运营方略。具有远见的CFO则开始广泛征询业务部门对财务部门的看法，让他们对财务的服务质量评分，了解内部顾客的需求，然后比较差距，实施变革以提高财务供应链的价值。

财务共享服务

（3）提供决策支持

决策支持所包含的范围甚广，其核心内容主要是三个方面：为企业战略提供财务评价；为管理层及经营者提供经营预测的模型和工具；为管理层提供动态的预算、预测信息和实时的经营信息。为帮助企业面对复杂的经济环境和激烈的市场竞争，财务必须从事后的记账、反映职能中予以转型，帮助管理者制定企业规章或政策，控制并塑造业务循环，支持企业经营决策。

普华永道的CFO2000调查了300家世界性跨国企业，CFO和财务职能重点的转移趋向一致：从交易处理和管理控制转为决策支持和全球战略发展。有34%的受访者认为，决策支持是他们过去3年的首要任务，但74%的回答认为，决策支持是他们未来3年的重点。在整个财务职能活动中，决策支持、管理控制、交易处理所占的比例分别由原来的18%、27%、55%，转变为50%、20%和30%。同时，财务运行的成本，从销售收入的2%—3%，削减到销售收入的1%。从调查结果中可以看出，最明显的变化之一就是决策支持在财务职能活动中的比例由过去的18%提高到了50%，财务的职能转变成为更加深入地参与企业决策的合作伙伴（见图1-3）。

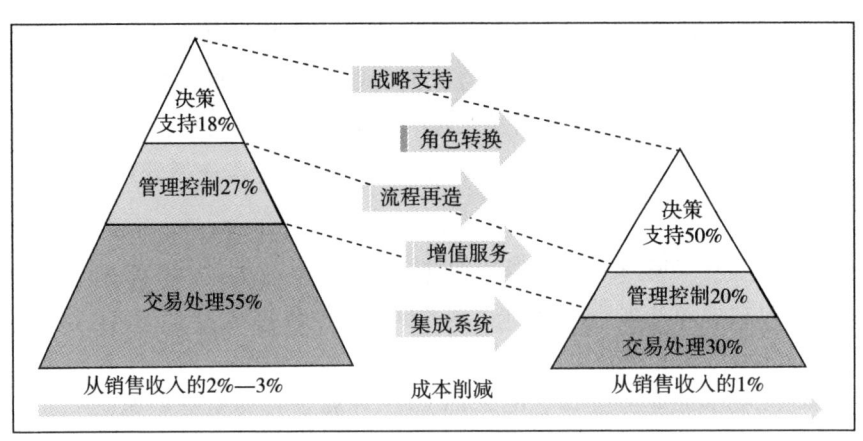

图1-3 财务职能的重心向决策支持转移[①]

---

① 普华永道：《首席财务官——公司未来的建筑师》，王立彦等译，北京大学出版社2002年版，第2页。

第1章 变革时代的财务转型

财务的变革和转型需要世界级的财务能力为基础,包括:基础架构、绩效管理、运营管理和风险管理四个方面(见图1-4)。其中,基础架构要求企业必须具有统一的会计科目、信息系统、财务流程和财务制度,只有满足了基础架构的要求,大型企业集团各分子公司才能够在同一信息系统平台、按照统一的财务流程和制度、产生逻辑规则一致的数据,这些数据才能够进而被提取、汇总、合并、加工、分析、展示,支持企业的经营决策;绩效管理能力要求绩效管理体系紧紧围绕公司战略,将绩效管理服务贯穿企业决策建模与模拟、企业战略制定、预算管理、财务报告与合并、多维盈利分析等各个方面,从计划、监控与行动三个层面保证公司战略的有效执行,推动企业发展;运营管理能力要求企业能够高效、可靠地完成交易处理型业务,对财务基础信息进行有效管理,并且实现流程的持续优化;风险管理能力要求企业能够应对财务风险和非财务风险,并提前进行预警和风险预估。

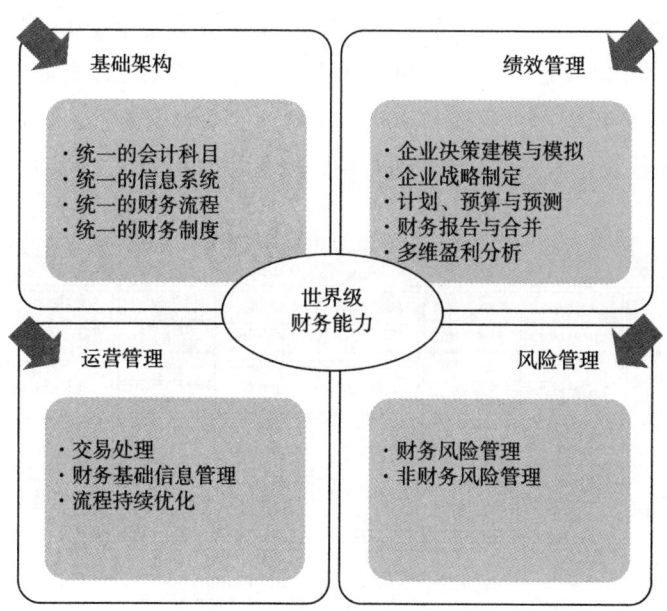

图1-4 世界级的财务能力

1.2.3 财务的职能

财务职能是指财务在企业运行中所发挥的功能,财务职能服务于财务目标,受财务环境的影响产生不同的组织形式。

- 财务目标和财务职能:财务目标是企业在特定的财务环境中组织财务活动、处理财务关系所要达到的目的,是整个财务管理工作的出发点和归宿。财务职能的内涵则是如何实施财务管理,即如何组织企业的财务活动,处理财务关系,提高资金的使用效益,以达到既定目标;
- 财务环境和财务职能:财务环境是企业从事财务管理活动过程中所处的特定时间和空间。财务环境既包括企业经营所面临的政治、经济、法律和社会文化等宏观环境,也包含企业自身管理体制、经营组织形式、生产经营规模、内部管理水平等微观环境。财务环境对企业财务活动的影响有些是直接的,有些是间接的。就财务职能而言,其内涵与外延总是伴随着经济、科技、文化、法律、市场经济体制等环境因素的变化而不断发生变化。

从影响财务职能的因素来看,企业面临的竞争环境越激烈,财务的职能越重要,所要迎接的挑战也越大。企业管理模式正在发生变化,相应地也要求财务职能作出改变。图1-5列示了财务的基本职能,每个企业将根据自身所处的财务环境作出调整和细化。在财务的基本职能中,纵向可以分为"6+1"个模块,横向可以分为执行层、控制层和指导层三个层次。

	财务运作	财务报告	资金管理	税务管理	经营绩效管理	预算与经营预测	成本管理	特殊领域专家服务
指导	集团会计政策 集团会计流程 会计分录审核及批准 财务核算稽核	合并报表管理 法定财务披露要求 外部审计要求 财务报表合规性管理	集团现金流筹划 集团资金调度 资金统一支付 集团资金解决方案	集团税务规划 税务合规性政策及流程 税务知识库	管理报告体系 KPI考核流程/规则/指标定义 激励政策	预算制定流程及规则 战略规划及预算目标的设定 预算模型设计 集团预算组织	成本战略 成本核算及管理准则 成本激励	全球汇率研究 全球税务研究 商务模式研究 财务管理模式
控制	授权及权限管理 财务运营协调 本地财务制度	本地财务报表合规性管理 财务报表内部检查 本地财务报表调整	本地现金流平衡 汇率控制	国家商务模式 税务合规性管理	经营业绩预测 经营业绩分析及推动	预算编制及申报 预算过程控制 预算分析考核	设计成本控制 项目成本控制 生产成本控制 费用控制	专家意见建议的执行控制
执行	销售及应收流程 采购及应付流程 固定资产流程 工资流程 费用及报销流程 项目流程 特殊事项流程	定期关账 财务报表制作 内部往来清理 财务报表自查报告	海外银行对账 下达支付指令	税务核算 税务报表制作 税务检查支持	全程利润报表制作 责任现金流报表 发货报表制作 库存周转报表制作	预算执行数据加工 预算执行标准报表 费用分析报表	成本核算 成本报表	专家服务建议的执行

图1-5 财务的基本职能

纵向来看,财务基本职能分为"6+1"个模块,"6"是指财务核算(含财务运作和财务报告)、资金管理、税务管理、经营绩效管理、

第1章 变革时代的财务转型

预算与经营预测、成本管理。其中，财务核算、资金管理、税务管理共同构成企业的财务会计职能；经营绩效管理、预算管理和成本管理共同构成企业的管理会计职能。"1"是指研究全球重点问题的专家团队——财经管理研究院。除此之外，财务职能还应包括投资、融资、证券投资者关系和风险内控管理。

- 财务核算：根据政策法规的要求确定企业会计政策和财务制度，完成财务核算、出具单体报表和合并报表；
- 资金管理：资金的统一收付、债权债务管理、融资管理、全球资金的调度管理、汇率风险的管理等；
- 税务管理：在全球复杂多样的税务环境下，基于税务筹划、税务核算、税务申报、税务检查四个环节构建商务模式，将税务核算与核算体系相结合，应对税务稽查与检查；
- 经营绩效管理：经营业绩评估与预测、考核评价、管理报告出具等；
- 预算管理：制定资源的管理机制和目标平衡机制、预算目标、预算编制、预算执行及分析报表；
- 成本管理：采用全成本管理理念，将成本转化为可对象化的费用，使成本的提取维度不断精准；
- 财经管理研究院：重点针对全球各国的商业模式、税务、资金、汇率、核算政策和核算实务领域的突出问题，以项目运作方式予以跟踪推进。

从横向来看，财务基本职能分为指导层、控制层和执行层。每一个具体职能，都可划分为这三个层次：

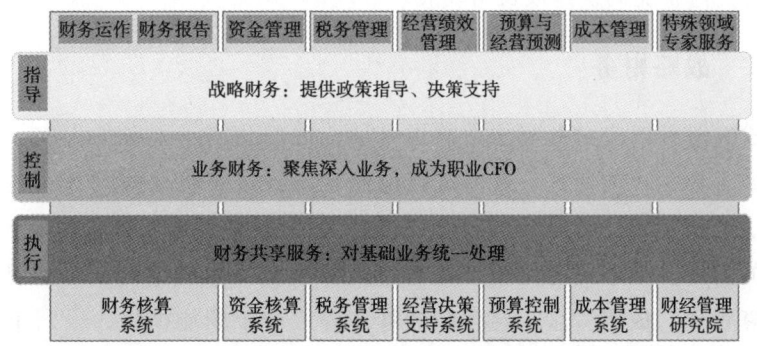

图1-6 财务的职能层次

• 执行层：根据指导层、控制层制定的制度和规则，高效、可靠、低成本地完成基础财务处理流程，并提供财务数据。例如：财务核算中的应收及应付、固定资产、工资、费用核算、定期关账并出具财务报表、内部往来清理及自查报告等，都属于执行层的工作；

• 控制层：一方面，控制层将公司战略决策向执行层推进、落实；另一方面，控制层将执行层提供的财务数据转变为有效的财务信息，及时传递至相关的决策者，提供战略决策支持。例如，税务管理中的税务合规性管理，既要满足指导层对税务合规性的要求，又要根据执行层完成的税务核算数据，检查是否出现了政策没有覆盖到的新情况，并提交指导层出具指导意见；

• 指导层：将公司的战略意图转化为更为详细的资源分配机制、绩效考核机制、内控管理机制等，通过PDCA循环，助力公司实现战略目标。例如，预算管理中的预算规则、预算流程的制定、预算模型的设计等，都是基于公司战略，在政策层面上的细化，引导公司资源分配。

1.3 创造价值的财务管理模式

复杂的内外部环境要求企业构建越来越完备的财务职能体系，这一庞大的职能体系对财务管理模式提出了新的挑战。过去分散、网状的财务管理模式已经越来越不能适应公司的快速发展，财务管理模式开始发生变化，逐步形成一个完整的、四位一体的管理模式，即：公司层面控制管理的战略财务、全价值链财务管理支持的业务财务、交易处理为主的财务共享服务以及财务核心能力的专家团队（见图1-7），这一财务管理模式将稳定地支撑企业的快速成长与发展。

1.3.1 战略财务

战略财务对应财务职能中的指导层，他们相当于财务的大脑，在专业领域有着深入的研究，参与战略的制定与推进、将业务财务和共享服务提供的信息转化为对公司经营决策有价值的经营信息分析，支持战略决策的落地。战略财务采用"集权—网状辐射"组织架构，总体职能分为预算管理、成本管理、经营绩效管理等六个子职能模块，以六个子职能模块为六大核心设立层级辐射式组织架构，使战略财务意识渗透到基

第1章 变革时代的财务转型

战略财务	**公司层面——控制和管理** • 制定集团财务政策，发挥导向作用 • 为高层领导就公司战略及实施提供高价值的决策支持 • 建立全面监管及控制体系	**业务前端——落实和支持** • 深入业务一线，财务部门的业务专家 • 计划、预测、分析及项目业绩管理，推动企业价值最大化 • 提供全价值链财务管理支持	业务财务
专家团队	**技术中心——技术和专业** • 对全球商业模式、会计政策、核算、税务、汇率、资金等领域集中研究及指导 • 对重点项目或事项提供专业财务支持	**财务共享——处理和分析** • 以全球统一的政策、流程及信息系统，集中完成交易处理及大数据分析 • 物流、资金流、信息流统一；集中化、规模化、流程化规模效应	共享服务

图1-7 财务管理模式

层业务单元。六大核心享有资源配置与协调权、政策制定权、业绩考核权（见图1-8）。

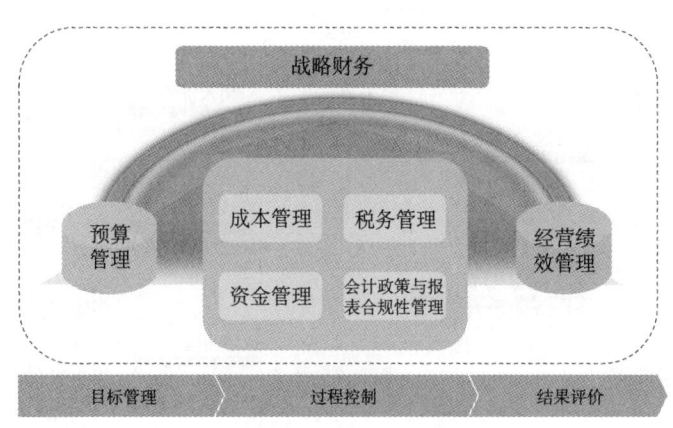

图1-8 战略财务的职能

战略财务的职能：
• 预算管理：建立全面预算管理机制，规范预算管理PDCA循环，实现项目预算管理精细化；
• 成本管理：保持公司的整体运作基于有竞争力的成本，建立一流的成本管理体系，构建全员成本文化，负责公司成本战略的落地；

财务共享服务

- 税务管理：对经营、投资等活动的税务筹划；
- 资金管理：以满足公司当前和未来可测资金需求为基础，预测资金缺口，解决资金收支存在的时间、币种、金额不匹配的问题，并保证持有资金余额的合理最小化，合理降低资金成本；
- 会计政策与报表合规性管理：确定企业会计政策、保证各分子公司会计报表合规性；
- 经营绩效管理：政策制定、业绩推动、质量控制、系统优化等管理改善。

1.3.2 业务财务

业务财务对应财务职能中的控制层，他们分布在各分子公司、海外运营机构中，深度参与价值链各个环节，成为经营决策团队的重要成员，提供全价值链业务财务管理，包括各业务单元的分析、计划、预算和业绩管理，融入业务，促进公司价值最大化（见图1-9）。

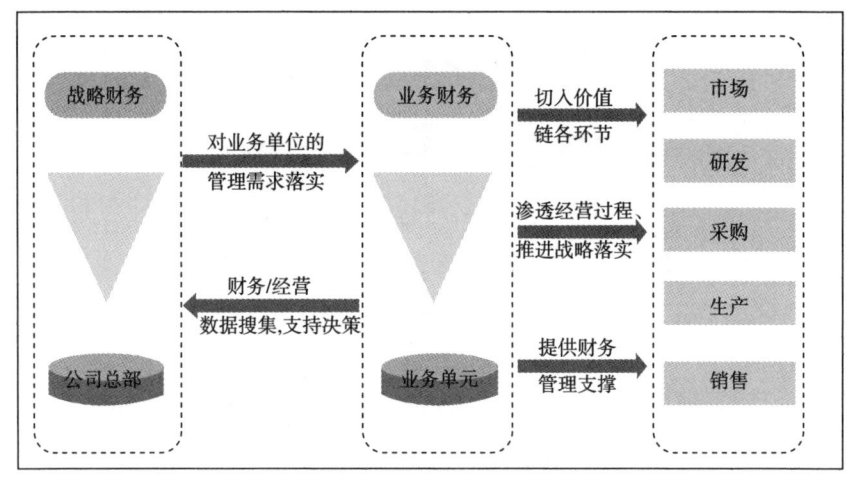

图1-9 业务财务的职能

业务财务的职能：

- 深入业务一线，充分分析业务单位的财务支持需求，将财务管理融入价值链各环节，全面渗透经营过程，提升经营能力；
- 将共享服务提供的财务数据转变为有效的财务信息，并及时将财

务信息传递给相关的决策者,进而服务战略决策;

- 促进公司战略和政策向业务单元的推进、落实;
- 具体执行公司的预算配置原则、成本管理导向、风险管理要求等;
- 协调业务单元的财务运营,承担本地财务制度、财务报表合规性、现金流平衡和汇率控制等职能。

业务财务在财务团队中的职能是比较独特的。他们不做会计数据,但是把数据转化为信息;他们不做政策,但是把政策运用到业务循环中去,同时对公司的管理循环提出相应的建议。他们定位于"业务中的财务专家、财务中的业务专家",是战略财务在业务单元的首席代表。业务财务可以说是财务的毛细血管,正是因为这些丰富的毛细血管,使得公司的所有经营状况都及时处于财务的掌握之中。如果仅仅有共享服务,整个财务就会沦落成会计部门,或者一个数据中心;如果仅仅有战略财务,缺乏业务财务的支持,战略财务也会逐渐成为无源之水,无本之木。正是在业务财务的支持下,财务真正成为一个把触角深入到公司经营方方面面的系统管理体系。

1.3.3 共享服务

共享服务覆盖财务职能的执行层,以全球统一的流程、政策、信息系统,集中进行全球的交易处理,涵盖核算、报表、资金、税务、审计等(见图1-10)。

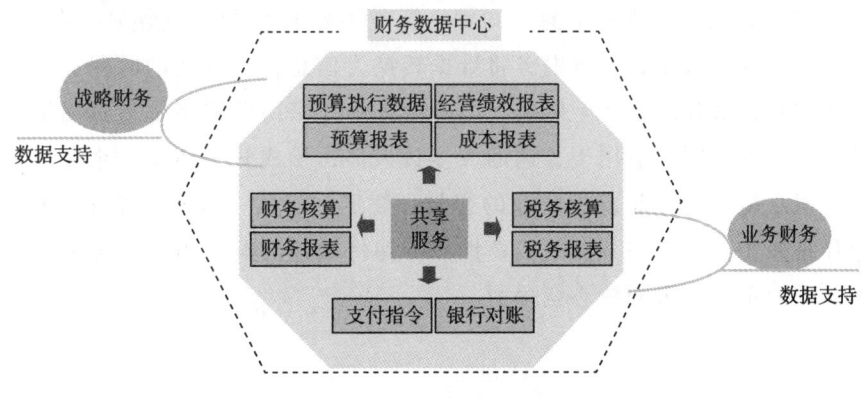

图1-10 共享服务的职能

共享服务的职能：
- 财务核算：销售及应收流程、采购及应付流程、固定资产流程、财务报表制作及内部往来的清理等；
- 资金管理：全球银行的对账、收付指令的下达；
- 税务管理：税务核算、税务数据、税务报表、税务检查支持；
- 经营绩效管理：内部管理报表、经营分析报表；
- 预算管理：预算执行数据、预算报表、分析报表；
- 成本管理：成本核算、成本报表；
- 财务数据中心：获取、加工、提供财务数据，是业务财务与战略财务的数据基础。

1.3.4 专家团队

专家团队并不是一个实体的组织单位，这是一个虚拟组织，由战略财务、业务财务和共享服务中的专家构成，采用项目化运作的方式，集中精力研究和突破财经管理重大专项问题，对实践工作提供专业的指导意见。

专家团队的职能：
- 对全球商业模式、会计政策、税务、汇率、资金等领域集中研究，输出业务指导；
- 对重点项目或事项提供专业财务支持。

在战略财务、业务财务、共享服务和专家团队共同组成的财务管理模式中，形成了数据—信息—知识—智慧不断转化的良性循环。其中，共享服务提供数据；业务财务将数据转换为信息，在合适的时间提供给合适的人，对其决策产生影响；战略财务和专家团队将多个信息归纳总结出通用的规则，适用于普遍的大多数人群，形成知识体系；企业将多个知识点整合在一起成为企业的智慧。数据—信息—知识—智慧的不断循环将使企业在变幻莫测的商业世界中保持敏锐的洞察力和精准的判断力，成为企业未来的核心竞争力。

1.4 财务转型的路径

1.4.1 共享服务是财务转型的第一步

财务转型是指一个企业的财务部门在财务战略、角色定位、组织结构和操作流程等方面的全方位转变,以及财务组织在信息系统等技术支持下所进行的职能定位、组织结构、人力资源等全方位优化。如果没有清晰的路线图,财务转型及财务运营提升则会变得复杂而具有挑战性。面对 CFO 经常询问的"我们该从何处出发"的问题,首先需要将目光聚焦在交易处理业务领域,只有将财务自身从交易处理的工作中解放出来,才有可能承担更多的决策支持职能。共享服务通过将各分子机构中分散、重复的财务核算和账务处理业务予以标准化、流程化,为财务转型提供数据基础、管理基础和组织基础,成为财务转型的第一步(见图 1-11)。

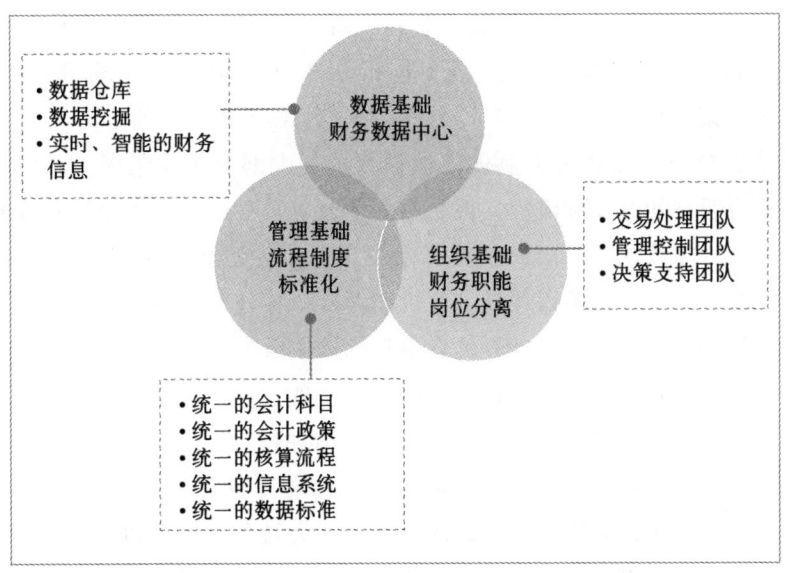

图 1-11 共享服务为财务转型提供的三大基础

共享服务为财务转型提供的三大基础:

财务共享服务

(1) 数据基础

从事财务工作的人在谈及"数据"时,往往会联想到纷繁复杂的数据口径、多种多样的数据加工方法、和一整套看似逻辑严密却永远也解释不清楚的数据假设。之所以存在这种情况,是因为各分子公司在进行数据处理时采用不同的规则、或者虽然采用同一规则,但操作方式上又带有自身的理解,如此,每个节点出现一个细小的差异,就会导致数据在宏观层面的合并、汇总、处理过程中出现口径不一致的问题,而处理口径不一致的方法和假设,往往也带有人为和主观的色彩。在这种基础上产生的数据和信息,很难对经营决策提供强有力的支持。

共享服务通过标准化、流程化的处理流程和操作规范,保证了所有的基础数据从产生的源头起就遵循统一的逻辑规则,这样,每个数据从诞生之初就成为一个标准统一的粒子,能够轻松地和其他数据粒子对接、组合、整合,大大减少了数据加工过程中的数据转换和数据假设,使报告和决策支持在数据层面得以裨益。

(2) 管理基础

没有规矩、不成方圆。衡量一个企业的管理水平,常常以是否具备完善的财务制度和流程为判断标准。然而,有制度和流程与有标准统一的制度和流程,又是两个完全不同的层次。世界级的财务能力第一条——基础架构(见图1-4),要求企业必须具有统一的会计科目、信息系统、财务流程和财务制度。然而目前,大部分企业集团,虽然在集团层面有明确的制度和流程,但是各分子公司又存在不同的个性化诠释和执行标准,导致从集团层面来看,存在几十套甚至上百套的流程和制度。标准不统一,将导致难以计量、评价和考核,各分子公司各自为政,集团很难整体协调资源,并对外界的竞争和挑战作出快速正确的响应。

根据共享服务的发展路径,第一个阶段是在不同的地方,以相同的标准做事;第二个阶段是在同一个地方以相同的标准做事,达到集中的层次;第三个阶段是在同一个地方以相同的标准按照专业化的分工来做事,达到共享的层次;第四个阶段,承接外包或者被外包。可以看到,"相同的标准"贯穿共享服务的发展全过程,共享服务发展的过程就是企业不断标准化的过程,共享服务成为企业提高管理水平的重要手段。

(3) 组织基础

共享服务通过集中提供财务基础服务的方式,使以前大量陷入财务基

第1章 变革时代的财务转型

础工作的人员得以释放。从直观上来看，共享服务将财务核算人员集中在一起，实际上，建立共享服务的主要目的并不是为了集中，而是为了分散，把财务人员更多分散下去。通过标准化、制度化、流程化和 IT 技术，共享服务对人员结构进行优化，在企业财务总人力没有增加的情况下，释放更多人力关注附加值更高的问题，一个是与决策有关的战略财务，另一个是深入基层的业务财务，让财务管理渗透到研发、产品、销售等每一个经营环节，将财务更多的时间和精力投入到业务支持和战略决策支持中，实现了财务核算类岗位和财务管理类岗位的分离，使财务转型变革落实到人。

1.4.2 财务转型的路径

在共享服务的支持下，财务转型从复杂模糊的概念逐渐落实成为清晰可操作的路径，形成共享服务建设——财务管理模式雏形——专项能力持续提升三个阶段的转型路径（见图 1-12）。

第一阶段 共享服务建设	第二阶段 财务管理模式雏形	第三阶段 专项能力持续提升
实现交易处理业务集中，将共享服务打造成专业、标准、安全、高效的财务数据中心	逐步形成战略财务、业务财务、共享服务和专家团队的财务管理模式	梳理各项财务专项职能，使财务管理水平符合国际化、专业化的标准，财务人员在各自的战略、业务、共享、专家领域内发挥价值
·为业务运转提供高效的财务基础服务，全力支撑公司业务的高速发展和扩张 ·降低公司整体交易处理成本 ·对交易处理过程中的内控风险点，实现集中控制	·财务职能和财务架构的重新搭建，形成战略财务、业务财务、共享服务和专家团队的财务管理模式 ·四个财务团队定位清晰、职责明确、沟通顺畅	·提升财务各专项职能，使公司财务管理体系与机制迈上一个新的台阶 ·形成人员职业发展和岗位流动的良性循环，给财务人员提供更加广阔的发展空间

图 1-12 财务转型的路径

第一步：共享服务建设

财务共享服务

按照财务的职能模块，梳理出执行层、控制层和指导层三个层次的详细工作内容（见图1-5），将执行层的工作按照标准化、流程化的作业方式进行业务流程再造，纳入新成立的共享服务。明确共享服务和业务单元、其他财务部门的职责界面。依托共享服务为业务运转提供高效、可靠、低成本的财务基础服务和财务数据服务，全力支撑公司业务的高速发展和扩张。

第二步：财务管理模式雏形

在共享服务的支持下，财务职能和财务人员开始分化，形成战略财务、业务财务、共享服务和专家团队的财务管理模式雏形。四个团队开始探索各自领域的工作模式，形成对如下问题的理解和判断，并根据工作实践不断优化，进入PDCA的良性循环：

- 团队和业务单元、其他财务团队的职责界面是怎样的？
- 团队内部的组织结构应该如何设计？
- 团队的岗位需要什么样的人才？如何培养、激励、保留这些人才？
- 团队的业务流程是什么？和前端、后端流程的信息交互标准是什么？
- 团队遵循的制度标准是什么？
- 团队的经验和知识如何共享和传承？

第三步：专项能力持续提升

在财务管理模式形成雏形的基础上，战略财务、业务财务、共享服务和专家团队不断梳理各项财务专项职能，使企业在资金、税务、汇率、内控、财务报告等各领域的财务管理水平符合国际化、专业化的标准，财务人员在各自的领域内发挥价值。同时，由于专业化分工的不断加强，财务人员的职业发展路径也逐步清晰，人员的培养和流动更加科学和有序，为企业的持续发展提供最宝贵的人员财富。

随着战略、业务、共享、专家四个团队专项能力的持续提升，财务管理将呈现非财务化的发展趋势。首先，由于财务职能细分为执行层、控制层和指导层，执行层的工作又通过标准化、流程化、信息化、自动化成为一项标准服务，类似工厂通过流水线生产产品，财务通过标准流程生产财务数据，这一过程将不再需要财务的职业判断，只需要遵循事先设计好的流程和规则运转即可，因此，对专业财务人员的依赖将大大降低，更多的非财务人员将进入到这一领域。

第 1 章 变革时代的财务转型

其次,非财务化的另一层含义是财务人员将需要掌握更多的非财务类知识。战略财务需要根据公司的战略和经营计划,制定财务工作的指导方针和规则,通过预算、绩效等手段引导资源在公司范围内的最优配置;业务财务需要全面掌握公司整体的生产流程和销售流程,乃至前后端的采购、维护的运作,财务人员成为企业全面经营管理的合作伙伴;专家团队需要在资金、税务、汇率、财务报告和商业模式领域不断纵深发展,提升专业化水平,在企业面对国际化挑战时提供及时专业的支持。在这一趋势下,财务工作将从单纯的"计算器"转型成为企业的"导航仪",提供企业发展的全局性、前瞻性决策支持信息,财务人员将从财务专业人才转型成为企业的战略型、复合型管理专家,成为企业经营管理的重要参与者、CEO 的重要伙伴。

小结

经济全球化、企业全球化、管理思想变革、科技革命……面对变幻莫测的商业环境,企业以创造价值为目标,引导企业的业务循环、管理循环和信息循环,保证企业的竞争优势。财务作为信息循环的重要构成部分,负责将业务循环中的数据进行提取和分析,为管理循环提供经营决策分析。全球化时代、技术的飞速进步让本已复杂多变的商业世界更加难以预料,企业需要获得的财务支持与日俱增,面对这样的挑战,财务变革已势在必行。在财务变革的过程中,出现了如下三种趋势:第一,降低财务运行成本;第二,提供深入价值链的业务支持;第三,提供决策支持。

共享服务通过将各分子机构中分散、重复的财务核算和账务处理业务予以标准化、流程化,为财务转型提供数据基础、管理基础和组织基础,成为财务转型的第一步。在共享服务的支持下,财务转型从复杂模糊的概念逐渐落实成为清晰可操作的路径,形成共享服务建设——财务管理模式雏形——专项能力持续提升三个阶段的转型路径,最终实现战略财务、业务财务、共享服务、专家团队四位一体的财务管理模式。

第 2 章　财务共享服务

2.1　共享服务的产生及意义

随着全球经济的迅猛发展和企业竞争的日益加剧，现代化跨国公司已经由单一的价值链之间的竞争转向价值网络之间的竞争。这种价值网络的形成，使企业可以在全球范围内综合考虑业务的成本效益原则。财务共享服务中心作为一种新型的管理模式，通过将易于标准化的运营业务进行整合、流程再造，以提高管理效率、压缩成本、提升服务水平，解决了大型企业集团财务组织重复建设和效率低下的问题，恰恰顺应了这种价值网络建设的财务转型趋势，为企业管理服务提供了全球范围最佳配置的可能。

2.1.1　共享服务的概念和内容

20世纪80年代，美国的福特公司率先实施共享服务；1993年，Gunn Partners公司的创始人Robert W. Gunn，Johnson & Johnson公司的David P. Carberry，GE的Robert Frigo以及DEC的Stephen Behrens首次明确了共享服务的思想，随后，共享服务在理论和实务界得到了广泛探讨和深入实践。

（1）共享服务是什么

Robert W. Gunn（1993）等人指出共享服务是为了说明公司试图从分散管理和少的层级结构中取得优势的一个新的管理概念，它的思想在于在提供服务时共享组织成员和技术等资源。Moller（1997）具体定义了共享服务的特点：共享服务中心（Shared Service Center，SSC）是一个独立组织实体，为企业内的不只一个业务单位（分子公司或业务部门）提供明确的活动支持。SSC负责管理针对于内部顾客进行的服务活动的成本、质量以及时效。它拥有确定的资源，服务对象通常存在着正式或非正式的契约,通常被称为服务水平协议。Barbara E. Quinn(1998)在《Shared Services：Mining for Corporate Gold》一书中认为,"共享服务是一项商业经营：以顾客为中心+服务收费=商业。以顾客需求为中心意味着只有拥有明确的顾客群,公司后台部门的工作才能得到保障。公司后台部门在设计服务产品时,需要根据作为客户的公司其他部门的实际需要和其愿意支付的价格来提供针对性的服务。Schulman等(1999)定义共享服务：将公司内跨组织的资源集中在一起,以更低的运营成本和更优质的服务为多样的内部合作伙伴提供专业服务,以最终提升企业价值。Bergeron(2003)认为共享服务是将已经存在于不同单位、部门中的业务职能集中于一个新的、半自治的业务单位内,这一单位有着明确的管理结构,专门负责为母公司的内部顾客们提供可实现成本节约、高效率、创造价值的服务,这就如同于一个公开市场上专业服务提供的竞争者。刘汉进(2004)在论文《共享服务的决策、实施与评价研究》中认为,共享服务是企业克服组织失灵的一种制度安排,是内部组织的半市场化,是有效利用组织和市场双重优势的一种组织创新。企业通过内部共享服务放弃了对运营单位的部分控制权,在组织内部赋予了部分市场属性。共享服务的作用,在于通过企业内部不同部门或业务单元间的组织和资源整合,实现服务共享,从而强化企业核心竞争力,优化资源配置,降低企业成本,提高管理效率。

在研究国内外学者的专著和论文的基础上,结合对共享服务案例的研究,可以得出,共享服务是一种创新的管理模式,其本质是由信息网络技术推动的运营管理模式的变革与创新。它不同于传统的集中式或分散式的管理模式,而是以顾客需求为导向,按照市场价格和服务水平协议为企业内部各业务单位及外部企业提供跨地区的专业化共享服务。它通过将企业各业务单位"分散式"进行的某些重复性的业务整合到共享服务中心进行处理,以促进企业集中有限的资源和精力专注于自身的核心业务,创建和保持长期竞争优势,并达到整合资源、降低成本、提高效率、保证质量、提高客户满意度的目的(见图2-1)。

(2)共享服务的驱动因素——战略驱动和战术驱动

在"共享服务"理念下,共享服务模式已被众多企业关注并采用,成为整合运作流程、进行管理创新、加快反应速度、提高服务质量,从

财务共享服务

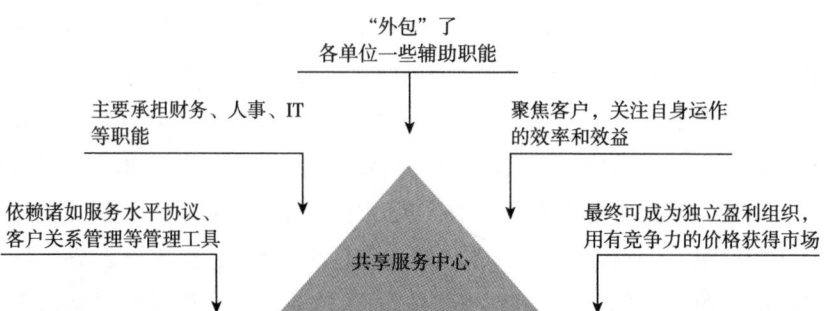

图 2-1 共享服务的概念

而提升管理效率、降低成本、增强企业整体核心竞争力的有效方式。可以看出,共享服务已经成为一种趋势,一种必然。下面将剖析这种管理模式产生和受到跨国企业推崇的原因。

随着企业规模的不断扩张和业务单位的持续增加,每个分部都需配备相应的财务、人力、IT、采购等人员,人力资本随之增加;而不同地区、不同分部间流程的多样和标准的差异势必会影响企业整体的发展运作,对企业的日常经营和存续产生阻力;同时,业务单位之间业务量的不平衡也会导致一些地区或分部资源不足而另一些地区或分部资源富余,从集团层面来讲无疑造成了浪费。如何有效解决上述问题,消除企业发展的阻力成为企业势必面临的难题。

当代企业的竞争,早已突破了传统意义上的产品竞争。能够实现业务、服务、战略、管理、文化等多个维度共同创新与发展的组织,才能在日益加剧的市场竞争中站稳脚跟。共享服务是现代企业管理模式的创新,为企业核心业务的发展提供了强大的、增值的管理工具。

企业战略决策的制定与实现、战术的产生与落实,对信息的质量提出了极高的要求,这种需求驱动企业必须建立一种适应企业目前经济规模的、稳定的管理模式,而共享服务的建立正是旨在提高业务处理效率、提高信息价值、降低成本、加强管控。因此,来自企业战略与战术制定方面的需求,对共享服务模式的建立起到了巨大的驱动作用(见图 2-2)。

第 2 章　财务共享服务

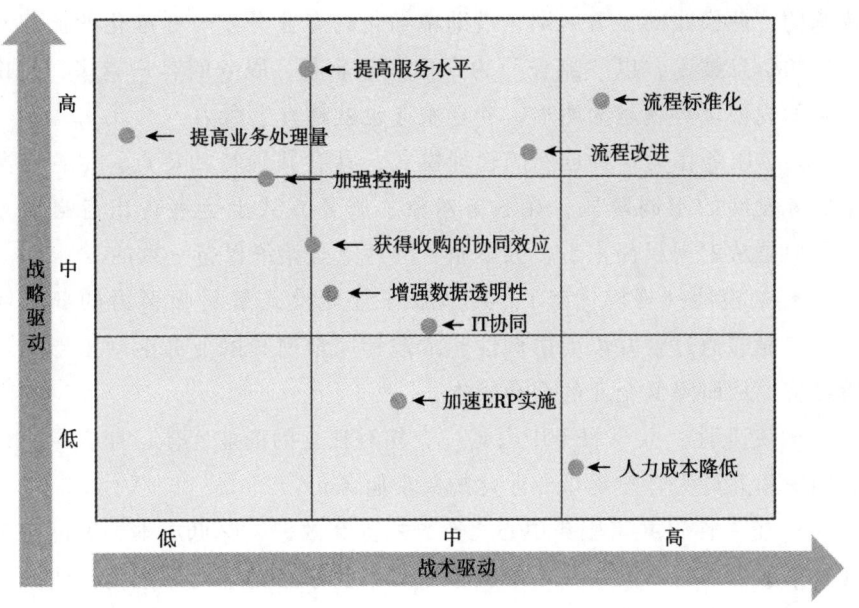

图 2-2　共享服务的驱动因素

(3) 共享服务的特点

虽然不同的学者对共享服务定义的描述各有侧重，但归根结底，共享服务作为一种创新的管理模式，其特点见图 2-3。

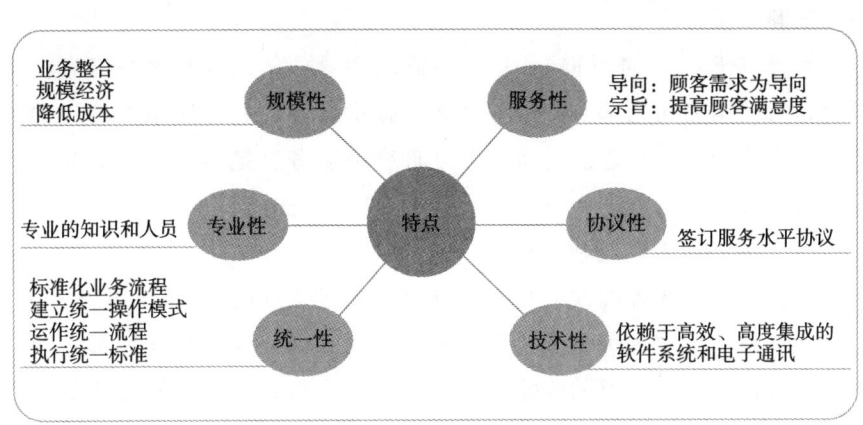

图 2-3　共享服务的特点

共享服务颠覆了传统职能部门的工作方式，特征鲜明，显示出了与

27

财务共享服务

传统的管理模式的显著区别,借助精细化的专业分工、标准化的流程和发达的信息技术,以"服务"为定位从事业务,服务的客户越多,显现出来的规模优势就越为明显,共享服务也就越有生命力。

共享服务作为一种创新的管理模式,具有其独特的特点。尽管在共享服务发展的不同阶段,在服务对象、服务方式上会展现出各自的差异,但是从宏观层面来看,共享服务的特点是始终保持一致的。

- 规模性(规模优势):共享服务管理模式最具吸引力的部分在于,它能够通过合并以前协调性非常差和完全迥异的业务活动来形成规模经济,从而降低企业的交易成本;
- 专业性:共享服务中心是一个相对独立的商业实体,拥有专业化的知识和人员为客户提供专业化的共享服务;
- 统一性:共享服务中心之所以能提高效率、降低成本,关键在于其对集中起来的不同业务单位的非标准化业务流程进行标准化,建立统一的操作模式,运作统一的流程,执行统一的标准,这样既可降低管理成本,又有利于企业的规模扩张;
- 技术性:共享服务中心很大程度上依赖于高效率、高度集成的软件系统和电子通讯技术;
- 协议性:通过签订服务水平协议(Service Level Agreements,SLA),界定共享服务中心与客户的实际关系,明确提供服务的内容、时间期限和质量标准等;
- 服务性(服务导向):以顾客需求为导向,以提高客户满意度为宗旨,为集团公司内部客户及外部客户提供服务,并按照事先签订的服务协议收取费用。从理念上将业务处理变成服务,把服务变成商品,以服务为中心。

(4)共享服务的适用范围

虽然共享服务管理模式能极大地提高企业的经营效率,降低成本,但它却不是"放之四海而皆准"的模式。企业的任何一项变革都必须具备财务可行性,即变革的收益要大于成本。当然,这里所说的收益、成本既包括直接的、显性的,也包括间接的、隐性的。因此,企业在决定是否采用共享服务模式时也必须考虑变革成本与收益的关系。

共享服务是将分散在企业不同业务单位的资源、业务整合到一起,采用相同的运作模式、业务流程和规则,这就要求这些业务必须是可以

第 2 章　财务共享服务

或容易进行标准化的业务，这也是适用共享服务模式的一个条件。下图列示了实践中应用共享服务模式涉及比较普遍的业务（见图 2-4）。

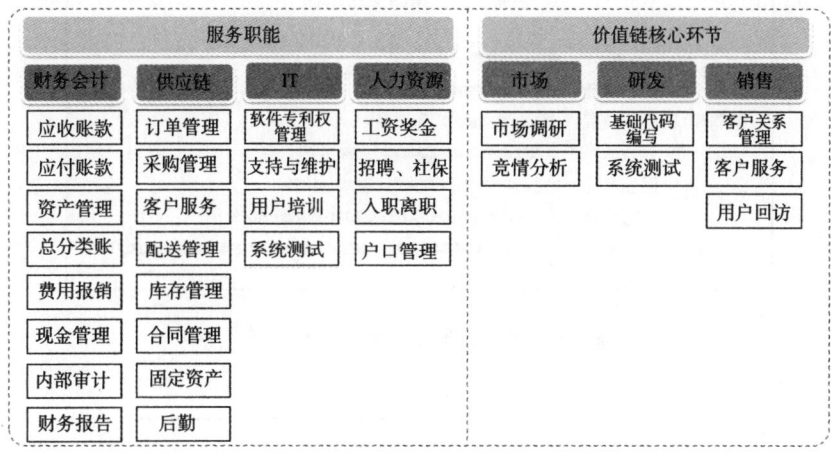

图 2-4　共享服务的适用范围

德勤 2011 年的全球共享服务调查显示，受访企业采用共享服务模式最多的领域是财务（93%），其次是人力资源（60%）、信息技术（48%）和供应链/采购（47%），这与这些领域的易于整合、标准化的特质有关（见图 2-5）。一些跨国企业和大型企业的先行实践表明，共享服务适用于大量重复性的工作。企业中的服务职能如财务会计、人力资源、供应链、IT、客户关系和金融业后台处理的职能都可进行共享。价值链核心环节中的大量可标准化、重复性高的工作也能予以抽离进行共享。根据这些业务的不同，目前全球企业建立起来的共享服务中心可分类为财务共享服务中心、信息技术共享服务中心、人力资源共享服务中心、客户服务共享服务中心、采购/供应链共享服务中心和行业性服务共享服务中心。

安永 2011 年发布的《中国共享中心研究》进一步表明，跨国企业大量采取共享服务模式主要集中在非核心关键业务流程，以对各核心业务模块提供高效的支持和服务，如信息技术、财务、客户服务、人力资源、采购/供应链等，而企业对非核心非关键业务流程已大量应用外包

财务共享服务

的模式来进行处理（见图 2 – 6）。

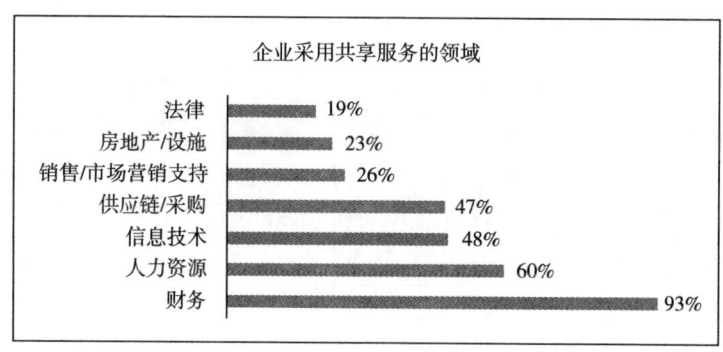

图 2 – 5　企业采用共享服务的领域[1]

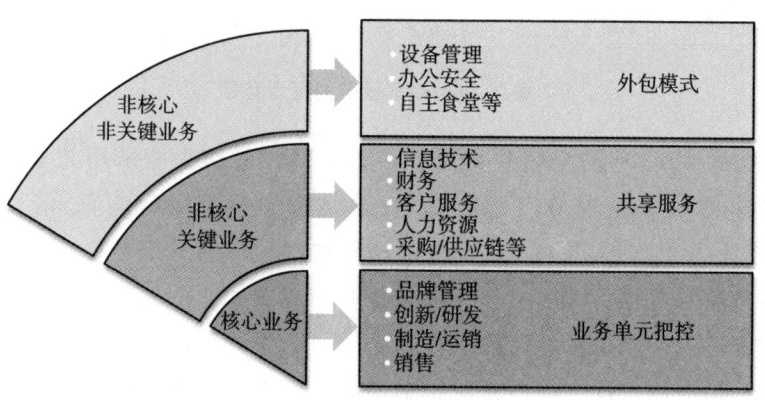

图 2 – 6　企业业务职能分类[2]

一般来讲，共享服务管理模式主要适于大型跨国企业、跨地区企业，因为这样的企业规模比较大，一方面，将各业务单位的非核心业务整合到共享服务中心可大大减少业务人员数量，降低人力成本；另一方面，各业务单位的非核心业务整合后有利于快速统一服务标准、行为方式、业务规则等，继而大大提高效率和标准化程度，形成规模经济，间接降低企业成本。另外，共享服务中心还适用于那些重组、并购、变革比较频繁的企业。由于企业的后台支撑部

---

[1] Deloitte：<2011 Global Shared Services Survey Results>，2011，pp. 14.
[2] 安永：《中国共享中心研究》，2011 年。

门都整合到共享服务中心处理,所以企业在建立新业务,扩大企业规模时不必考虑为新业务、新业务单位建立财务、人力资源等支撑职能。这样既可大大降低管理难度,也能促进新业务的快速整合。

(5) 共享服务与集中

虽然集中和共享服务都是将分散的资源和业务集中到一起处理,都存在启动成本和人员转移等问题。但是,两者将资源和业务集中的方式、过程和目的是截然不同的。更确切地说,将共享服务模式下的"集中"叫做"整合"或许更加合理,而不是简单的集中。

从共享服务与集中和分散的关系可看出,共享服务管理模式凝聚了分散和集中的优越之处(见图2-7)。

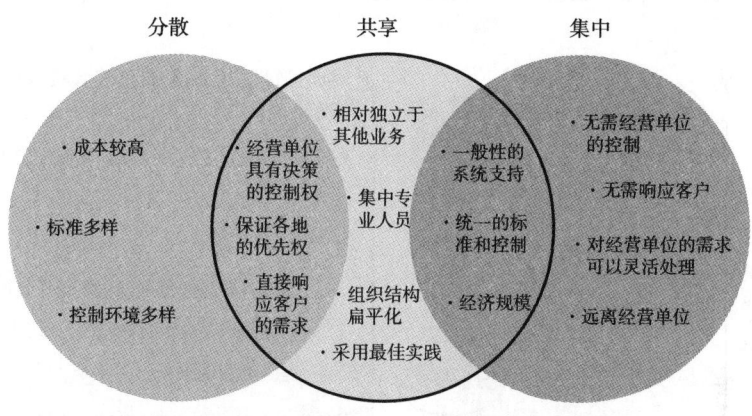

图2-7 分散、集中与共享

传统分散式的管理模式在企业发展初期发挥了重要作用,但随着企业规模扩大、业务类型和管理层级增加,分散式的管理模式面临组织效率低下、成本高昂、无法在不同业务单元实现负载平衡、集团缺乏对基层业务单位及子公司的监控能力等问题,越来越多的企业患上了运转低效、资源浪费的"大企业病",严重毁损着企业的核心价值。

为了解决这一问题,集中成为了一些企业选择的方法。通过简单集中,企业将可获取的各种资源按照不同类型进行归集,然后,管理层根据经营和管理需要,将这些资源集中到某个或某些组织部门进行集中管理,以提高企业资源利用率。

然而,简单集中并没有改变企业的业务流程,并未从根本上解决"大企业病"资源浪费、组织惰性的问题，各后台支持部门依然保持低附加值，管理层对其也没有盈利性的要求。随着企业不断发展，越来越多的企业意识到仅简单合并重复性的日常工作是不够的，只有建立起具有竞争力的业务流程，更为专业、高效、透明地提供服务才能满足战略、组织的需要。企业开始寻求新的运营模式，共享服务正是在此背景下产生的。可以说，简单集中是实现共享的过渡雏形，是实现业务前后台分离的前提条件。

共享服务模式结合了二者的特点，同时强调效率的提高和服务质量水平的提升。借助 ERP、工作流、影像技术的发展，对流程进行再造和标准化，从而最终实现服务效率的提升（见图 2-8）。

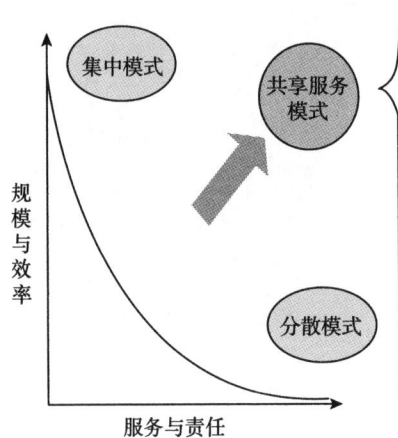

图 2-8 共享与集中或分散的区别

首先，集中化是企业的一种经营战略，侧重于资源的集中管理、控制和成本降低，而共享服务是将企业分散式进行的重复性业务活动整合到共享服务中心处理，减少业务部门的一些重复工作，促进企业集中精力和时间专注于高增值的核心业务活动，增强企业竞争力。共享服务是一种商业经营，根据市场和服务协议向客户提供专业化服务，并通过服务收费来弥补成本。共享服务的目标是提高效率、降低成本、提高顾客满意度。严格定义上的共享服务中心是一个单独的组织，具有定价、服务协议等功能，目标是成为企业的利润中心（接受委托负责交易处理的外包供应商）；而集中化只是将业务流程的具体执行由各单位上收至一个集中的部门来执行，多数可能还只是成本中心的定位，并不涉及与被服务部门之间的正式服务协议关系。

其次，共享服务是商业经营。共享服务中心作为企业内部一个独立的经营体，完全按照市场机制进行运作，因此其运作活动必须以顾客需求为导向，通过与客户签订服务水平协议明确服务的内容、期限、质量等，必须要想顾客之所想，向顾客提供及时有效、质优价廉的服务，以便与其他服务供应商竞争。内部顾客有选择的权利，不一定非要选择自己企业的共享服务中心提供的服务，如果共享服务中心不能够提供更好的服务质量或更低廉的服务成本，不能满足客户要求，客户有权选择其他供应商以获得更高质量、更高效率、更低成本的服务。因此，客户的满意度直接影响合同是否续约；而集中化只对企业的高级管理层负责，业务部门除了将业务交给它们处理之外没有其他选择，因此不需要与外部服务供应商竞争，没有失去客户的压力。此外，在共享服务中心模式下，业务部门或外部客户参与对共享服务中心的监督，共享服务中心对其提供的服务成本和质量都承担责任；而在集中化管理的模式下，业务部门无权参与对服务质量和成本的监管。

另外，在办公地点的选择上也不相同。共享服务中心考虑到业务的特点和要求，成本的节约、运作灵活和雇员态度等，一般会选择成本较低的地区，而不会选择总部；而集中化管理则为了方便集中管理和控制而通常设在企业总部。

（6）共享服务与外包

业务流程外包是指企业将非核心的业务外包给外部供应商，从本质上讲，外包与集中的实质是相似的，都是简单的业务集中或转移，不同点在于处理业务的组织不同，一个是企业内部的，一个是企业外部的。与业务流程外包相同的是，共享服务也存在外包，它们都是将一系列工作交给一群专家，由他们运用创新的方法、专业化的知识集中精力提供解决方案。但这两个外包过程和内容是有区别的。传统的业务流程的外包只是单纯地将业务外包给服务提供商来达到提高效率、降低成本和减少由于员工流动对工作带来的波动，不存在资源的整合、流程的再造，即对业务的原有规则、标准、流程不做改变；而共享服务外包对原有业务、流程要进行整合以达到降低成本、提高效率和统一标准的目的（见表2-1）。

表 2-1　　　　业务流程外包与共享服务外包的区别

业务流程外包	共享服务外包
业务的简单转移	业务、资源的整合
提高效率、降低成本	降低成本、提高效率、标准化
简单集中	关注流程化与流程再造
原流程、标准不变	一致的标准、流程、系统和模式
向管理层负责	以顾客需求为中心
事务处理者	服务提供者
业务单位无选择权	客户有选择权
业务单位不参与监督	客户可参与服务质量的监督
一般设在总部	地点选择与总部无关

另一方面，传统外包观点认为，可以外包的只能是企业的非核心业务，而对于财务、人力资源等核心业务流程是不能外包的，因为这些业务的信息对于企业较为重要、需要内部掌握，不宜由企业外部的机构去处理，或者企业不希望内部失去这方面的技能。而在共享服务的概念中提到，共享服务中心的适用范围有财务、人力资源管理、信息系统支持、供应链和采购、客户关系管理等等，这些按照传统观点都是企业的核心业务，但是，目前全球很多跨国企业都建立了共享服务中心，也有很多企业将其相关业务外包给共享服务提供商，例如英国石油就将其财务业务外包给埃森哲公司。

部分企业在运作自身搭建的共享服务中心多年并积累了一定的经验之后，开始将共享服务中心从集团内独立出来，成为一项独立的业务，并向外部公司提供共享服务中心外包服务。例如 IBM 成立全球业务流程服务部门，并在 2004 年与宝洁公司签署人事共享服务中心外包合同，使得其能将更多的精力专注于核心业务；再如经济危机中，日本 SONY 公司为了降低成本，将人事和财务两大部门的事务统统外包给 IBM 来处理，从而开启了日本公司购买此类外包服务的先河。

值得说明的是，尽管共享服务中心相对独立而且可以与外包服务提供商竞争，同时也有合理的利润追求，但是从集团角度看，共享服务中心的首要目的还是服务集团整体、提升企业经营效率，而非着重自我盈利，这与建立一般的子公司或者利润中心依然有所区别。

2.1.2　共享服务能给企业带来什么

共享服务为企业提供的服务并非单一的，它可以在财务、人力资源

第 2 章　财务共享服务

管理、信息服务、后勤、物料管理、客户服务、金融后台业务、法律事务服务等诸多方面为企业提供专业的、标准化的服务。因此，共享服务能给企业带来的益处也是多方面的（见图 2-9）。

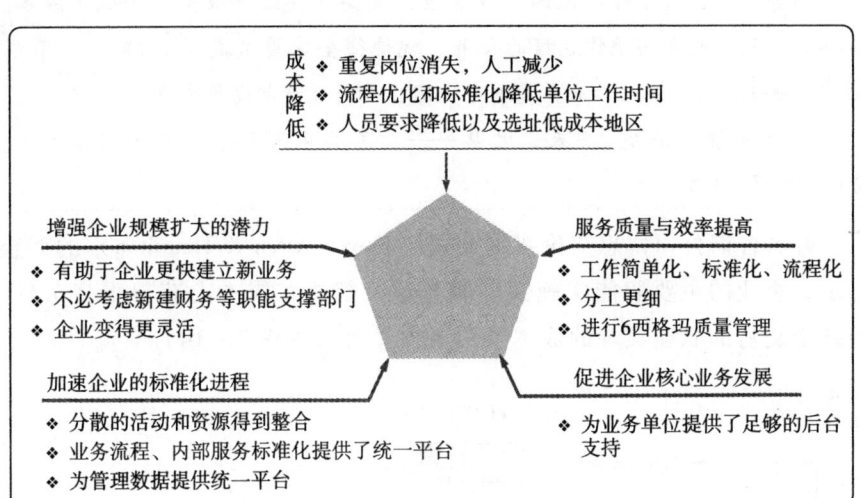

图 2-9　实施共享服务的意义

（1）成本降低

共享服务最基本的作用在于降低成本。成本的降低来自以下几个方面：

在资源、业务集中之前，虽然员工的工作量很有可能不饱和，但是仍必须为每个单位或地区设置相同的岗位、人员；而将资源、业务集中到共享服务中心处理后，不必再单独为每个地区、单位设置岗位、人员，一个人员就可以处理几个单位或地区相同岗位的业务，从而实现业务量不变的前提下业务人员的减少或者是业务量增加而人员不变。

同时，通过对业务流程、规则进行标准化管理，进行流程优化，消除了多余的协调以及重复的、非增值的作业，极大地提高了效率，间接地降低了成本。实施共享服务后，业务操作得到细化、标准化，甚至有的操作被简化，因此，某些岗位对人员的学历、技能等要求会有所降低，低层次的人员就可以胜任。另外，共享服务中心大多建立在成本较低的地区，这些都在很大程度上降低了运营成本。

财务共享服务

> **【案例】** 美国运通公司最初有 46 个业务处理站,且分布不均匀,各站点的系统重叠且不统一,效率低下、成本很高。当时处理业务的人员有 4 200 人,费用高达 4 亿多美元。通过推行共享服务,美国运通将全球业务处理合并为三个财务中心,通过标准化的流程管理,提高规模经济效益,降低了成本。单单旅行服务业务的操作流程的合并,就使得全球员工减少 1 000 人,节省成本 8 000 万美元。此后业务量逐年上涨,人员数量却逐年减少。
>
> 案例来源:陈虎:"未来之路——财务共享服务",《财务与会计》,2008 年第 14 期。

著名咨询公司博思艾伦咨询公司（Booz·Allen & Hamilton）的调查显示,企业的主要职能实施共享服务后,都能在成本上获得更多节约,而基于交易的职能实现的成本节约更加显著(见图 2-10)。

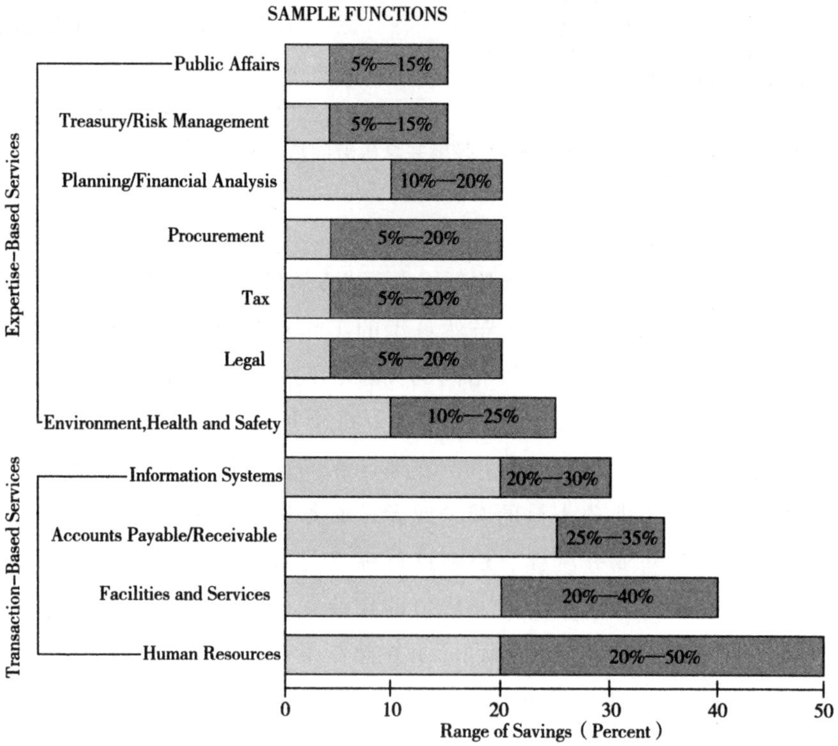

SAMPLE FUNCTIONS

Expertise-Based Services:
- Public Affairs: 5%—15%
- Treasury/Risk Management: 5%—15%
- Planning/Financial Analysis: 10%—20%
- Procurement: 5%—20%
- Tax: 5%—20%
- Legal: 5%—20%
- Environment, Health and Safety: 10%—25%

Transaction-Based Services:
- Information Systems: 20%—30%
- Accounts Payable/Receivable: 25%—35%
- Facilities and Services: 20%—40%
- Human Resources: 20%—50%

Range of Savings (Percent)

图 2-10　企业主要职能实施共享服务后实现的成本节约[①]

---

① Booz·Allen & Hamilton:< Shared Services: Management Fad or Real Value? >,1998,pp. 6.

第2章 财务共享服务

企业通过建立共享服务中心，在流程整合、组织架构重组、集团协作运作等方面进行更为有效的成本管理，并随着技术的不断发展，形式更为灵活多变，在规模经济效应下，成本管理作用会不断体现并成级数增长，形成良性循环（见图2-11）。

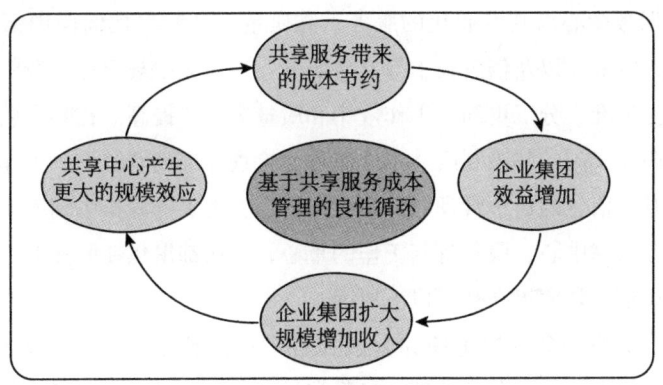

图2-11 实施共享服务后成本管理的良性循环

图2-12更能够解释共享服务中心成本管理作用的发挥。随着时间的推移，在共享服务的不同发展阶段成本的降低也各有侧重：在启动期，最为直接的成本降低是通过集中整合的方式，利用规模经济减少多余的管理成本，该阶段可以实现10%—20%的成本降低；在成长期，通

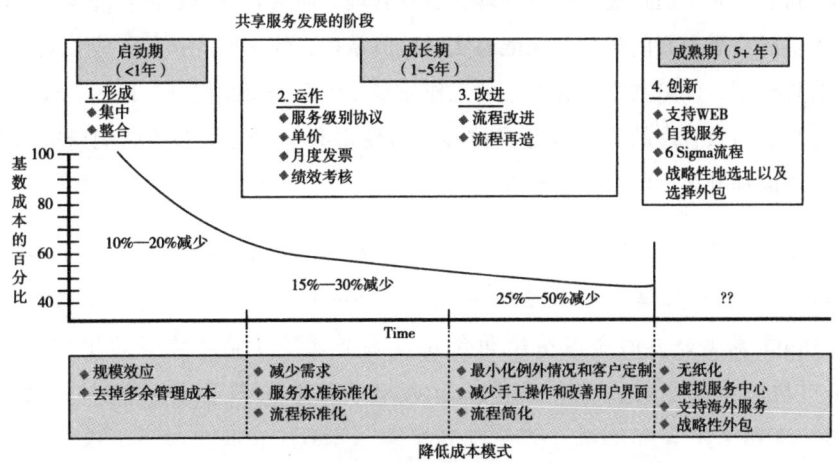

图2-12 实施共享服务后成本降低的学习曲线

过流程改进和流程再造寻找最佳实践，实现标准化的服务，在此阶段可以实现成本15%—50%的减少；在成熟期，通过长时间的（至少要5年以上）运作，成本管理更为精细化，技术上不断创新，累积了丰富的管理经验，共享服务中心走向成熟，最终达到"学习曲线"的后端。

（2）服务质量与效率提高

共享服务中心以其专业化的服务，高质量、高效率地面向内部客户提供财务、人力资源、以及信息技术等支持服务。通过集中规模把复杂的工作变得更简单、更标准、分工更细，工作效率和质量进一步提高。在共享服务的模式下，各种职能实施的政策制度、工作流程、检查标准完全统一，工作的效率获得显著提升，信息的集中管理和共享应用，也实现了资源集中调度下的风险集中控制。在共享中心，服务是其工作的重心，一切都聚焦在服务上。共享服务中心服务质量与效率提高基于以下原因：

首先，共享服务的实施使原分散在各个单位独自处理的业务整合规范，对经办人的要求统一，财务处理的口径和尺度一致，最终实现了业务的高度标准化。而业务的高度标准化为流程再造和持续优化提供基础，财务共享服务中心雇佣基础的员工从事标准化的业务，同时雇佣专业的员工成为流程专家，持续优化流程、提高效率。其次，支持共享服务实施的相关信息系统的上线是共享服务实施的必要前提。例如在财务共享的实施中，解决异地票据传递问题的影像系统、员工在任何时间任何地方自助完成网上报销的网络报销系统、企业快速支付的银企互联系统等都为财务共享服务中心业务处理的高效要求提供工具支持。同时，通过建立绩效管理、服务管理、质量管理等运营管理手段，管理人员对共享中心的运营状况能够实时监测掌控，快速反应，并形成长效的优化管理机制，保障共享服务中心的工作质量、效率的持续提升。最后，建立聚焦客户、高效有序的内部服务支撑体系，使得共享中心能够及时响应前端需求，不断提升客户的服务满意度。

【案例】世界上最大的企业软件供应商Oracle公司，经过6年时间在全球建立了三个区域化的共享服务中心。Oracle只需要几天时间就可完成全球65家子公司的年末结账和合并。这个数字可能是许多的中国上市公司所无法想象的。为什么Oracle的财务报告流程有如此惊人的效率呢？可以毫不含糊地说：共享服务中心（SSC）在其中功不可没。

资料来源：作者根据公开资料整理　仅代表个人观点

第2章 财务共享服务

（3）促进企业核心业务的发展

共享中心通过标准化专业化的运营，建立高效的流程运行能力，在节约成本的同时保障公司战略的执行。共享服务中心的建立可以为企业内部各业务单位和外部客户提供足够需要的后台支持，各业务单位或外部客户可以将那些繁琐的、重复性强的非核心业务（后台业务）交由共享服务中心来运作，而自己则可以专注于核心业务，努力提高顾客满意度。

同时，共享服务实施后，用于重复性工作的时间大大缩短，释放出的员工有更多精力投入到决策支持和业务支持等经营管理活动中，为企业战略提供更高水平的决策分析、评价和支持。企业支撑部门的职能从后台处理、事后记录到多层次战略支持职能的转变，可以为企业提供强大的分析和决策服务，以及丰富的决策相关信息，促进企业核心业务的发展，增强企业综合竞争力。

德勤2011年的统计调查结果显示，实施共享的企业认为：共享服务除了在成本控制方面成效显著，在管理上及对企业运作支持上亦有很多贡献。如通过基础管理水平的提升，对公司整体管理水平进行控制，以及在支持增长与扩张的能力方面，都有很大贡献（见图2-13）。

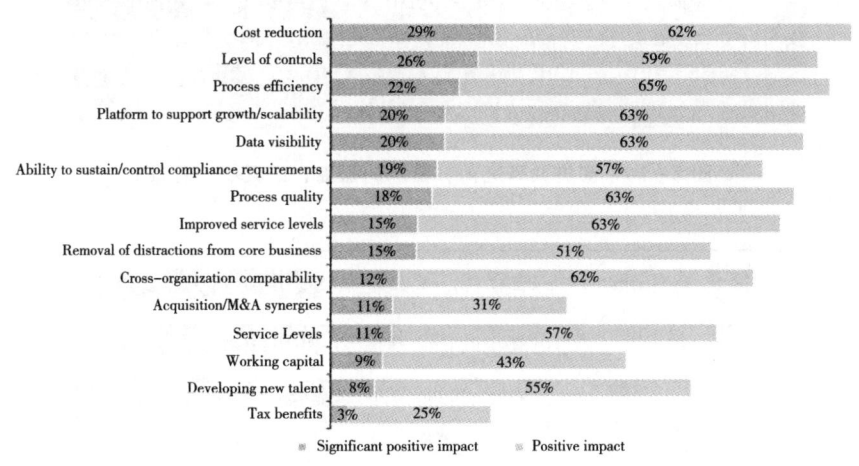

图2-13 共享服务在企业运作管理上的积极贡献[①]

---

① Deloitte：<2011 Global Shared Services Survey Results>，2011，pp. 16.

(4) 加速企业的标准化进程

建立共享服务中心之前,各业务单位的资源是分散的,业务操作方式、操作流程都是不同的。而共享服务中心将原来分散在不同业务单位进行的活动、资源整合到一起,为企业的业务流程、内部服务工作流程的标准化以及各种管理数据的统一与综合提供了平台,有助于工作效率和服务质量水平的提高。如图 2-14、图 2-15 所示,企业将财务、人力资源、信息系统等从各个分部剥离出来整合为共享服务中心,从而每个分部不再需要单独配备相应的支持部门,也为各个分部的标准化统一管控奠定基础。

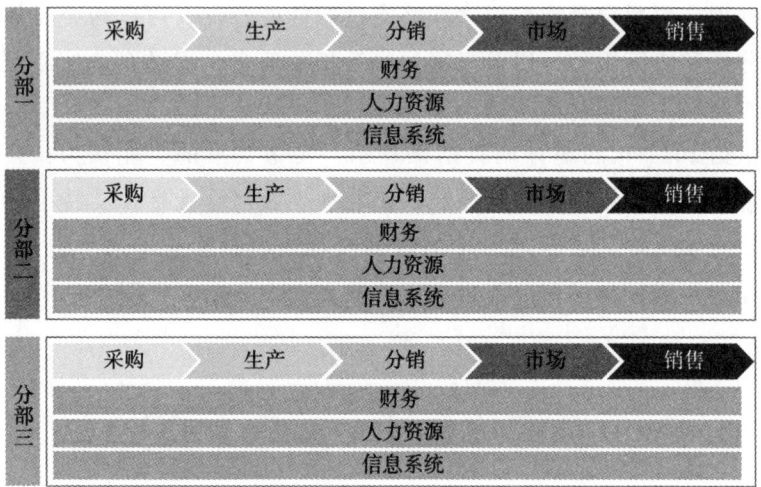

图 2-14 实施共享之前:资源的孤岛,缺乏统一标准

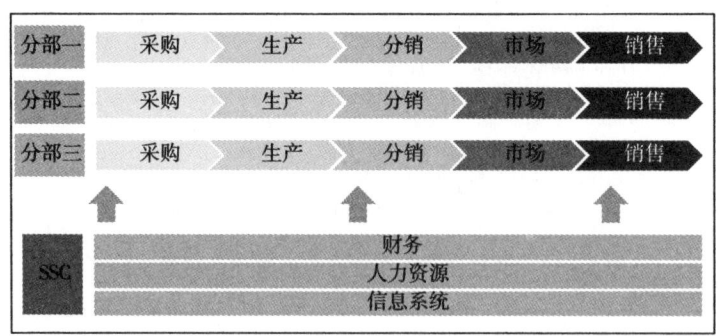

图 2-15 实施共享之后:整合的资源支持,实现集团层面标准化

第 2 章 财务共享服务

共享服务的流程整合并不是将所有的流程简单地连接，也不是把从事相同工作的人员简单地集中到一个地方工作，而是要对所有的流程进行细致分析，将流程拆分成一个个子流程，在考虑风险控制的同时，考虑最简捷高效的方式，避免一切重复性劳动。就像流水线，每个步骤经过设计后没有繁复和冗余，在将各子流程链接起来时，也要充分考虑接口间的简化，形成逻辑统一的整体。在流程整合的过程中同步明确出每个岗位的操作细则，确保业务最终在任何人员的手上操作时都是标准的动作。流程的固化要通过标准化的专业文档进行记载，便于知识的呈现和传递。

共享服务实施之前需要对原分散在各组织自行处理的业务先行标准化，包括业务流程的统一、管理制度的统一、数据口径的统一等。这一统一过程也加速了企业管理制度与信息数据的标准化。

共享服务在流程管理、业务标准化等方面的管理经验可以为企业其他领域提供借鉴，也可为其他共享中心标准化管理提供参考，从而营造标准化的企业环境，加速企业的标准化进程。共享服务中心将企业各个单位的后台功能集中在一起，使得各个单位在同一领域的专家可以在一起共事，直接交流，提高技能水平，吸收最佳实践。同时，对于共享服务中心而言，其核心业务就是提供共享服务，因此它与各业务单位相比，将会把主要精力放在提高后台服务的技能水平，从而使整个企业在后台服务效率和质量上有一定提高，在部分方面的改进经验还可以推广借鉴到整个企业。

【案例】渣打银行在建立共享服务中心之前，分布在各个国家的银行系统都采用不同的电脑管理软件，每个银行根据自己的需求增加新的应用软件，造成提交的管理报表无法及时汇总。而在建立共享服务中心时，为了使所有的银行前台输入的数据能立即为共享服务中心所用，渣打银行重新对各银行的计算机系统进行检查和整合，并在设计共享服务中心的技术支持系统时，将其作为整个银行系统技术标准化的第一步。

案例来源：陈虎："未来之路——财务共享服务"，《财务与会计》，2008 年第 14 期。

（5）增强企业规模扩大的潜力

企业将财务、人力资源、信息管理等职能集中到共享服务中心处理，有助于企业更快地建立新业务，不必考虑为新业务建立财务部、HR 部等职能支撑部门，直接将新业务的相关支撑职能纳入共享服务中心提供服务即可。因此，企业变得更加灵活，更具备规模扩张的能力。在企业进入新市场的时候，企业可以将新市场的后台业务交给所在地区的共享服务中心处理，将新市场的投入降到最低，从而为企业的进退取舍留有更大的空间。

还有一个好处便是，共享服务中心的建立可以使企业在收购和兼并其他企业时，操作更为容易。其一是企业已经有了整合的经验，其二是由于企业已经有了共享服务中心，所要整合的主要是核心业务，而后台服务的提供并不需要再增加新的费用。

【案例】 花旗共享服务中心的建立

花旗银行总部位于美国纽约，是华盛顿街最古老的商业银行之一。历经近两个世纪的潜心开拓，花旗集团已经成为全球最大的金融服务机构，为逾一百多个国家约二亿消费者、企业、政府及机构提供品种繁多的金融产品及服务，包括消费者银行和信贷、企业和投资银行、保险、证券经纪及资产管理服务。

在 2001 年、2002 年《商业周刊》评选的全球 1 000 家公司排名中，花旗集团皆名列第 5 位，在全球金融界中排名第一。而这一切业绩的取得，尤其是最近取得的突破，在很大程度上要归功于花旗共享服务中心的建立，这项管理举措为公司的发展带来了巨大的帮助。正是管理方面的卓越成绩使得它被《资产》杂志誉为 2007 年"亚洲最佳现金管理银行"。

花旗银行是共享服务中心的长期参与者，他们致力于满足客户对共享服务中心的需求，而这其中，花旗尤为专注于金融共享中心的支持工作。图 2-16 是花旗在上海建立的数据处理中心和贸易数据处理中心的工作场景。

《亚洲金融》杂志高度赞扬了花旗在现金管理业务方面的建树，重点推崇了花旗在支持亚太最大的区域性资金中心和共享服务中心的实力，以及开创性的移动支付解决方案。并称花旗提供了 2007 年最全面的现金解决方案，包括其共享服务中心和流动性管理需求。在花旗建立共享服务中心之后，公司充分体会到了集中化服务的好处。图 2-17 是

第 2 章 财务共享服务

Maria Mandler 在他的演讲报告中给出的关于集中化服务的好处的图解。

花旗的共享服务，是一个共同的、标准的、有文件记录的、易理解的跨地区处理过程。它带来了执行标准的改进，为决策制定提供及时的信息流。从总体上说，花旗在亚洲，通常可以节约 25%—40% 的成本。同时，这些还为花旗带来了以下两方面的利益：

图 2-16　花旗上海数据处理中心和上海贸易数据处理中心工作现场

Benefits of Centralized Services 集中化服务的好处	
The Ability to Leverage Scale 利用规模效益的能力	Scope 范围
Simplification & Standardization of Process 简化的&标准化的处理过程	Processes 处理过程
Non-Core competency functions span across multiple business units 跨多个业务单元的非核心竞争力功能	Outsource 外包
Functions executed in a Center of Excellence 优秀的中心执行的功能	Expertise 专门技术

图 2-17　集中化服务给花旗带来的好处

硬收益：

（1）通过 ERP 系统进行的优质整合；

（2）效率的获取；

（3）改进的控制；

（4）终端市场和群体的成本节省。

软收益：

（1）集中于核心活动的业务单元；

（2）清晰定义的责任；

（3）推进"一个公司"模式的标准化。

那么是什么驱动着花旗的共享服务中心？Maria Mandler 认为，主要是以下三个方面：

（1）降低成本的考虑：最小化以及重新组合，整合以使用较少的资源来执行交易，调整到较低成本区域，标准的业务流程处理，高质量的可调节的处理，利用技术系统。

（2）降低风险的考虑：提高透明度，加强控制，较少的银行业务关系和账户，遵守 Sarbanes‐Oxley（萨班斯‐奥克斯利法案）和其他。

（3）银行业务需求的考虑：产品和服务的一致性，业务外包，最佳实践的共享。

下面来看看花旗的共享服务业务流程，以下是一个典型的业务流程图（见图 2‐18）。

在花旗建立共享服务中心之后，并没有停下共享服务创新的脚步。花旗此后开始推动持续的改进。在这方面，花旗采用了很多方法和技术，其中有很多是值得借鉴的。花旗倡导使用平衡计分卡（Balanced Scorecard）来完善共享服务中心的管理。在 SSC 使用 Balanced Scorecard 应该从财务、操作措施、职员、客户满意度、创新及控制措施几个方面进行考虑。

花旗在推动持续改进过程中还使用了质量工具和技术（Quality Tools and Techniques）。这其中包括处理流程图（Process Flowcharting）、进行问题根源分析的 Pareto 图解、交叉的功能程序映射（Cross Functional Process Mapping）、因素及效果图表，即鱼骨图表（Fishbone Diagram）等等。见图 2‐19。

第 2 章 财务共享服务

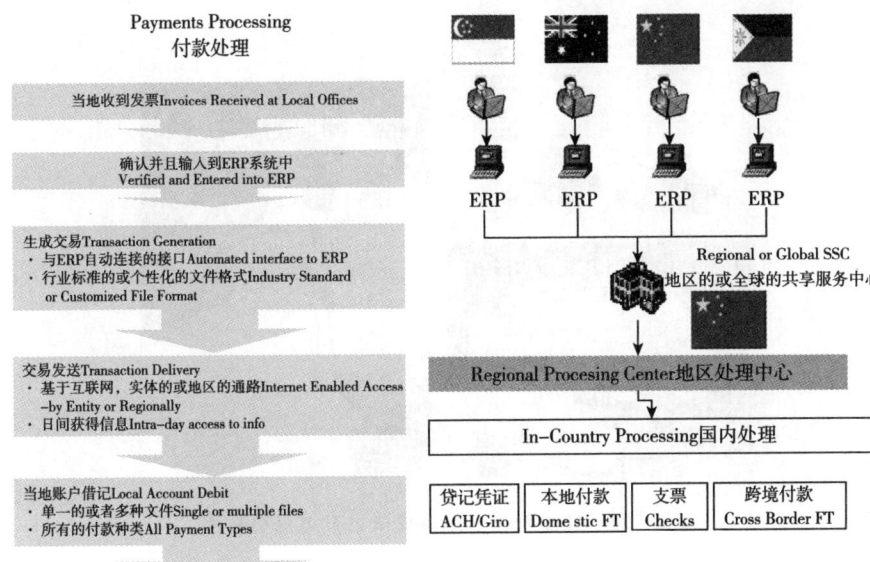

图 2-18 花旗的付款处理业务流程

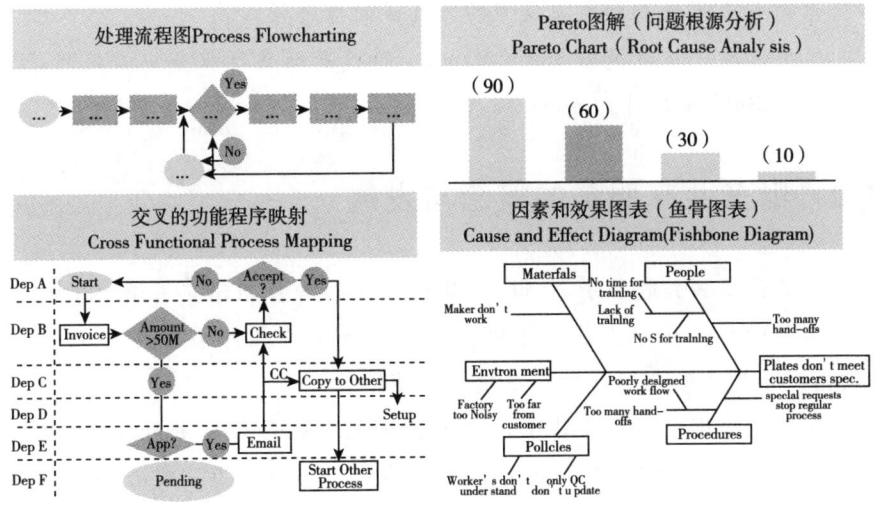

图 2-19 花旗在推动持续改进过程中使用的几种质量工具和技术

花旗在推动持续改进过程中逐渐采用了影像技术、双屏显示技术以及条形码技术，详见图 2-20。

图 2-20　花旗影像、双屏显示以及条形码技术

花旗的共享服务被认为是赢取业务的模式，它具备了以下特点：集中化、标准化、自动化、全球化和迅速反应能力。这使得花旗的 SSC 是一个考虑到未来成长和发展空间的可升级的操作模式。

案例来源：作者根据 Maria Mandler 的《亚洲共享服务中心的趋势》演讲稿（2007 年 6 月）整理。

2.2　财务共享服务的概念与发展

财务共享服务起源于 20 世纪 80 年代，福特公司建立了第一个财务共享服务中心。在过去几十年里，共享服务中心和外包已经为 90% 的《财富》世界 500 强公司所广泛接受和使用。

今天，很难说是财务共享带来了整个共享服务及服务外包的发展，还是由共享服务推动了财务共享服务的进步。但有一点，财务共享服务始终是共享服务领域至关重要的组成部分，这是共享服务领域中不变的主题。

财务共享服务的发展历程见图 2-21。

第 2 章 财务共享服务

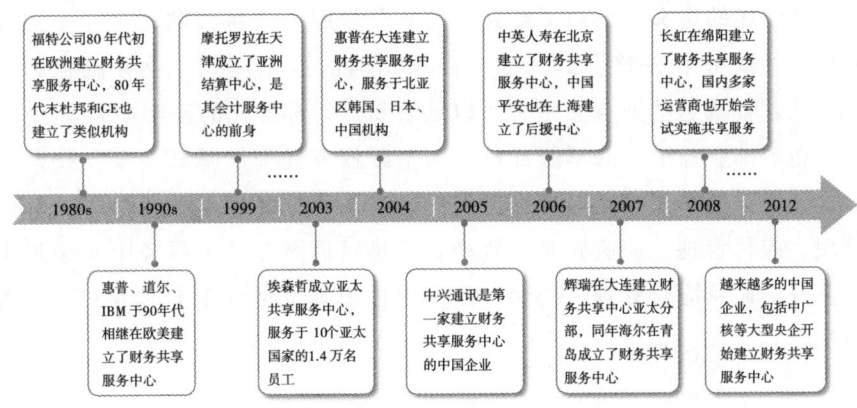

图 2-21 财务共享服务的发展历程

2.2.1 财务共享服务的概念

(1) 财务共享服务——财务的数据中心

从严格的定义上来讲,财务共享服务是一种将分散于各业务单位,重复性高,易于标准化的财务业务进行流程再造与标准化,并集中到财务共享服务中心统一进行处理,达到降低成本、提升客户满意度、改进服务质量、提升业务处理效率目的的作业管理模式。

财务共享服务中心通常是一个独立的实体,设有专门的管理机构,甚至可以在公开市场上和其他企业展开公平竞争。

财务共享服务中心对所有成员单位采用相同的标准作业流程,废除冗余的步骤和流程,对"来料"进行加工,输出高质量的财务数据,并消除了由于分散的地域、独立的规则造成的信息孤岛。财务共享服务中心保证了数据逻辑的有序、财务信息的准确性和及时性,并且拥有成员单位的所有财务数据,数据的汇总、分析不再费时费力,更容易做到跨地域、跨部门整合数据。因此财务共享服务中心可以说是企业集团的财务服务平台,是各成员单位的会计业务运作中心、财务数据中心和服务中心。共享服务中心建立在信息技术及系统之上,有效支撑集团制度的标准化、流程的科学化和精简化,实现降低成本、提高效率、强化集团内部风险控制的目标。

(2) 财务共享服务的适用范围

财务共享服务

从前述的定义中已经了解到,财务共享服务是将分散在企业不同业务单位的财务业务整合到一起,采用相同的运作模式、业务流程和规则,这就要求这些业务必须是可以或容易进行标准化的基础业务。

在基础业务中,共享服务被分为基础业务处理和基础决策支持两个层次,而这两个层次是阶梯型分布的,在图 2-22 所示的业务中,总账管理、应付管理、应收管理、资产管理是目前财务共享服务中实施最多的业务。而从应付管理中衍生出的费用报销等也是近年来财务共享服务的热点。

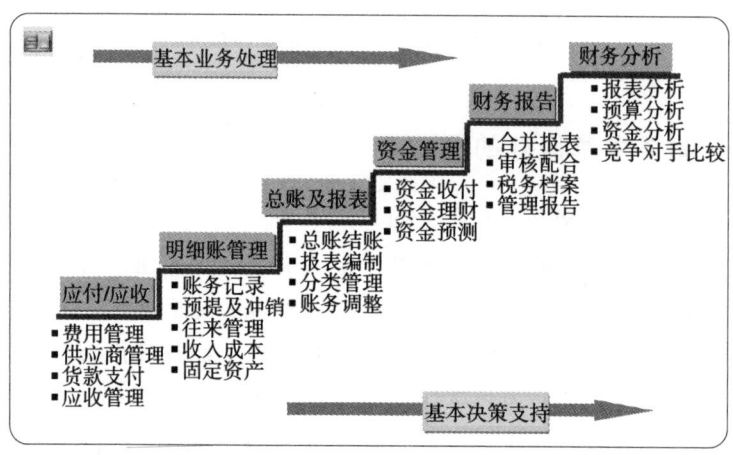

图 2-22 财务共享服务处理业务类型

通常一个企业在实施共享服务时从财务开始,而财务共享服务中又从阶梯的底层——应收/应付做起。巧合的是,从对实践的调研来看,很多企业在实施 ERP 的过程中也是从应收/应付做起的。这种巧合使得基于应收/应付的财务共享服务起点得到了有力的信息化支持。

2012 年中兴通讯与 CIMA 在对国内实施财务共享服务的企业进行调研时发现(见图 2-23),财务共享服务的业务范围可以包括会计核算的全业务,如应收、应付、资产、费用等会计核算工作,并且部分受调研企业已经将财务管理领域内的一些具有标准化程度高、重复性、周期性特点的业务纳入财务共享服务中心运作。

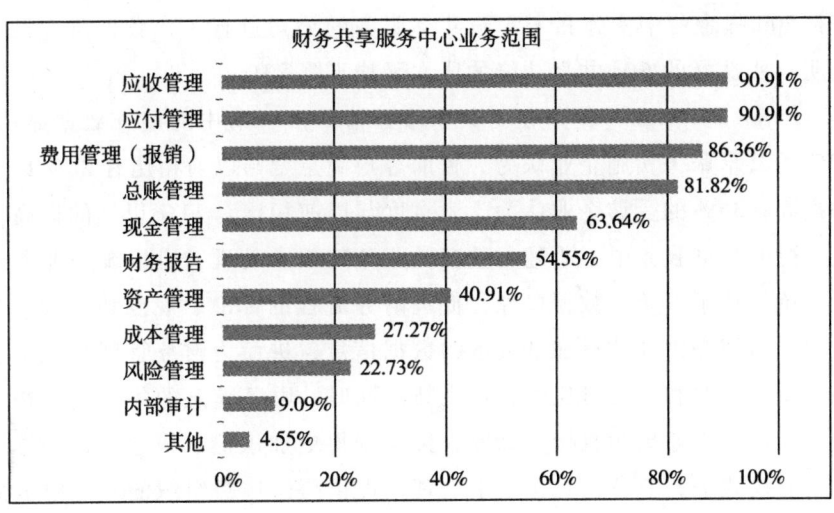

图 2-23　国内财务共享服务行业的业务范围调查[①]

2.2.2　实施财务共享服务的意义

为什么近年来财务共享服务在企业中越来越受欢迎呢？从下面的数据中可以一窥端倪。

中兴财务云与 ACCA、通用电气（GE）全球运营在 2017 年进行的"中国共享服务领域"调研显示，受调研企业建立共享服务中心的原因多样，其中，"通过标准化、流程化的作业模式，使企业更加灵活地应对业务扩张及市场波动"占比 76.7%，"通过基础职能与管理职能的分割，使企业聚焦核心业务"、"通过合理规划选址、再造业务流程、优化信息系统等手段降低人工成本"均占比 60% 以上。此外，也有 40% 以上的企业表示通过建立共享服务中心，支持企业实现组织变革、加快企业转型。

太平洋贝尔（Pacific Bell）通过实施财务共享服务，从 1991 年开始服务成本降低 54%，满意度从 70% 提高到 90%，劳动力减少 42%；美铝（Alcoa）从 1992 年开始，人员从 437 人减到 150 人；美国施乐公司（Xerox）从 1993 年到 1999 年成本节约 6 亿美元。

IMA（Institute of Management Accounting）的一项研究对 100 家《财

---

①　中兴通讯，CIMA：《2012 年财务共享服务行业调查报告》，第 7 页。

富》500强企业中实施和未实施共享服务的公司进行了比较,研究结果表明,所选择的6项共享功能的成本平均下降83%。

Bryan Bergeron(美)在《共享服务精要》一书中的调查数据显示,10%的共享服务实施企业认为,目前客户满意度与以前相比有20%以上的提高;35%的受访企业认为,满意度与以前相比有11%以上的提高。

财务共享服务中心通过大量交易业务的集中处理,可以统一业务流程、统一技术、统一数据口径,促进财务流程的标准、规范和高效,为集团内组织提供高质量和低成本的数据信息,进而为财务管理和决策支持提供更专业和更为可比的数据支持。同时,财务信息的集中统一快速处理让信息沟通更为直接、高效,传达变得更加敏捷、快速。在共享服务中心模式下,业务信息化集中处理、提供跨区域跨组织的专业财务服务,消除重复职能人员设置,降低成本,并改变单纯以人员的增加来支持业务的扩大和财务职能提升的状况,让财务人员从分散、重复、单一的交易处理中释放出来,使企业有更多的人员可以投入到决策支持、分析管控、提供专业支持等更重要的职能领域。

实施财务共享服务,为财务转型提供了先决条件,财务人员从基础业务中抽离出精力,投入到经营决策、业务支持等为企业创造价值的活动中去,为财务能力的提升创造环境。

2012年中兴通讯与CIMA在对国内实施财务共享服务的企业进行调研时发现(见图2-24),90%以上的受访企业认为财务共享服务提升了工作效率,促进了业务流程的标准化;59%的受访企业认为其释放了财务资源,使更多的财务力量投入到企业的战略支持中去,并由于各地业务处理变得标准统一,从而便于总部的管理监控;40%以上的受访企业认为其节约了成本,提高信息管理能力和沟通速度,给客户带来了更好的服务。

2017年,中兴财务云与ACCA、通用电气(GE)全球运营对中国财务共享服务领域的调查结果显示,对于已经建立财务共享服务中心的受调研企业,实施共享服务取得的最主要成效排序前五位是:加强总部的管理与监控,提高效率、促进流程标准化,形成企业数据中心支持经营决策,投入更多精力支持公司战略,以及成本节约(见图2-25)。

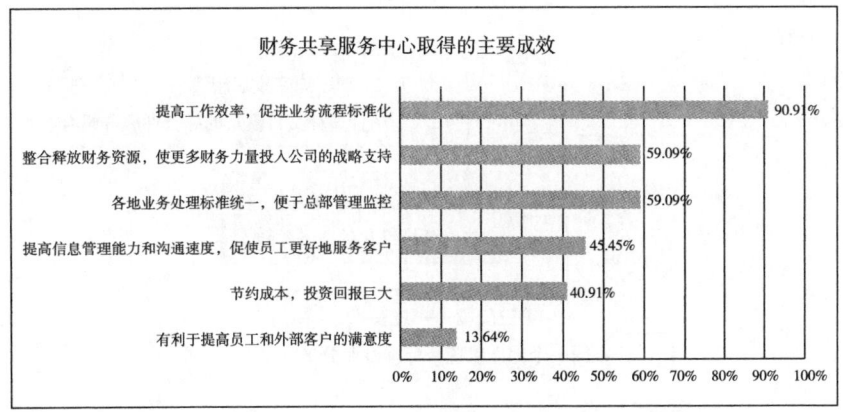

图 2-24　国内企业实施财务共享服务取得的主要成效[1]

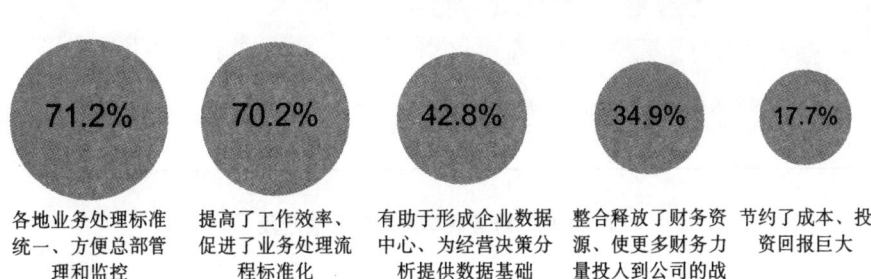

图 2-25　使用财务共享服务 外包企业财务转型战略前五项重要目标[2]

以上，应用财务共享服务模式，提升效率、促进流程标准化，便于总部管理，并可以发挥数据价值，释放更多财务人员从事更高附加值的工作，促进财务职能的转型，最终推动企业整体价值的提升。

2.2.3　财务共享服务的发展趋势

财务共享服务从孕育到诞生，从成熟到发展，伴随着财务管理模式的变革，经历了四个阶段：分散——集中——共享——外包（见图 2-26）。而在当今社会技术日新月异的大环境下，共享中心的未来在四阶段的基础上，将不断向更为广阔的方向发展。

---

[1] 中兴通讯、CIMA：《2012 年财务共享服务行业调查报告》，第 10 页。
[2] 德勤、ACCA：《中国企业财务共享服务现状与展望》，2013 年，第 24 页。

财务共享服务

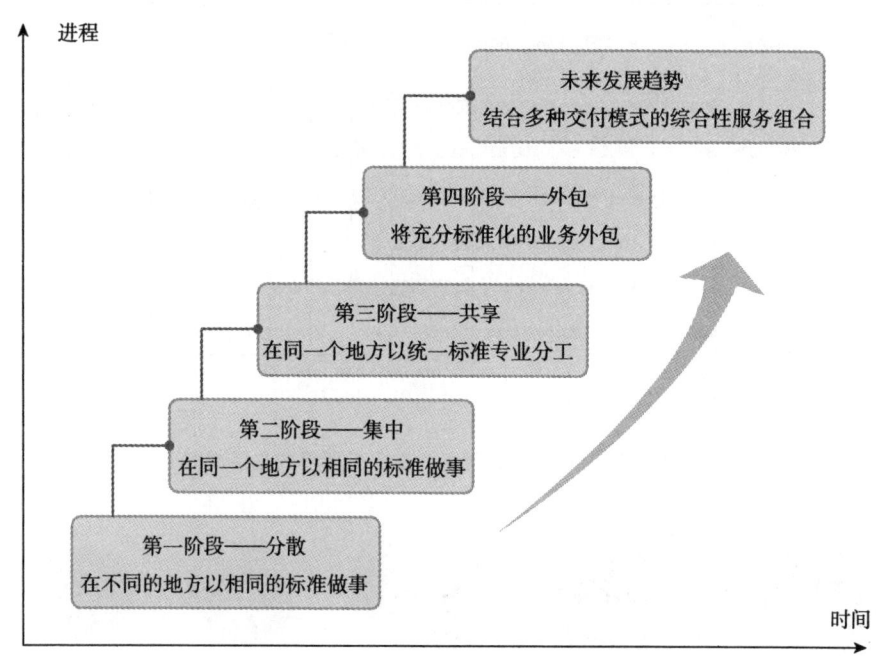

图 2-26　财务共享服务的发展阶段

（1）财务共享服务发展的四个阶段

①分散。财务共享服务的发展与企业自身的经营和发展密不可分。在初期，会计核算通常采用按会计主体进行分级核算的模式，即下属公司仍保留原来固有的一套财务组织。财务机构随着企业经营的扩张而扩张，一般来讲每建设一个分子公司或分支机构，在达到一定人员或业务规模后，就会设置一个财务机构支撑当地的财务需求，这就造成了必然的分散型财务核算模式。此种模式在大型企业中非常常见，各个分子公司设置财务部门，独立核算，定期将报表层层上报并汇总合并。

这些分散的财务管理部门，"在不同的地方以相同的标准做事"，自身业务处理完整，但存在着不少弊端。第一，管理层次多，会计主体多，存在大量内部交易，核算复杂，合并报表的工作量大，财务报告层次多、流程长、效率低。第二，各下属公司通常开设各自的银行账户，资金被分散沉淀和闲置，资金周转速度慢、使用效率低。第三，会计信息准确性和及时性差，对决策支持功能弱。集团无法对下属公司的运行状况实施有效、及时的监管，形成了一个个信息孤岛，使得集团整体的信息收集和政策制

第 2 章 财务共享服务

定都存在信息的死角,埋下风险隐患。

②集中。随着上世纪 90 年代 Internet 和 ERP 技术的发展,使企业财务信息系统的集中成为可能,集中的财务模式得以发展。集中式财务管理,即集团总部将财务人员、银行账户、资金乃至资源配置权、管理控制权都集中于总部,以此来加强整个集团的财务管控。通过集中处理业务,简化了核算层次,避免了内部交易抵销不充分现象,缩短了财务报告流程,并规范了会计核算,加强了财务监控能力。同时集中核算促进了资金集中管理,降低资金沉淀和资金成本。集中的财务管理模式规避了分散模式下所存在的诸多问题,加强了企业对分支机构的集中控制,通过将人员和业务集中"在同一个地方以相同的标准做事",打破原来的壁垒,使信息得以充分共享,财务政策得到有力执行。

③共享。随着经济全球化和信息化的发展,在资源有限的条件下,基于价值链的管理,寻找新的经济增长点和企业增值模式,资源的整合成为企业目标的关键,财务共享服务应运而生。

财务共享服务对流程进行优化再造,对操作进行标准化,对人员进行专业化分工,以一个独立运营的"服务部门"方式再造了财务核算,相对于财务集中而言,其财务工作方式、理念都发生了质的变化。由财务共享服务中心对财务业务进行集成封装,一个服务端(共享服务中心)向多个客户端(成员单位)提供服务,客户端共享服务端的资源。服务端可以根据不同单位业务量的多少在其内部的账务处理单元实现负载均衡。因此,财务会计的工作是对多个企业相同的流程进行的专业化分工处理,在对某一个企业进行账务处理时,不必掌握全部的财务流程就可胜任。

由于基础的财务工作由专业的财务会计人员来完成,保证了会计记录和报告的规范、标准。财务管理人员则从繁杂的财务工作中解放出来,将精力集中于经营分析和战略规划,提高了对公司的经营决策支持,财务管理人员的职能得以转型,成为企业管理者的参谋、业务伙伴和企业策略合伙人。

④外包。共享服务充分发展后,又将向社会化方式进一步延伸。各企业的财务工作可能会外包给社会上更专业和更具有成本等优势的财务外包公司,企业内部的财务部门则专注于对信息的监管、使用和需求规划。外包具有流程效率、灵活性、可扩展性,以及在合约的约束下不断改进等优点。

财务共享服务

在全球外包服务市场中，印度先行一步，凭借其廉价的劳动力和语言优势迅速占领了欧美很多份额的财务外包业务。在班加罗尔，随处可见跨国公司设立的共享服务中心。近年来，东欧也在外包领域迅速发展，IBM、Dell、Morgan Stanley已经将部分服务外包给东欧国家。在中国，以大连为共享服务代表的城市正在崛起，天津市也作为中国商务部授牌的服务外包基地城市，制定了相关土地、税收、人力等方面的优惠政策，做好了承接产业转移的各项准备工作。根据2007年全球外包大会（天津）的数据，2007年国际服务外包总值达到1.2万亿美元。

（2）共享服务的未来发展趋势

①共享服务中心的全球化。随着国家经济实力的提升，加上"一带一路"倡议的推动，中国涌现出越来越多的全球化企业。全球化经营给企业带来难以预估的风险，对财务部门来说，面临着总部监管困难、资金管理失控、会计政策不统一、税收环境各异，以及语言、文化、时差等种种风险，而在分散的财务管理模式下，财务部门的工作是低水平的重复，难以建立起世界级的管理能力，而复杂的内外部环境要求企业构建完备的财务职能体系，分散的财务管理模式必然向矩阵化的财务职能体系转变。因此，全球化的企业更有动力建立共享服务中心，建立统一的政策规则和流程标准，来防范全球化经营过程中的风险，并促使财务转型的实现。

②新兴技术给财务共享服务带来的创新。信息技术的发展对财务产生深远的影响，可以说带来了财务的三次变革。第一次变革是计算机的出现，带来了会计电算化的产生；第二次是互联网的出现，使得财务的工作流程、组织和系统打破地域、空间的限制，财务共享服务这一新的运作模式出现；第三次则是大数据、人工智能等带给财务的又一次变革和冲击。

- 财务共享服务成为企业数据中心

作为企业的服务平台，各类业务数据涌入财务共享服务中心，随着数据数量的汇集，数据的管理和分析工作变得格外重要。数据的价值正在成为企业成长的重要动力，它不仅提供了更多的商业机会，也是企业运营情况及财务状况的重要分析依据。

在财务管理活动中，几乎企业内外部的所有相关数据信息都要通过财务流程来进行相应的财务处理，以生成有利于决策的财务报表，其处理的数据量是巨大的。大数据技术的发展，使财务共享服务中心可以对大量碎片化的数据进行有效管理，实时进行收集、整理、分析及报告，满足企业

第2章 财务共享服务

财务监控、投资者关系、财务规划及战略决策的需要。

- 财务共享服务不断向自动化、智能化发展

财务共享服务中心,是将财务的基础业务集中起来,不断进行专业化、标准化、流程化、自动化和智能化。对人工操作耗用极大的基础业务,如财务审核、交易处理、资金结算、对账等越来越多的工作将会被计算机替代,财务自动化程度将越来越高。而图像识别、语音识别、自然语言处理、机器学习等人工智能技术的应用,将帮助财务共享服务中心更加智能化,自动完成由人工完成的更多任务,极大提高财务在基础业务中的处理效率和处理能力。

- 财务共享服务更加"云化"

依托于云计算技术,财务共享服务中心能够为用户提供最佳的客户体验,我们称之为"5A"服务。什么是"5A"服务呢?"5A"实际是五个字母的缩写:Anywhere、Anytime、Anyone、Anything 和 Any device,也就是说:当任意一位用户(Anyone)需要相关财务信息(Anything)时,他可以在任意时间(Anytime)、任意地点(Anywhere),借助任意设备(Any device),提出需求。用户并不知道财务共享服务中心身在何处,也不知道内部处理流程,但是,只要输入他的请求,财务共享服务中心就可以为用户提供其所要求的输出。

③共享服务的 GBS 趋势。新兴技术的出现,以及业务复杂程度的提高,对企业通过共享服务中心,整合流程、人员、技术、跨地域积累并利用不同领域最佳能力、知识来获取最佳绩效,实现价值创造提出了更高的要求。同时,技术、经济和市场环境的变化也使得共享服务在业务服务和交付方式上不断探索和创新,为客户提供更加便捷的、灵活的、多样的定制化服务。这些都促使财务共享服务的未来发展,趋向于更创新、更拓展的 GBS(Global Business Service)模式。

全球共享服务(GBS)是将财务、人力资源、IT、法务、供应链、研发、商务等职能整合在一个组织结构下的新型业务模式,它结合了多种服务交付模式的优势,包括共享服务、外包、离岸服务和 IT 解决方案,旨在提高支持性服务的效力和效率。GBS 具有全球多职能架构、跨职能共享、治理结构统一、打破职能壁垒的特征。

GBS 这一模式,正在全球跨部门、跨职能的业务活动中得到应用。GBS 在组织内的意义取决于其成功组合并灵活调配多种能力,以打造一个端到端

的无缝流程,实现特定业务成果的能力。高度成熟的 GBS 将会开发为一个标准平台上运作的综合性服务组合,并集中起一大批内部和外部的外包服务供应商,不仅仅为企业节省成本,还能为企业提升价值,并带来可持续的商业利益。

GBS 模式的发展,使得共享服务中心提供服务业务的广度、深度、灵活度得到了拓展,并使客户获取交付的方式在地域、时间、设备等方面更为云化,也让共享中心的目标从传统的成本降低、效率提升,延伸至提供产品和服务从而获取价值。企业集团化、全球化、多元化的发展中,把价值链的辅助活动集中起来,建立全球共享服务中心(GBS)的趋势是不可阻挡的。

【案例】GE 全球运营:机器人时代下的共享服务①

GE 全球运营实践分享

作为支撑 GE 加速回归工业的架构核心,由 GE 数字集团、全球运营中心、全球研发中心以及全球增长组织四根支柱支撑的"GE 商店",带动着整个 GE 分布于 175 个国家的 30 万员工开始形成以客户为中心的组织行为特征。全球运营是处于 GE 商店核心之一的跨职能共享服务团队。全球运营利用规模效应,和 GE 各业务集团紧密合作,为 GE 高效运营寻求创新解决方案。

GE 全球运营纵观 GE 各集团业务、客户、供应商,以发现降低运营成本的同时优化服务成效的机会,从而建立起独特的竞争优势。助力业务集团得以专注于服务客户、投资研发及开发新市场。同时,全球运营为公司长期发展目标搭建平台,开发基于 Predix 平台的应用,从 GE 商店为整个公司创造新的解决方案。

目前,GE 在全球范围内设立了四大运营中心,其中,亚太中心设立在上海浦东。其他三个中心分别在匈牙利布达佩斯,美国辛辛那提和墨西哥蒙特雷。运营中心由分布于世界各地的全球交付团队提供支持。

---

① 中兴财务云、ACCA、通用电气(GE)全球运营:《2017 中国共享服务领域调研报告》,2017 年,第 24 页。

第 2 章 财务共享服务

GE 全球运营愿景与使命

愿景：成为世界一流的共享服务运营体，为客户、业务集团、投资者及员工提供专业支持以助力 GE 战略发展。

使命：

- 通过区域运营中心和地方分中心网络开展全球运营，传递知识。携手每个 GE 业务集团，使公司整体运营更加简化、更专注于我们的客户。

- 居于 GE 商店核心，我们善于利用自身各个方面的能力和优势：如流程规模和基础设施、领域专长、高标准高效率、快速工作法、精益管理等创新方法，打造服务于所有 GE 业务的解决方案。

- 扩展传统共享服务边界，改变未来。我们坚持创新，推动实现工作方式数字化革命，不断改善 GE 各项核心流程。我们利用 Predix 平台为 GE 商店设计和打造解决方案，实现事务性工作的机器人流程自动化，释放资源从事更多高附加值工作。

- 弘扬和促进有助于推广最佳实践和知识共享的当代领导力与合作文化。

- 推动简化战略，以更低的成本为 GE 和我们的客户提供更好的服务。

- 为 GE 培养优秀人才。我们帮助团队成员拓展视野、强化技能、发掘最大潜力，在 GE 展开卓有回报的职业历程。我们善于主动出击解决问题，热衷于探索创新有效的工作方式，并努力使业务覆盖多个行业。

数字化共享服务

- GE 是引领前沿的数字化工业公司，将物理世界与数字世界融合在一起，用软件将机器设备相连，使我们能有更高响应度、更有预测性地为客户交付更好的产品与服务。共享服务对于 GE 转型成为数字化公司至关重要。

- 全球运营拥有一项强大的"资产"：数据。集中了我们的财务、供应商、客户、员工等多种信息。

- 数据是我们的数字主线。如何跨流程横向利用有用数据的优势，将有助于我们取得更好和更有影响力的工作绩效。

GE 全球运营亚太区

GE 全球运营亚太区负责在 GE 内部建立并运营世界一流的企业运营

财务共享服务

流程，不仅有财务运营，还包括了供应链管理、人力资源运营、税务、企业数据管理、商务运营、法务、司库管理等。多职能运营流程的建立保证了公司在中国、亚太区，以及全球业务得以更为顺利地开展。

通过三大指标来考核运营中心的业绩：效率、质量、成本。

- 效率。GE正利用各项数字化技术，向全球领先的数字工业企业加速转型，而全球运营亚太区也不例外。我们正在努力利用数字化创新引领变革，提升智能化和响应速度。在流程标准化、精简化和自动化的基础上，我们能够更为有效地服务于业务集团、客户及合作伙伴。以2016年为例，在应付账款流程中，我们使付款时间缩短了70%；在固定资产管理流程中，资产贴标效率提高了45%。

- 质量。全球运营亚太区在追求成本和速度的同时，始终将质量作为第一要务。我们积极将快速工作法、全球运营精益管理和简化等理念纳入公司文化，鼓励我们的员工主动识别无增值意义的工作、快速试错，深度挖掘问题根源以便彻底解决问题，从而提升整体质量。为了持续优化运营管理，我们还推出了Operations Insights。该工具基于大数据，可帮助管理层深入分析组织现有资源结构、员工工作分配、工作效率等一系列指标，由此发现差距，探索改进空间。同时，作为跨职能共享服务中心，我们也聚焦跨流程协作，强化部门间沟通与合作，以交付最佳的工作成果。

- 成本。即便在极佳的经济环境中，明智的公司也会不断寻求机会削减成本。全球运营亚太区在这一点上身体力行。在流程逐步迁移集中至全球运营亚太区的过程中，我们充分见证了共享服务所带来的规模效益和协同效应。而在日常运营中，我们也在专业领域内积极创新、努力缩减成本。例如，2016年，财务成本降低了26%，单位付款成本减少了55%。

全球运营中心在寻求数字创新，引领变革。我们同时也积极运用数字创新来打破传统工作模式，比如RPA（机器人流程自动化），Predix，机器学习等。我们也开发了一些应用软件来优化运营，改进用户体验。例如，自动化付款方案可以自动进行三单匹配和付款流程，确保100%准确率。RPA也可以帮助消除规律性重复步骤。能源消耗管理系统可以在大数据的基础上管理优化能源消耗。

【视点】"五个统一"是财务共享服务的基础

财务共享服务中心,规模化处理大量的基础业务,是财务的一次"工业化"改造,在这个过程中,标准化建设非常重要。

财务共享服务中心的标准化体系包括五个"统一":统一的会计科目,统一的会计政策,统一的流程标准,统一的信息系统和统一的数据标准。

- 统一的会计科目

企业应建立层级清晰、结构合理、释义明确、辅助信息完整的统一会计科目体系,使得财务数据口径一致,可以进行有效汇总与分析,能够满足财务报告及内部管理报告的信息需求,满足共享模式下批量、自动化处理业务的系统要求,同时具有延展性以随时应对内外部因素变化导致的需求更新。

- 统一的会计政策

企业应建立合规、统一的会计政策,通过统一的会计政策和核算处理规则,使财务人员对跨区域、跨行业的经济事项能够进行规范处理,减少财务人员的主观判断,保证业务的合法合规,提高处理效率。

- 统一的流程标准

企业应形成统一的、承接专业化分工且持续优化的流程体系。流程标准应明确输入、过程与输出,明确端到端的交易流程中前端输入与共享服务中心的操作步骤,嵌入完整的控制活动,规范输出标准与要求,并通过信息系统固化流程,促进业务流程标准化。

- 统一的信息系统

企业应对财务信息系统进行统一的规划和设计,财务信息系统应支持企业战略目标,实现信息与流程的集成,并提供决策相关的信息。系统设计需要关注财务信息系统与企业内部业务系统、企业外部信息系统的集成性,实现数据一点录入,信息全程共享,并具有良好的可扩展性,能以快速灵活的配置方式,支持业务功能的扩展与重构。

- 统一的数据标准

企业应形成统一规范的数据标准体系,包括数据定义、数据梳理、数据编码规范、数据管理办法等内容,确保数据的来源、处理、报送路径统一,标准统一。

五个"统一"是财务共享服务的基础。基于这套标准化体系,财务共享服务中心才能将看似复杂各异的业务不断简化，拆分成更加标准的任务单元，不断进行流程优化，从而进一步实现信息化和智能化，财务共享服务中心也才会持续提升服务能力，并具备创新的活力。

小结

共享服务是一种新型的管理模式，在传统的分散——集中管理模式基础上，通过信息技术、流程再造、组织管理等多维度学科知识，对管理模式进行探索和创新，创造出以顾客需求为导向，以服务水平协议和市场竞争为基础，提供标准化、规模化、流程化专业服务的共享利润中心。不仅促使企业集中资源优势专注于核心竞争力的提升，更是促使共享的专业服务实现成本降低、效率提升、质量保证、满意度上升的组织效益。

作为共享服务的优秀实践，财务共享服务通过一个或多个地点对人员、技术和流程的有效整合，实现公司内各流程标准化和精简化，给现代企业带来了前所未有的改变。财务组织在企业的整体框架中不再仅仅是会计核算的处理中心，更是企业经营信息的数据中心、管理决策支撑的服务中心，真正实现了财务管理职能的价值发挥，也为财务人员的职业发展打开了一个更为广阔、更具价值的新局面。

第3章 财务共享服务的框架

随着世界范围内全球化竞争的一再加剧,企业如何实现真正的国际化,在多个市场地域保持统一、高效的管理机制,以最低的成本获得最好的技术和运作流程,成为各方的重大议题。财务共享服务作为财务领域的重大变革,是一次观念再造、流程再造、组织再造、人员再造、系统再造,通过实施财务共享,跨国集团企业真正实现了优化组织结构、规范流程、提升效率、降低成本、创造价值的目的。见图3-1。

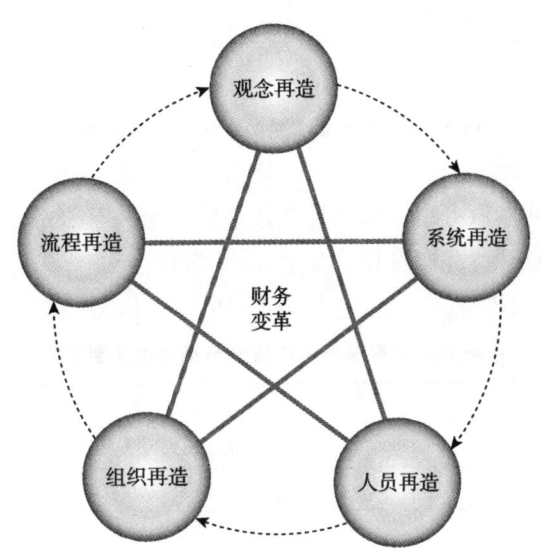

图3-1 财务共享服务变革与再造

2012年中兴通讯与CIMA通过对国内实施财务共享服务的企业进行调研发现(见图3-2),财务共享服务实施关键因素排名前五的分别是:流程管理、业务标准化、信息系统、人员管理和变革管理,其中超过50%的调查人群认为流程管理、业务标准化、信息系统和人员管理是财务共享服

财务共享服务

务中心实施的关键因素,而流程管理的关注度甚至达到82.35%。从调研的结果可以看出,在财务共享服务中心的具体实践中,企业对实施财务共享服务的主要关注因素是比较集中的。

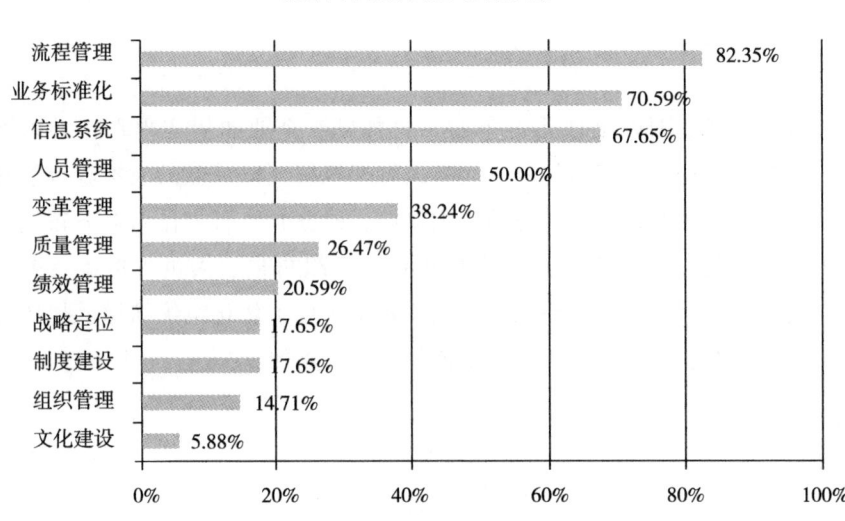

图3-2 财务共享服务实施的关键因素[①]

结合全球共享服务中心的最佳实践,将影响共享服务实施与运营的关键因素进行汇总和优先级排序,如表3-1所示。

表3-1 影响财务共享服务中心实施与运营的主要因素

编　号	名　称
01	组织模式与人员
02	流程与制度
03	信息系统
04	人员管理
05	现场管理
06	质量管理

---

① 陈虎、李颖:《财务共享服务行业调查报告》,中国财政经济出版社2011年版,第72页。

续表

编号	名称
07	客户服务
08	绩效管理
09	标准化管理
10	知识管理
11	变革与风险管理

结合调研数据与实践经验可以看出,建立财务共享服务需要一个规范、完备的逻辑框架来支撑整个项目的构造与搭建,这个框架需要关注财务共享服务实施各个阶段的关键要素,通过严谨的框架制定,可以指引共享服务的具体实施,有效地提升实施效率和质量,避免过程中的偏差和失误。

3.1 财务共享服务的框架

财务共享服务框架是指在财务共享服务发展各阶段所包含的关键影响因素及各关键因素间的相互关系所构成的组合。财务共享服务的框架主要包含以下六个方面:战略定位、业务流程、组织与人员、信息系统、运营管理和风险与变革管理(见图3-3)。财务共享服务的框架构建了后续工作的蓝图,项目人员可以利用财务共享服务的框架树立项目的整体观,保证共享服务的整体建设在既定的范围内有序进行。

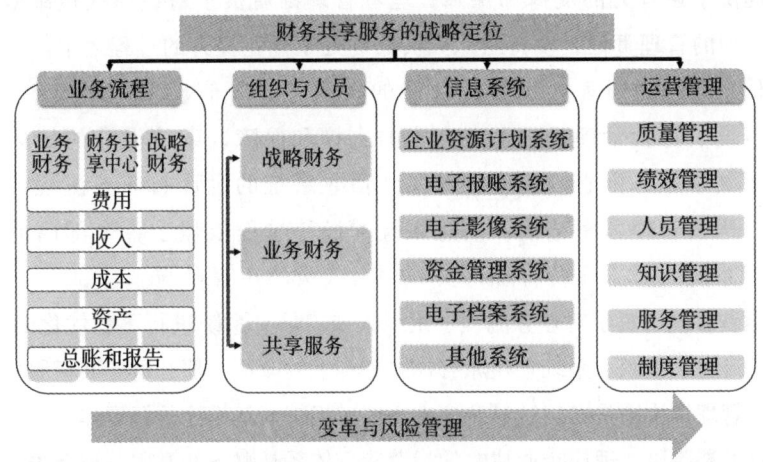

图3-3 财务共享服务框架

财务共享服务

财务共享服务的战略定位处于框架的统领位置，从战略层面决定了整个共享服务的导向，指导框架中其他模块的实施不偏离既定的轨道，始终与组织战略保持一致；业务流程、组织与人员、信息系统和运营管理模块如同财务共享服务框架的四根支柱，支撑起了整个框架的实体，为财务共享服务的实施奠定基础；而风险与变革管理贯穿共享服务的整个阶段，是在实施财务共享服务过程中降低变革冲击、规避项目风险、优化管理模式的重要工具。

战略定位是财务共享服务框架的主干和灵魂，在进行财务共享服务框架设计时，战略定位是首先需要考虑的内容，它在很大程度上决定了业务流程、组织人员、信息系统和运营管理四个模块的方向。

业务流程是一组为客户创造价值的相关活动。财务共享服务中心的所有业务都需要流程来驱动，组织、人员都是靠流程来实现协同运作，流程的标准化和统一是共享服务的核心。业务流程通过对组织人员的工作步骤进行描述，以流程视角，规范工作步骤、标准工作接口。流程的标准化和科学化是财务共享服务得以高效运作的基础，也是实现信息化的前提。同时，业务流程也是制度管理、标准化管理等运营管理制度的根基，它一方面影响着运营管理的实施，一方面又被运营管理手段所支撑，使得流程可以在管理监控下，保证流程的时效、质量和成本目标。

组织与人员的构成和运作多依赖于其他模块：战略定位决定了组织人员的设计依据；业务流程明确了组织人员如何设计和配备；信息系统又对组织目标提供了强有力的支撑和保障；运营管理则肩负了对组织人员绩效、发展、培训的管理责任，使得组织人员始终处于优化提升的过程之中。

信息系统是财务共享服务功能的实现工具。信息系统对组织目标、流程制度、运营管理提供了强有力的支撑和保障，系统设计的好坏直接影响了共享服务中心的效率和效果。信息系统的设计与业务流程、组织人员、运营管理紧密链接，信息系统的设计过程依赖于各个部门的业务骨干、系统人员、运营管理人员和项目人员的全程参与。

运营管理肩负了对业务流程、组织人员、信息系统进行不断优化的责任。如果说流程、组织、系统是在原有模式基础上的改造，那么财务共享服务中心的运营管理模块则是专门针对共享中心这一组织全新构建的管理体系。一套符合自身发展阶段、适应企业战略的运营管理体系是财务共享服务框架中必不可少的一环。运营管理模块发挥了资源调配、质量控制、成本管理、流程优化的

第3章 财务共享服务的框架

功能,它将共享服务中心视做一个独立的经营单位,通过全方位的管理建设,来保证共享服务中心长期、稳定、高效运营。

风险和变革管理贯穿整个共享服务管理框架的始终,业务流程、组织与人员、信息系统、运营管理的组织和变革都是风险的来源,而财务共享服务本身就是一次财务管理模式的颠覆性变革,因此,在共享服务框架每个环节的设计中,都必须考虑风险与变革产生的影响,以及如何防范和控制风险的方案和举措。

3.2 管理框架各要素说明

3.2.1 战略定位

战略定位是指为配合公司整体经营战略而确定的财务共享服务中心未来工作的主要目标,以及为达成目标而采取的行动。

战略定位是整个财务共享服务中心的指引和方向,对于共享服务中心的定位和发展方向具有至关重要的意义。战略定位模块的主要工作包括财务共享服务中心的战略目标选择、战略结构选择和战略职能规划三个方面(见图3-4)。

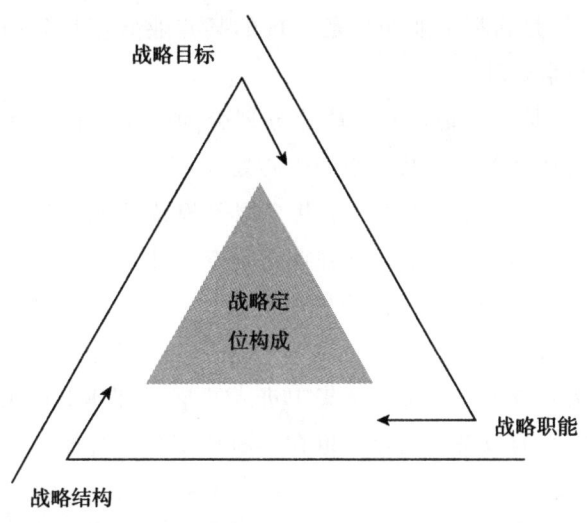

图3-4 战略定位模块的构成

财务共享服务

(1) 财务共享服务中心的战略目标

战略目标是对企业战略经营活动预期取得的主要成果的期望值。战略目标并不唯一,也非一成不变。不同企业建立财务共享服务中心有其各自侧重的战略目标,在共享服务建设的不同时期,战略目标也会有所调整。

通常来讲,企业建立财务共享服务中心的战略目标划分为三类:成本降低、风险可控和促进财务转型。

成本的降低与可控是构建财务共享服务的首要目标,企业通过高效的财务流程、更低的营运资本、税务优惠等,来实现成本优势。

风险可控强调内部控制与风险管理,提升数据透明度、监管透明度,满足合规及监管要求。

促进财务转型,包括促进财务人员发展、流程改革来全面提升财务部门能力、财务模式升级,提升财务服务质量等。

如果说战略定位是整个共享服务中心的主干和灵魂,那么战略目标就是战略定位的主干和灵魂,它决定了战略结构选择和战略职能规划。

(2) 财务共享服务中心的战略结构

战略结构是根据战略目标,对财务共享服务中心面向客户提供服务所涵盖的领域进行的划分,主要包含三种结构模式,即"全球中心"、"区域中心"和"专长中心"。

"全球中心"是指将企业全球范围内的某些业务流程集中到一个全球共享服务中心来处理。

"区域中心"是指将企业的全球业务划分为数个大区,然后将某些业务流程集中到某个大区的共享服务中心处理。

"专长中心"是指就每种适用于共享服务模式的业务流程在全球范围内建立相应的共享服务中心,并在此进行专业性处理。

(3) 财务共享服务中心的战略职能规划

战略职能规划是指企业对财务共享服务中心的服务模式进行定位。随着财务工作从分散走向集中,从集中进入共享,再到市场化为财务外包公司,共享中心的战略职能定位也在不断地变化,总体可以概括为三个主要的发展阶段:

①企业内部职能部门。主要为企业内部业务单元提供跨组织、跨地区的财务专业支持服务。如隶属于总部财务的财务共享服务中心,为集

团内部各分、子公司提供高质、高效的财务服务，而不具备外部性。

②独立运营责任主体。财务共享服务中心作为一个内部的独立运营主体，依据市场机制独立运营、服务收费，向企业内部各业务单元提供跨组织跨地区的服务，业务成熟后可与外部供应商竞争来让内部顾客选择。市场机制下的模式也有发展的层次，从初步市场化向高级市场化发展，其本质就是外向型特征更加明显。

③成为盈利组织。财务共享服务中心从原企业中剥离出去，成为一个独立的法人，以服务提供商的定位向企业内部客户提供专业支持，同时，承接外部企业的财务业务，独立经营，创造价值。

3.2.2 业务流程

流程——"Process"在英文中又有"过程"的含义。一个过程可以分为输入、处理和输出，但一个过程不能成为流程，只有连续的过程组合在一起，才形成一个流程。有了流程才可以谈及流程管理。流程是一组将输入转化为输出的相互关联或相互作用的活动。一个完整的流程，通常包括输入、活动、活动的相互关系、输出、客户和价值这六大要素。流程的要素是从流程的定义本身出发，将流程进行分解，总结出其中必不可少的关键因素。但流程不仅仅是流程各要素的单一串联组合，也不是简单的程序集合，它服务于企业战略，以客户价值为导向，以最优路径为基础，广泛地调配企业组织及各种资源，满足业务的需求和最佳目标。

以规范化地构造端到端的卓越业务流程为中心，以持续地提高组织业务绩效为目的的系统化方法，就是流程管理。流程自然是流程管理的核心，流程管理中的流程应是面向客户目标的能带来增值的流程。企业的使命是为顾客创造价值，而为顾客创造价值的便是流程。成功的流程需要流程管理，以达到持续地改善和优化。因此流程管理保证了一个组织的流程是为了客户需求而精心设计的，且会随着内外部环境的变化而不断优化，使流程本身可以始终保持其先进性。

财务共享服务中心是一个希望从流程优化中获取价值，并希望实施专业化分工从流程管理中获得收益的组织。共享服务颠覆了传统会计的工作模式，将传统的会计部门转型为服务工厂，建立了流水线的工作模式，对内部组织和个人赋予了新的职能。由于工作模式及职能的变化，传统会计核算业务的主要流程均将发生新的变化。

财务共享服务流程框架具备层级化结构，可以参照流程分类框架（PCF）将主流程进行分解和设计，清晰界定不同层次的流程的包含关系，使工作事项和流程步骤体系化、逻辑化。

3.2.3 组织与人员

（1）组织

财务共享服务中心承担了传统的财务会计的所有基础性工作，例如核查原始单据，制作会计凭证，编制财务报表等，但由于其在职能定位上的不同，及工作模式的重大变化，使得其组织模式必然与传统的财务部门有所区别。在建立财务共享服务中心的时候，需要明确财务共享服务中心在集团整体架构中的具体位置，即需要定位财务共享服务中心与集团总部财务、成员公司财务之间的隶属或平行关系。

职能定位的不同，又决定了财务共享服务中心在内部的组织形式、分工和人员管理上的差异。财务共享服务中心内部组织是基于共享服务中心的战略定位的，财务共享服务中心在不同的发展阶段，战略定位也有所不同，战略定位决定了财务共享服务中心的内部组织构成。通常来讲，财务共享服务中心内部组织的划分方法包括按职能划分、按区域划分、混合模式、按产品划分、按客户划分。

按职能划分，是指将人员按照不同岗位的具体职能进行划分，各职能组分别负责标准化程度高、专业程度深的工作；

按区域划分，是指按照客户的业务地理区域进行划分，各区域组分别负责不同区域的业务，提供适应不同区域业务需求、满意度更高的服务；

混合模式，是指同时考虑岗位职能与业务的地理区域来进行专业化分工，最大程度地提高效率；

按产品划分，是指按照服务对象的业务，来划分共享中心内部的组织构成，各业务组负责不同业务单元的财务服务工作；

按客户划分，将与某一特定顾客有关的各种活动结合起来，并委派相应的管理者以形成部门。

（2）人员管理

人员管理是指在财务共享服务中心的发展目标指导下，根据业务发

第 3 章 财务共享服务的框架

展的需要，对人员的数量、素质要求进行规划，制定人才选、育、用、留的策略，保证业务正常有序运作。人员管理的一个重要的目标，是让共享中心的人员建立对岗位的热爱和对职业发展的希望。共享服务中心是一个多学科融合的组织，这不仅意味着人员需要树立综合型、学习型人才的发展目标，也意味着共享中心将为员工设计完备的职业发展通道，为员工提供一个大有可为的发展平台。作为一个多学科融合的组织，财务共享服务中心需要把人员培训与知识共享作为人员管理的重点。人员培训应与共享中心的知识体系相匹配，并保持在日常工作中持续进行、稳定推进。在共享服务中心建立的不同阶段，人员培训工作所占用的资源、培训的对象和方式也将有所差异；同时，对组织中不同背景的员工，也应建立有针对性的培训体系，打造科学的人才梯队。培训的内容应侧重专业技能、管理能力，同时也应重视对人际关系氛围的营造和对组织文化理念的宣贯，让员工充分理解财务共享服务模式对企业和员工自身所带来的巨大利益，明白在整合过程中协同合作所带来的便利，鼓励员工参与到企业财务共享服务模式的建设和实施中，体验财务共享的优势所在。

人员的岗位设置，需要满足岗位与技能相匹配、岗位与素质相匹配、岗位与空间相匹配三个要素。财务共享服务中心包括两类群体，一类是从事具体业务的运营业务人员，一类是从事运营管理以及共享服务支撑的运营管理人员。这两类人员的岗位设置存在较大的差异，因此对人员的要求也有明显的区分：运营业务人员一般从事的是已标准化且重复度较高的业务，对人员要求较低；运营管理及运营管理支撑岗位是财务共享服务中心的核心，关系着财务共享服务中心的战略目标实现，对人员要求较高。在对财务共享服务中心进行人员管理时，应有针对性地区分人群进行差异化管理，才能够全面调动财务共享服务中心人员的工作积极性。

人员的数量测算，也是财务共享服务中心组织人员部分的重要工作，实践中经常根据业务性质分析、目标企业对标等方法，对相关岗位进行人员需求分析，最终完成共享服务中心各岗位人员的合理配置工作。

3.2.4 信息系统

信息技术正在改变一切，共享服务的实现更离不开信息技术的支持。一方面随着IT技术的迅猛发展和广泛应用，信息交互和服务交付实现了跨地域的远程服务和支持；另一方面，应企业信息化管理的需求，企业内部有各种定制化的管理信息系统，由于共享服务的推动，企业利用内部IT人员或借助外部IT技术团队，实现了这些系统之间的信息交互，更好地实现了共享服务效率提升、成本节约的目的。

财务共享服务是一种管理方式，同时也是创新技术的融合体，信息系统已经成为了财务共享服务不可或缺的组成部分，也是共享效率、质量和管理效益得以显现的重要支撑。在共享实施前，尽管很多企业和集团已经建设和应用了很多系统技术，并各自发挥了巨大的作用，但各项技术缺乏统筹实施和整合，系统间的协同效用难以发挥，财务共享服务的实施，直接将目标定位于系统平台的建设，不仅统筹规划了企业经营所需的各项系统架设，同时将这些相对独立的系统进行全面整合，创建了业务、财务、管理和战略的有机结合模式，真正实现了财务共享服务模式下的信息系统平台互通互联，充分发挥共享服务架构下的各系统协同效用。

在这个整合的信息化平台中，企业资源计划系统（ERP）、影像管理系统、网络报销系统和银企互联等系统及技术是对财务共享服务中心贡献最为突出的。不同业务模式的企业，财务共享服务中心的信息化建设重点不同。对于供应商众多、供应商管理复杂的企业，还需要考虑供应商协同平台、进项发票管理系统等；对于下游客户、代理商众多的企业，销项发票管理系统、收款管理系统也非常重要。建设一个良好的财务共享信息化平台是财务共享服务体系构架得以实现的基础技术支撑和先决条件，系统平台的统一搭建和整合是实现共享服务的关键环节。只有在信息系统的支持下，财务共享服务模式才可以跨越地理距离的障碍，向其服务对象提供内容广泛的、持续的、反应迅速的服务。共享服务的模式是在信息技术支持下的管理变革，只有利用现代的IT技术，才能使企业集团的财务共享服务真正落到实处。

3.2.5 运营管理

一个组织成功的因素包括很多,如战略、营销、资本运作、人力资源、组织架构等,运营管理体系的构建,实现了这些成功因素的有机结合。一旦离开运营管理的支持,这些要素就变得孤立,难以持续提供组织继续前进的动力。财务共享服务中心的运营管理是针对共享服务中心这一全新的组织形式搭建的运营管理体系。通过对财务共享服务中心各个维度的管理建设,使共享中心具备了独立、稳定、不断优化发展的能力。

通过实践、总结和行业咨询公司针对众多企业的调查结果,可以得知制定一个较为完备的运营管理体系架构,包括共享服务中心的目标管理、绩效管理、知识管理、质量管理、服务管理和制度管理等。与其他管理活动相比,目标管理是基础,对其他管理活动具有指导意义。绩效管理广泛涉及共享服务中心的管理和运营,涵盖了监督与管理组织绩效和个人绩效的方法、准则、过程和系统。知识管理则是保证知识从创造、确认、收集、存储、分享到使用完整传递的体系,直接作用于组织人员素质、价值增值。质量管理体系的建立,对于实现提升满意度的目标具有重要意义,共享服务中心需要采用科学的方法来因地制宜地建立质量管理体系。同时,服务管理是财务共享服务中心员工对外服务工作的服务效果、服务能力、服务时限、服务态度等服务质量工作的管控与提升过程。制度管理包含了对财务共享服务中心制度的规划、梳理、编写、持续优化等内容。共享服务中心通过这些活动对日常业务进行雷达式扫描,为及时发现问题、总结问题、提出解决方案,提供了规范的体系保证。

从国内外成熟的财务共享服务中心的运作经验来看,完善的运营管理体系是共享中心不断改进和提高的必要管理支持,是将财务共享服务中心建成一个健康发展组织的有力保障。

3.2.6 变革与风险管理

世界著名管理大师彼得·德鲁克提出:"变革是无法避免的事情"。当经营环境变化时,企业所作出的应对策略、以适应环境变化的行为就是变革。而这些应对策略,包括对工作流程优化再造、内部组织重新划分、运营管理设立和调整等等。财务共享服务中心本身就是一个新兴技术和先进管理思想交汇的产物,日新月异的技术和思想使得财务共享服务本身成为了一个变革中心。通常,组织形式的演进、新技术的实施和新管理思想的实施,都将带来财务共享服务中心的变革,这种变革可能是维持性的,也可能是颠覆性的。从实践经验来看,财务共享服务中心的领导需要具备较强的预见力、决策力、交际沟通力和关怀之心,从而更好地应对变革。共享服务中心面对了来自战略、管理和技术各个方面的变革,也将难以避免地面临变革中可能出现的各类风险。

企业在实施变革应对措施时,例如建立财务共享服务中心或调整财务共享服务中心相关工作流程、组织结构、运营管理等势必会引发许多不确定因素,这就是实施中面临的风险。纵观中国企业的共享服务实施之路,中国企业在实施财务共享服务过程中需要面对或关注的风险主要分为以下三类:

- 战略风险:指影响财务共享服务中心整体实施效果的战略性决策风险,包括业务范围确定风险、选址策略风险和实施方法风险;
- 管理风险:指在实施财务共享服务中心建设或变革过程中运营管理所带来的风险,包括组织架构风险、人员转型风险、变革心理风险;
- 技术风险:指来自于信息技术或业务流程的风险,包括IT系统优化风险、系统集成风险、流程风险、业务变更风险。

财务共享服务中心是一个不断演化前进的组织,演进的过程意味着财务共享服务将不断面临一次次变革、一次次重塑。在财务共享服务中心的发展过程中,变革与稳定将不断交替出现,而无论是变革还是稳定,财务共享服务中心运营过程中的风险将始终存在,对变革与风险的管理将始终贯穿于财务共享服务中心的管理过程。

【视点】关于财务共享服务建设的四大误区

企业在财务共享服务中心建设的实践中,往往存在着以下四种误区。

误区一:为了建共享而建共享

在国家的政策鼓励下,在越来越多的企业已经建立共享服务中心的示范效应下,一些企业开始盲目启动财务共享服务中心的建设。但在项

第3章 财务共享服务的框架

目启动前，企业对于什么是财务共享服务，财务共享服务中心建设的最终目标等问题并不明确，这样的盲目会导致财务共享服务中心建设失败，或者财务共享服务中心成立后无法为企业带来更大的收益。共享服务会对财务管理产生颠覆性变化。但财务共享服务绝不是目的，而是工具和手段，共享服务除了自身显著收益之外，更重要的是支撑财务转型以及带来的财务管理模式的变化。

误区二：财务集中即财务共享服务

一些企业认为财务集中就是财务共享服务，缺乏对财务共享服务的本质认识。财务集中只是财务人员物理位置的变化，制度、流程、服务提供均参照原来的标准执行。而财务共享服务则会打破原有财务分散管理模式下的流程和组织架构，对财务的流程、制度、组织、人员等进行专业化的分工、标准化的梳理、流程化的再造，以及信息系统的重新规划与设计。因此，财务共享服务不等同于财务人员和财务业务的简单集中。

误区三：分支机构财务人员仍保留初审职责

部分企业在成立财务共享服务中心后，各分支机构的业务财务仍保留财务初审职责，认为共享服务中心无法对业务的处理做出正确的判断。财务共享服务中心是基于标准化流程提供服务的，只要规则明确的业务，共享服务中心均可准确处理。因此，业务财务保留初审的根本原因，在于企业在流程的再造中无法明确业务规则，这点与企业建设共享服务中心需要财务规范化进行交易处理的目的是相违背的，更为企业的风险控制留下了隐患。并且，从职责切分来看，这会导致分支机构财务人员与共享服务中心财务人员职责界面不清晰，同时初审会占用业务财务大量时间，无法真正释放精力去完成财务管理、业务支持等高附加值的工作。

误区四：建立共享服务中心就是搭建一套财务共享信息系统

许多企业认为建立共享服务中心就是搭建一套财务信息系统。实际上实施财务共享服务并不是上一套系统就能解决的问题，从本质上讲，财务共享服务是财务流程、组织、人员、信息系统的重新再造的过程，可以说是财务领域的一次变革。信息系统只是用技术的手段落地、实施和固化流程，处理数据，并提升财务的运作效率。财务共享服务首先需要完成对业务流程的梳理和再造，不断将业务简化、标准化和流程化，

财务共享服务

之后才能通过信息化的工具来实现业务处理的自动化和智能化。

因此,企业在建设财务共享服务中心时,应当深入理解财务共享服务的理念,明确其可能给企业带来的显性及隐性收益,充分借鉴标杆企业财务共享服务中心的建设和运行经验,做好建立财务共享服务中心的规划和设计。

小结

财务共享服务中心的建立不是一蹴而就的,它需要长远的目标规划,在严谨的调研评价基础上科学地规划项目的整体实施方案。战略定位首先明确了实施财务共享服务中心的战略目标,在目标导向下,定义财务共享服务中心的战略结构与其在企业集团中的战略职能定位。业务流程是实施方案构建的首要要素,财务共享服务模式之所以优于传统模式,很大程度上来源于对财务管理流程的梳理、再造与优化;组织人员是财务共享服务中心的运营主体,良好的组织人员设计保证了财务共享服务中心上线后的人力资源配置效率;信息系统是实现财务共享、信息共享的工具与技术支撑;运营管理要素的设计,则是作业质量、价值增值、组织效率、满意度等方面的管理保障。在实施全程中,变革与风险管理贯穿始终。财务共享服务框架的六个主体要素彼此具有严谨的实施逻辑,"战略指导、四大要素、变革管理"形成的"1+4+1"框架,是在实践中逐步积累形成的有效的实施方案。

第 4 章　战略定位

战略定位是指为配合公司整体经营战略而确定的财务共享服务中心未来工作的主要目标，以及为达成目标而采取的行动。作为整个模型的主干和灵魂，它主要包括财务共享服务中心的战略目标选择、战略结构选择和战略职能规划三个方面。战略定位在整个共享服务管理框架中处于主导地位，决定了业务流程、组织人员、运营管理和信息系统的方向和措施，对共享服务中心的定位和发展方向具有至关重要的意义。战略定位是建立财务共享服务中心首先需要考虑的内容，对其他各要素起决定性作用。

4.1　财务共享服务中心的战略目标

战略目标是对企业战略经营活动预期取得的主要成果的期望值。战略目标不是唯一的，不同企业建立财务共享服务中心有其各自侧重的战略目标，并且在共享服务建设的不同时期，在不同的企业里，其成立这一中心的首要目标也各有不同。

企业建立财务共享服务中心的战略目标可以划分为三类：成本降低、风险可控和促进财务转型。在成本降低的战略目标下，财务共享服务中心通过整合资源，实现成本的降低和效率的提高，从而稳固、加强企业的财务职能；风险可控目标看重通过建立财务共享服务中心，加强内部控制和风险管理，从而实现对财务强有力的管控；促进财务转型目标希望通过实现财务共享服务的模式推动更广泛的变化，促进财务人员发展，财务流程改革来提升财务部门的能力，为企业战略发展作出决策支持。见图 4-1。

财务共享服务

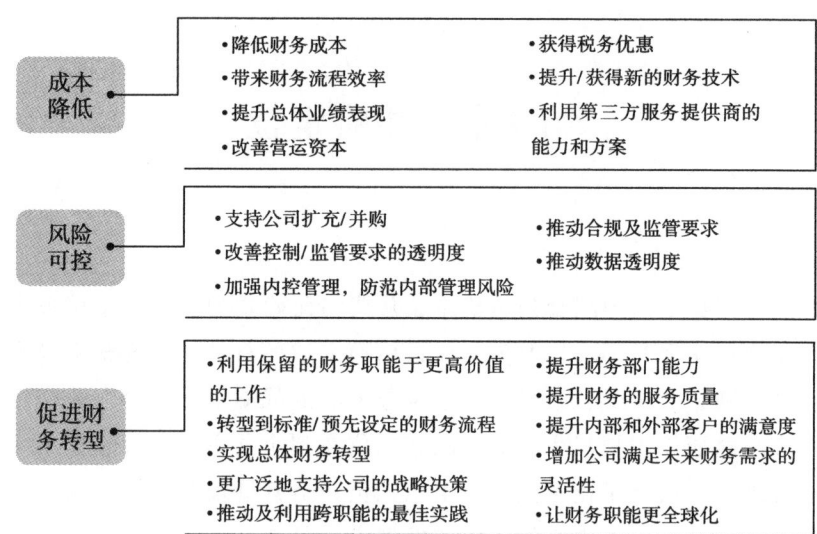

图 4-1 战略目标分类

企业采用什么样的模式，这其中的驱动因素永远都是"在某个特定时点，公司到底需要什么，能满足这些需求的最佳模式应该是怎样"。不同企业面临不同的内外部环境，处于不同的发展阶段，所选择的财务共享服务战略目标也会有不同的侧重点。欧美跨国企业实施共享服务更多是对成本的追逐，因此乐于选择远离本土的印度、中国等共享服务中心处理财务工作，降低成本；国内许多企业则是为了加强财务风险控制，更倾向于选择在企业总部建立共享服务中心；还有一些企业目标不仅在于使财务流程运作更加顺畅，而且要创造出一种新的模式，对公司运行进行管理。这三类目标并非孤立，只是选择的侧重点各有不同而已，企业在决定财务共享服务模式的侧重点时，需要根据企业的战略规划和当前的生产经营状况来作出判断。不同的企业整体战略目标决定了不同的财务共享服务战略目标。同时，不同的财务共享服务战略目标决定了不同的财务共享服务具体业务目标（见图 4-2）。

第 4 章　战略定位

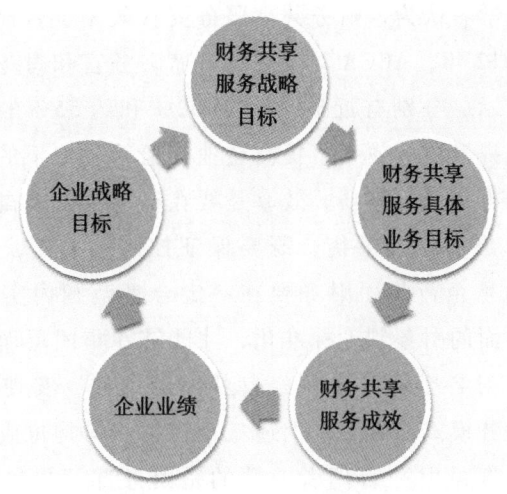

图 4-2　战略目标与具体业务目标

4.1.1　国际企业财务共享服务中心的战略目标

随着财务共享服务的影响力不断扩大，2012、2017 年 ACCA 分别同 HfS Research、中兴财务云合作，在全球范围与中国范围进行了财务共享服务行业调查。调查结果表明，国外企业和国内企业在建立财务共享服务中心的战略目标选择上有着明显差异。

对国外企业的调研结果显示：提高财务流程效率、降低财务成本以及提升总体业绩表现排在战略目标的前三位，其后是提升财务部门能力、提升财务的服务质量。相对于没有采用财务共享服务的企业更看重能力、企业业绩、效益和质量等来说，采取财务共享服务的企业更注重财务共享模式带来的成本降低的好处。

（1）降低成本、提高效益才是共享的主要原因

欧美企业认为效益是最初的出发点，他们采用财务共享服务首先是出于提高效益的考虑，以较少的投入换取更多的回报。其次是利用标准化流程带来的影响，一方面标准化流程可以降低财务成本，更快速地提升财务盈利曲线；另一方面标准化的流程能够降低财务操作的复杂性，从而提高财务透明度，实现对监管要求的配合，以及财务服务的价值增值。

（2）在效率、管控和统一标准之间寻求平衡

财务共享服务

大部分专家学者认为,财务共享服务要在效率、管控、统一标准之间寻求平衡。2012年,ACCA对全球的首席财务官和财务高管进行了调查,调查结果显示,分别有近70%、近60%和约55%的受访企业认为共享服务在实现提升财务效率、提高企业在监管环境下的透明度、流程标准化转型三个方面十分重要。效率是要在行动分配上提高效益和有效性;管控是要掌握一定的平衡,既要保证控制的力度,又不能束缚公司;统一标准则是企业集团财务要在一定合理范围内实现标准的一致性,确保集团层面的财务制度标准化,才能够在集团层面实现财务业绩的可比性,保证对各个业务单位经营状况的掌控,实现有效的绩效管理。财务共享服务模式能够实现上述三个目标,但是也应当注重三者之间的平衡。毕竟衡量财务管理者业绩的是财务部门提供的整体服务质量,而不仅仅是共享服务的质量。见图4-3。

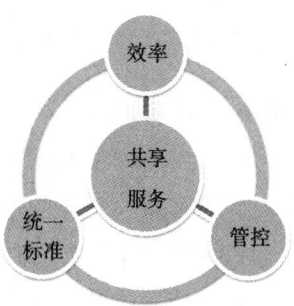

图4-3 效率、管控和统一标准之间寻求平衡

4.1.2 中国企业财务共享服务中心的战略目标

据中兴财务云和ACCA、通用电气(GE)全球运营2017年发布的《中国财务共享服务领域调研报告》,回收的398份有效调查问卷显示,超过76%的中国企业实施财务共享服务的目标是通过标准化、流程化作业模式,使得企业更加灵活地应对业务扩张及市场波动;超过64%的企业希望通过基础职能与管理职能的分割,释放企业精力、聚焦核心业务;超过62%的企业希望通过合理规划选址、再造业务流程、优化信息系统等手段实现成本的降低。

第 4 章　战略定位

从调研结果可以看出，在战略目标上，中国现阶段的企业更多把精力放在实现标准化、流程化作业模式以应对企业扩张，财务操作型业务与管理职能分离以实现财务转型，并且降低财务的运行成本，已经实施的企业认为财务共享服务中心是实现上述目标的较为有效的手段。对于国内企业来说，降低成本还不是国内企业建立共享服务中心的第一驱动力，将非核心业务标准化、合规化从而带来管控能力和财务效率的提升，实现企业财务转型才是更为重要的推动因素。

比较而言，国外企业更看重提升总体业绩表现、提升财务的服务质量、提升财务的内部和外部客户满意度、推动数据透明度等方面，而国内企业更希望财务共享服务模式能够对企业整体产生战略推动作用，通过加强流程管理实现强有力的财务管控，从而促进企业整体层面的财务转型（见图 4-4）。

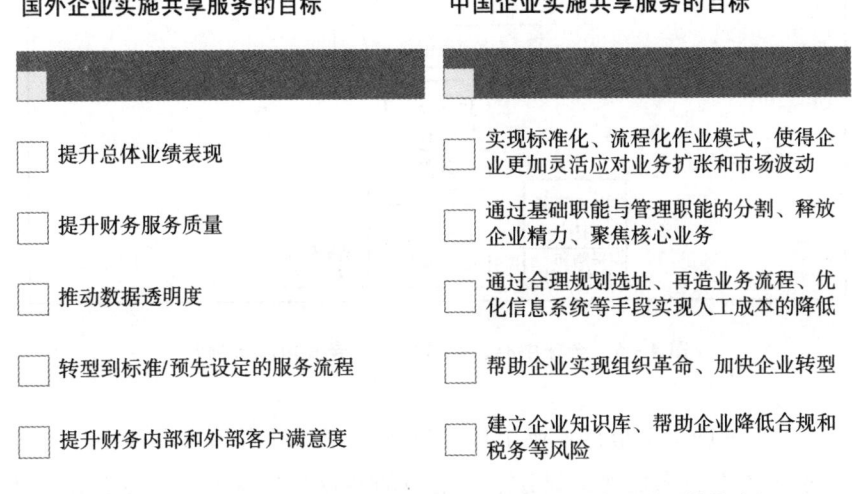

图 4-4　中外企业战略目标对比图（根据问卷结果重要性排序）

4.2　财务共享服务中心的战略结构

4.2.1　财务共享服务中心三种战略结构

战略结构规划指财务共享服务中心的结构性定位规划。不同的战略

财务共享服务

结构会对财务共享服务中心的战略定位、业务复杂程度、管理复杂程度产生根本影响。无论采取何种战略目标,共享服务中心的战略结构选择总是无法绕开或回避的实际问题,也是建立共享服务中心第一步怎么走的具体问题。根据面向客户提供服务所涵盖的领域划分,财务共享服务中心主要包含三种战略结构模式,即"全球中心"、"区域中心"和"专长中心"(见图4-5)。

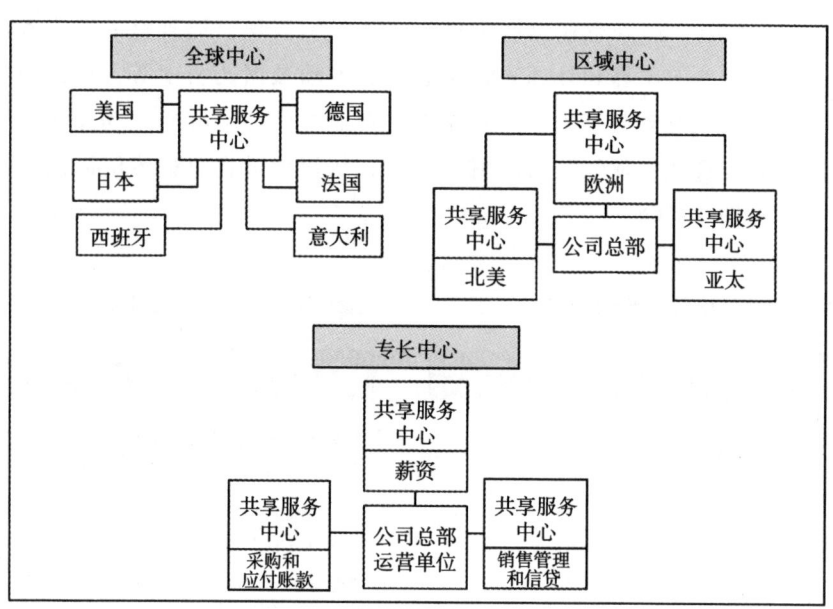

图4-5 全球中心、区域中心、专长中心示例①

"全球中心"是指将企业全球范围内的某些业务流程集中到一个全球共享服务中心来处理,服务于全集团的各业务单位,通过业务流程重组和标准化,为企业提供低成本的增值服务。这种战略结构在实际操作中难度最大,因为中心要同时应对不同国家和地区法律法规的需要,以及面对语言、文化、时差等差异,所以一般企业很少采用这个模式。目前采用该种战略结构的公司有:Data General、惠尔浦(Whirlpool)等。

"区域中心"是企业的一个或多个业务单元共同建立的共享服务中心,

---

① 普华永道、邓传洲等译:《公司未来的设计师》,中国财政经济出版社2004年版,第200页。

第 4 章 战略定位

是基于业务交易的支持服务,以企业整体成本降低为目标的组织形式。"区域中心"将企业的全球业务划分为数个大区,然后将某些业务流程集中到某个大区的共享服务中心处理,如欧洲、美洲、亚太地区。采用该种战略结构的公司有:美洲银行(Bank of America)、英国石油(BP)、施贵宝(Bristol – Myers Squibb)、福特(Ford)、Digital. Guinness 等。

"专长中心"是指就每种适用于共享服务中心的业务流程在全球范围内建立相应的共享服务中心。专长型共享服务是在某种/类功能的全球化管理和各种功能合作的基础上建立的,是基于价值、知识的支持服务,重点在于消除重复劳动、提供专业服务,着重于核心业务的处理。如专门处理应收的全球共享服务中心,专门处理采购和应付账款的全球共享服务中心等。这种结构与前两种结构的不同点主要在于前两种主要以地域为标准,而专长中心主要以单个/类业务流程为标准。采用该种战略结构的公司有:惠普(Hewlett – Packard)、百事可乐(Pepsi Cola)、Allied Signal、Smith Kline Beecham、加德士(Caltex)等。

4.2.2 财务共享服务中心三种战略结构的特点比较

全球中心规模经济优势明显,但对于信息系统的支持,对人员的技能(例如语言、工作时间等)都有较高要求,并且在应对全球税务法规方面也面临较大压力,对企业而言,可能收益最大,但管理难度最大。见表 4 – 1。

表 4 – 1　　　　　全球中心、区域中心、专长中心对比

类别	全球中心	区域中心	专长中心
标准化和适应当地要求程度	在最大范围内对流程实现标准化、规范化和简单化;但是很难适应全球不同的要求	可以设计与当地要求相符的流程	单个/类流程在全球范围内得到标准化,但难以适用全球不同的要求
规模经济性的实现程度	最充分、最完全地实现规模经济性	较为充分地实现规模经济性	较为充分地实现规模经济性
对系统的要求	需要一个完全整合的系统	不一定需要完全整合的系统	不一定需要完全整合的系统
对人员的要求	很难对共享服务中心的人定义技能要求	地区性的文化和语言差异较易适应和调整	鼓励发展各类职能的专家

续表

类别	全球中心	区域中心	专长中心
受全球税务和法规的影响	将面对全球税务和法规的影响	地区性税务和法规问题可以在各个地域的共享服务中心得到解决	将面对全球税务和法规的影响
管理难度	相对最难	相对容易	相对容易

区域中心淡化了全球集中的人员和适应性要求,通过划分区域的方式使各方面的要求在相对适中的范围内统一,虽然标准化程度低一些,但对系统和人员的要求相对较低,管理难度较小。

专长中心主要就单个/类流程在全球范围内统一标准,为企业培养这类职能的专家,虽然涉及地域广泛,但业务单一,管理难度最小,同时,专长中心是针对某类具体业务的全球中心,不可避免地面临全球税务和法规的挑战。

需要注意的是,现实操作上没有纯粹的最佳模式,各公司实际采用的结构模型与这三种模型可能会有些区别,需要视各个公司的具体情况而定。无论采用哪种模型,关键是要寻求各种利弊因素之间的平衡点。以上只是给出一般分类,对于企业来说,最重要的是选择与自身情况相符的战略结构。共享服务中心的战略结构划分应基于以下规则:

(1) 形式灵活

除了上述三种模型之外,战略结构选择的形式还可以进行灵活调整,比如国家下设地区作为新的地域划分,如华东地区、华南地区、东北地区、西北地区、西南地区等。不同地域之间存在着差别和共性,如果企业认为地域越是相近,其相同点就越多,那么以地域相近作为划分标准就可以成为一种简单的战略结构划分方式。

(2) 起到实质作用

事实上战略结构的选择更应该根据不同共享服务中心的业务能力进行划分,这时地域上的划分就弱化了。如果某个国家共享服务中心有能力,完全可以将企业集团在相近国家的相应业务都纳入该中心的业务范围,那么它实质上就起到了区域共享服务中心的作用。

第 4 章　战略定位

（3）权力划分的结果

企业财务转型过程势必带来权力结构的打破重组。现有的战略结构经常反映的并不是经济实质上的最优，而是当前企业内部决定权的重新划分，是在企业财务流程再造过程中新一轮权力角逐的结果。

战略结构的选择还对将共享服务中心的办公地点起到很大的影响作用，特别是在将共享服务中心设定为"区域中心"的战略结构定位下，共享服务中心的选址更是要与之相匹配。

4.2.3　财务共享服务中心战略结构演进

在惯常的思维模式下，很多人认为财务共享服务中心的战略结构建立应当是自上而下的演进过程，企业集团应当先根据总体战略目标绘制蓝图，再将任务一步步往下分解实施，然而在实际操作中，先进行区域试点的方式是建设财务共享服务中心的常见做法，许多企业先在部分地区的部分业务中进行试点，由试点带动整体，稳步实现整个财务转型过程。

如此看来，财务共享服务中心的战略结构演进与其说是一场自上而下的设计，倒不如说是自下而上逐步推广和集中的结果。很多时候企业集团并不是在整体范围下划分各个中心的范围，而是先确定各个中心的范围再形成整体的范围。因此财务共享服务战略结构的演进往往体现出自下而上的路线图式特点。

（1）全球范围财务共享服务中心的战略结构演进

在全球范围财务共享服务中心的战略结构演进中，大多企业在共享建立过程中，通常都不会选择直接建立大型的全球共享服务中心，取而代之的是，根据业务重心、客户分布和资源最优调配的原则，先选择在国内某个地理区域作为试点，建立区域性共享中心。试点运行稳定后，逐渐将区域财务共享服务中心的经验复制至全国，成立全国财务共享服务中心。

随着财务共享服务中心的稳定运营和持续发展，共享服务中心逐渐吸收和纳入海外适用业务，在全球范围内进行共享服务中心布局，例如建立亚太区、北美区共享中心等，以支持相关地区的共享服务业务，并最终实现整个集团全球财务共享服务中心的建立，为公司业务在全球拓展提供战

财务共享服务

略支持（见图4-6）。

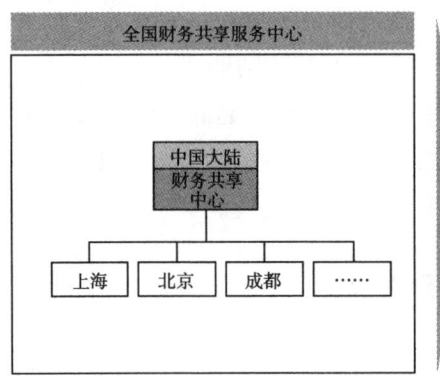 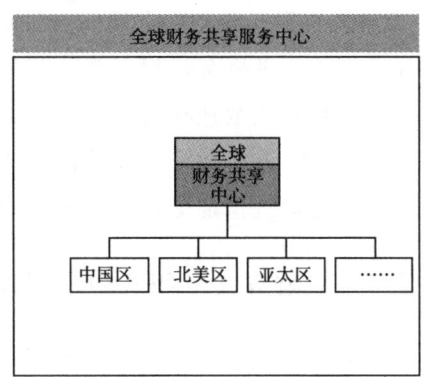

图4-6 企业财务共享服务中心战略结构演进

【案例】共享服务的战略演进

SAP

SAP的财务共享服务建设就是从地区试点开始的。亚太区首先成为试点对象，建设共享服务中心。因为没有别人的经验可以学习，不能从其他地方获得帮助，建立财务共享服务中心先从较小的领域开始尝试：例如在员工工资、薪金支付系统、合同管理等领域来实施。在试点领域取得成功后，SAP以此为基础进一步推广，逐步扩大它的实施范围，直到财务和行政管理。整个过程从起步到真正扩展开来花了三年多的时间。最后又用了大概一年半的时间从战略层面在整个公司推广，从亚太区扩展到美国和欧洲。这样SAP共享服务可以划分为三个地区——欧洲、美洲、亚太地区，这三个共享服务中心是在不同的业务领域分配设置，而发展目标将会是一个统一的、一体的共享服务中心。

壳牌石油公司

皇家壳牌集团公司是世界著名的大型跨国石油公司，在世界100多个国家和地区拥有2 000多个子公司，现有员工10多万人，他们最初在1992年开始采用共享服务模式管理海外财务业务。壳牌的第一家共享服务中心成立于1998年，目前共享中心达到6家，分别位于英国、菲律

第 4 章 战略定位

宾、波兰、印度、马来西亚以及南非。其中：格拉斯哥中心（536 人）、克拉科夫中心（1 512 人）、钦奈中心（1 412 人）、吉隆坡中心（2 138 人）、马尼拉中心（2 826 人）、开普敦中心（343 人），统一提供财务服务与监管。在财务共享战略结构演进过程中，他们将财务业务中能固化的流程全部进行统一集中设计，建立了全球统一的会计核算标准、财务报告、报销流程、资金支付审核流程，各中心各司其职，功能尽量不重叠，中心内部机构设置简洁高效，例如全球 10 万人的报销全部集中到马来西亚的吉隆坡共享中心，而中心负责报销操作业务的才 60 多人。中心整套财务管理体系基于 SAP 系统建立，财务审批流程全部定制开发，资金授权额度固化在 SAP 系统中，财务管理流程严密。

壳牌共享服务中心为壳牌旗下各业务单元提供标准化的服务，包括小额采购、资金支付审批、清欠、会计报告、全球差旅及费用报销、信用额度管理、贸易合同管理、人力资源管理、客户服务、物流配送、IT 服务、审计、内控。

各个共享服务中心在职能划分上有所不同，如集中报销业务仅由格拉斯哥中心承担，为全球服务；会计报告、客服服务业务由各共享服务中心承担，为所管辖区域内业务单元服务。

案例来源：钟邦秀："大型跨国集团企业财务共享服务中心构建模式研究"，《财会研究》，2012 年第 5 期。

（2）中国企业财务共享服务中心的战略结构

财务共享服务在中国的发展才刚刚起步。相比较而言，中国与先建立起共享服务的欧洲国家之间的地域特征存在很大区别：欧洲小国众多，国与国之间文化相近，经济相通，这就决定了许多跨国企业在欧洲各国之上设立区域共享服务中心，集中欧洲各国相关财务业务；而我国幅员辽阔，一开始就设立全国性的共享服务中心恐怕会带来运行管理上的困难，因此在共享服务中心建设上，许多中国企业会优先选择建立地区中心，在地区中心运行成熟后，再整合建立全国中心。见图 4-7。

全国中心：指将企业全国范围内的某些/全部业务流程集中到一个全国共享服务中心来处理；

地区中心：是指将企业的全国办公区划分为数个大区，然后将某些/全部业务流程集中到某个大区的共享服务中心处理，如华南区、西北区等。

2012 年中兴通讯与 CIMA 在对国内实施财务共享服务的企业进行调

研时发现（见图 4-8），52.17% 的样本企业建立的是区域财务共享服务中心，服务于中国区或亚太区，30.43% 的企业建立的是全球财务共享服务中心，17.39% 的企业建立的是专长共享服务中心。说明区域财务共享服务中心仍是现在中国企业建立共享服务中心的主要选择。

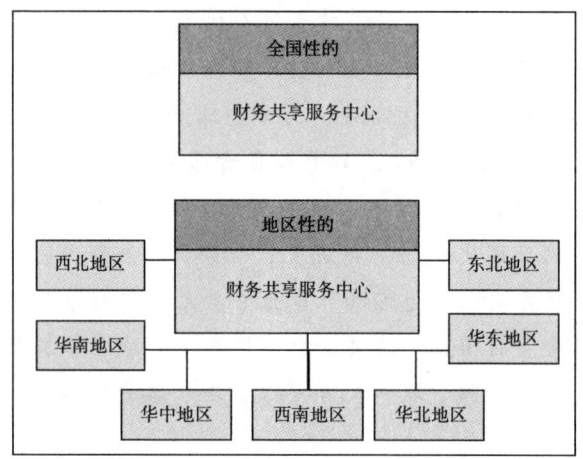

图 4-7 中国企业财务共享服务中心战略结构

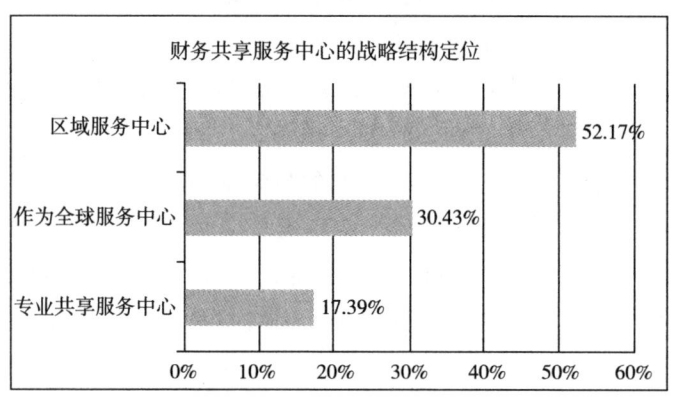

图 4-8 中国企业财务共享服务中心战略结构定位

4.3 财务共享服务中心战略职能规划

战略职能规划是指企业对财务共享服务中心的服务模式定位。随着财务工作从分散走向集中，从集中到共享，再到市场化为财务外包公司，共享中心的战略职能定位也在不断地变化，大概经历了三个主要的

第4章 战略定位

发展规划：

首先，定位为一个企业内部职能中心，主要为企业内部业务单元提供跨组织、跨地区的专业支持服务，包括基础会计核算、财务报表出具、财务数据信息加工等。

然后，作为虚拟经营单位，依据市场机制独立运营、服务收费，向企业内部各业务单元提供跨组织跨地区的服务，业务成熟后可与外部供应商竞争来让内部顾客选择。市场机制下的模式也有发展的层次，从初步市场化向高级市场化发展，其本质就是外向型特征更加明显。

最后，作为独立经营的外包服务公司，以服务提供商的定位向企业内部客户提供专业支持，同时，承接外部企业的服务业务，独立经营，创造价值。

这三种战略职能的定位，在共享服务中心的发展过程中呈现逐步推进的趋势，从公司内部的职能部门做起，逐渐地形成一个独立运营责任主体，再外向发展为一个独立的盈利组织。例如简柏特公司就是从 GE 的职能部门发展而来，成为全球知名财务外包公司。

当然，对于现在决定实施共享服务的企业，完全可以在这三类职能中选择其一，既可以选择从内部职能部门作起，也可以选择从一个虚拟经营单位作起，还可以选择成为独立经营实体创造价值。对职能定位模式的选择，主要取决于对共享服务中心的定位（见图 4－9）。

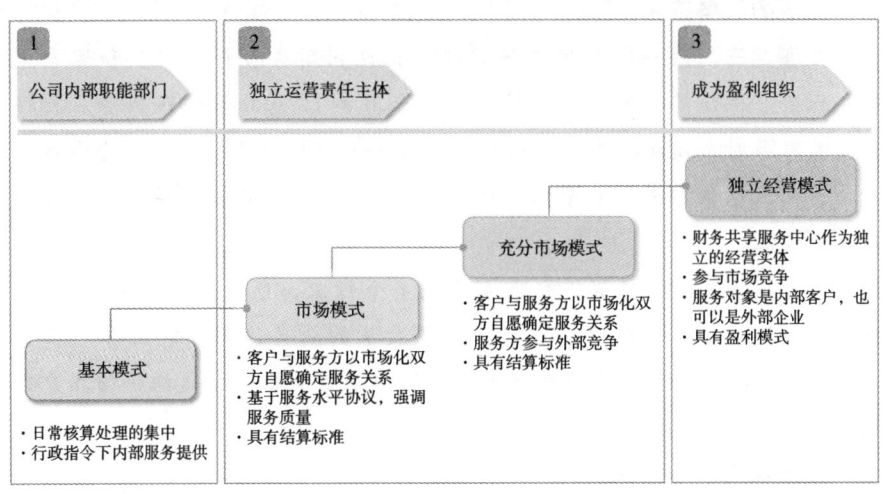

图 4－9 财务共享服务中心职能模式

① 中兴通讯，CIMA：《2012 年财务共享服务行业调查报告》，第 5 页。

财务共享服务

举例来说，大部分企业建立的共享服务中心首先是作为对内提供服务的职能机构，这方面的著名企业有沃尔玛、微软、福特、ABB等。

即使是现有的大多数独立经营的财务外包公司，一般也都是从一个企业内部的服务单位发展而来，比如非常有代表性的简柏特、埃森哲等。

【案例】简柏特 GENPACT

公司简述

简柏特 GENPACT 1997 年作为 GE Capital 一家业务流程的后台服务公司成立于印度。2005 年，随着 General Atlantic 和 Oak Hill 的入股，它成为一家独立的公司，并更名为简柏特。名称变化的背后隐含了内部投资股权的变化，对外来讲还是美资企业，但对集团内部来讲，通用所占的股份少了，改为简柏特，意在新兴的产业里作出自己的品牌。更名之后，简柏特将服务对象扩展为国内外的任何客户，使其从一个跨国集团内部的共享服务中心或后台支持中心，变成了一个面向全球客户提供外包服务的专业供应商。这给简柏特提供了更大的发展空间。它在全球范围内为客户提供高质量的业务和技术服务，通过卓越的实践经验，协助全球客户增加收入，降低成本，提高企业综合竞争力。

广泛的服务范围

业务范围：简柏特提供广泛的服务，包括财务会计、收款和客户服务、保险、供应链和采购、分析、企业应用和 IT 基础设施服务等。在提供这些服务时，简柏特依靠三个核心能力——流程能力、分析能力和技术能力；同时也依靠来自运营部门的经验——曾管理并成功运营这些行业的几千个流程。

行业范围：简柏特提供的服务覆盖多个行业，包括银行、金融服务、保险、制造、交通和医疗。简柏特管理大量的业务流程，满足客户在交易、管理、报告和计划方面的需求，其客户来自全世界，简柏特向客户提供跨行业和多技术平台的解决方案。

全球规模

作为全球业务流程及技术管理的领先者，简柏特充分利用其更加卓效的流程、分析以及技术协助客户打造智能企业。简柏特将其独特的流程方

第 4 章 战略定位

法——卓效企业流程（SEPSM）框架与不同行业的深层次专业技能相结合，为企业提供更好的商业产出。其决策服务通过定向分析、专业流程再造以及高级风险管理，为客户带来敏锐的业务洞察力。通过流程和数据洞察力的导入，简柏特让科技更加智能，同时提供广泛的技术服务。继承了源自 GE 的精益生产和六西格玛管理，同时基于其超过 15 年为 GE 提供业务流程管理的经验，简柏特不断追求流程和运营卓效性。

目前简柏特拥有超过 56 000 名优秀员工，通过遍布全球的 64 个网状交付中心，以超过 30 种语言为印度、中国、匈牙利、墨西哥、危地马拉、菲律宾、荷兰、罗马尼亚、西班牙、波兰、南非、摩洛哥和美国等 17 个国家超过 600 家客户提供跨行业高水平的业务流程管理服务。

区域规模

简柏特于 2000 年进入亚洲市场，在大连建立了亚洲首个共享服务中心。至今已经陆续在大连、长春、北京、上海、苏州、佛山、香港、青岛、东京设立了分支机构，员工规模近 4 000 人。公司运用先进的计算机技术和网络通讯手段向位于日本、中国大陆、中国香港、韩国、新加坡等国家和地区的客户提供跨区域、远程的金融保险业的交易处理、财务分析和管理、信息技术支持、客户服务、供应链管理、人力资源管理等业务。目前是中国从事 BPO 业务中规模最大、业务范围最广的跨国公司，是商务部首次公布的 5 大在华全球服务供应商之一。

在服务外包领域，中国并不是一个成熟的市场。"但是这也正是中国的优势所在。"在全球商务外包业务大户简柏特总裁兼首席执行官 Tiger Tyagarajan 看来，中国经济正在加速全球化，并趋向于服务业驱动型。这一趋势对于简柏特这样提供服务外包的公司来说无疑是一个利好。

2011 年，中国市场的营业额占简柏特 16 亿美元总收入的 8%，根据 Tiger 的计划，简柏特中国区的业务将增加到 35%。"与刚进入中国市场时主要服务对象为跨国公司有所不同，越来越多的中国本土企业，包括地方政府也成为业务流程提供者的客户。"Tiger 表示。

尽管中国经济增速放缓，Tiger 依旧感到乐观，"鉴于眼下经济存在诸多不确定性，中国、印度等新兴市场至少应当维持目前的增长速度，并保持稳定状态。"他同时认为，对于中国企业来说，现在进行流程管理变革的时机再恰当不过，而服务外包行业也将因此迎来良机。"一方面，中国经济本身正在变革，经济重心开始向服务业转移，并呈现更加全球化以及消费驱动的形态；另一方面，很多中国企业希望把自己的产品和服务推到全球市场上。过去十年，很多中国公司开始走出去进行海外投资。特别是从去年开始，中国企业更加关注的是如何改善自己的流程运作，从而改进自己的业务效率。正因如此，他们已经做好准备来引入流程管理全球最佳的实践。"

案例来源：袁源、简柏特Tiger Tyagarajan："服务外包中国迎新机"，《国际金融报》，2012年第5期。

小结

确定财务共享服务的战略定位是整个项目实施的主导性工作，它与企业集团的发展战略密不可分。例如，企业集团实施成本领先战略，希望通过财务共享服务项目的实施使业务的整体运作成本得到改善，从而通过成本节约为组织创造价值；企业集团实施差异化战略，则希望通过实施财务共享服务项目形成与同行业竞争者的差异，进而形成自身的竞争优势。

财务共享服务的战略定位通常由战略目标、战略结构和战略职能三个方面组成。战略目标的确定直接决定了共享服务中心的性质和实施重点，也决定了共享服务中心的战略结构。不同战略结构下的共享服务中心，其业务与管理的复杂程度有较大差异，企业在确定战略结构时，应综合衡量企业财务体系的现状、共享服务中心的目标与不同结构类型之间的差异，并具备战略结构演进的思想。财务共享服务中心的战略职能规划定位了财务共享服务中心的职能地位，必须在集团财务体系的整体规划与指导下，进行清晰的界定，从而发挥对集团层战略的重要支持作用。

第 5 章 流程

财务共享服务模式与财务集中管理最显著的区别,就是流程的再造和整合。流程管理是共享服务建设的主要思想,保证了财务共享服务中心对业务流程不断进行分析、鉴别、改进、优化,使流程的效率和质量得以实现最优的持续管理。流程标准化和科学化是财务共享服务得以高效运作的基础,也是实现信息化的前提。基于流程管理的重组和优化,财务共享服务中心得以使共享模式的标准化、规模化、高效化的优势不断凸显。

5.1 什么是流程

5.1.1 流程的概念

1885 年,弗兰克·吉尔布雷斯发现工人砌砖时速度不一,且容易产生疲劳感,于是对工人砌砖的动作进行分析:工人每砌一块砖,先以左手俯身拾取,同时翻动砖块选择最佳一面朝外;然后右手开始铲泥灰,敷于堆砌处,左手放置砖块,右手再以泥灰铲敲击数下用以固定,以此为周期,进行重复性操作。经过分解,吉尔布雷斯将其拆分为 17 个基本动作:伸手、握取、移物、装配、应用、拆卸、放手、检验、寻找、选择、计划、对准、预对、持住、休息、迟延和故延。其中前 8 种为"必须动作",中间 5 种为"辅助动作",后 4 种为"无效动作"。为提高工作效率,吉尔布雷斯提出一种新的方法:先由廉价工人将砖块挑选出来放在一个木框内,每框盛 90 块,并将最好的一面朝向特定方向,木框悬挂于工人左侧;当砌砖时,工人左手取砖的同时右手取泥灰,并改善泥灰浓度,使砖放置其上时无需敲击。这一方法的改进,大大缩减了基本动作量,速度由原来每小时砌 120 块砖增加至每小时 350 块,砌砖的效率提高了近 200%。

这个故事中所拆解的廉价工人预处理砖块,以及砌砖工砌砖的过程就是流程。而砌砖效率提高 200% 就是流程的收益。

流程是由一系列的活动组成，接受一个或多个输入，并产生一个或多个为客户带来增值的输出，是一种按照规律性方式，将输入转化为输出的相互关联且相互作用的连续过程的组合。因此，流程一般由输入、活动、活动的相互关系、输出、客户和价值共六个要素组成。

5.1.2 流程的评价标准

业务流程重组（Business Process Reengineering，BPR）理论创始人哈默曾谈到："一个差的流程总比没有流程好，当然，拥有一个好的流程自然更好。"那么什么样的流程是一个好的流程，它的评价标准又是什么？从流程的合理性、有效性及对业务处理所带来的有利影响出发，根据哈默对流程所下的定义，总结并提出能综合反映业务流程性能的评价指标体系，主要包括以下四个方面（见图 5-1）：

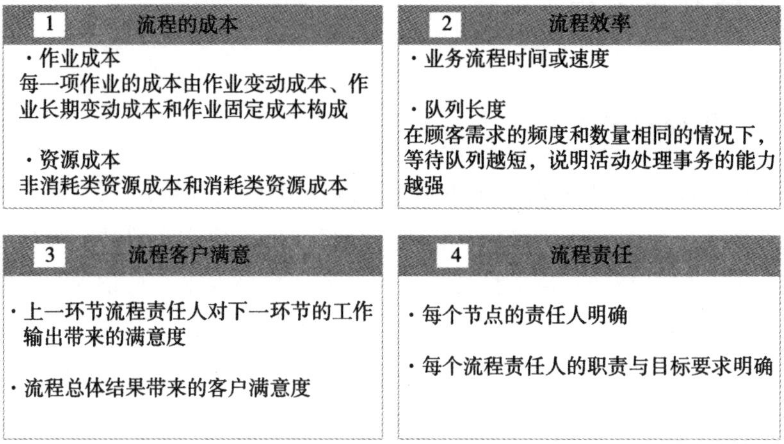

1 流程的成本	2 流程效率
·作业成本 每一项作业的成本由作业变动成本、作业长期变动成本和作业固定成本构成 ·资源成本 非消耗类资源成本和消耗类资源成本	·业务流程时间或速度 ·队列长度 在顾客需求的频度和数量相同的情况下，等待队列越短，说明活动处理事务的能力越强
3 流程客户满意	4 流程责任
·上一环节流程责任人对下一环节的工作输出带来的满意度 ·流程总体结果带来的客户满意度	·每个节点的责任人明确 ·每个流程责任人的职责与目标要求明确

图 5-1　流程评价体系

简而言之，好的流程标准化程度更高，可以让客户满意，让业务更灵活有效，让质量更有保证且风险更低，还能让流程的成本更加低廉。

5.2 流程管理

5.2.1 流程管理的收益

流程管理（Process Management），是一种以规范化的构造端到端的卓越业务流程为中心，以持续地提高组织业务绩效为目的的系统化方法。流程管理对企业效益的提升可以体现在以下三个主要方面：

- 成本优势：降低业务能力要求，减少人力成本，提高流程效率，消除流程中的非正常支出；
- 质量改进：识别流程节点，制定缜密的规范，进行管理监控，固化标准流程，减少错误机率，提升输出质量；
- 应变能力：分解为标准化单元，快速响应需求，按需进行调配和组合，提升灵活性和应变能力。

流程管理带来的还远远不止这些。流程管理是一种理念，它以流程为中心，通过优化企业的组织结构、灵活易变的流程设计、面向客户的流程管理体制等一系列措施，来提高企业的运行效率，优化资源利用率，优化人员之间的协作关系，从而降低企业的运营成本，提高企业对客户需求的响应速度，以争取企业利润的最大化。

5.2.2 流程管理的主体

流程管理是一个持续改进的过程，期望通过一次流程变革从根本上解决其管理问题是不现实的。流程管理要发挥其力量，必须做到持之以恒，而这种持续改进需要来自一线业务人员的发起。业务人员处于生产一线，他们是流程的直接应用者，对流程的优劣有着最深刻的体会。因此，业务流程的优化应该由业务人员发起。

尽管业务人员能够发现流程优化的契机，但业务人员常常缺少优化流程的能力和动力。因此，当流程优化的需求提出后，需要专业的流程管理人员介入，他们将负责推动流程优化需求的具体落实。

5.2.3 流程管理的闭环模式

流程管理是一个系统化和不断改进的管理方法，其本身的管理活动就

财务共享服务

是一个流程。流程管理通过流程梳理实现流程的价值定义,通过流程的绩效结果,验证流程价值的实现程度,这就建立了流程管理的闭环模式。流程的闭环模式可以简单地概括为四个阶段,即流程战略、流程设计、流程实施和流程优化。见图 5-2。

流程战略确定明确的流程目标,建立关键绩效指标体系。流程设计搭建流程架构,在现状流程的分析基础上,进行优化设计。流程实施对流程设计结果进行验证、测试和推进流程的具体实践。流程优化建立流程绩效监控体系,对流程实施结果进行控制和持续改进。

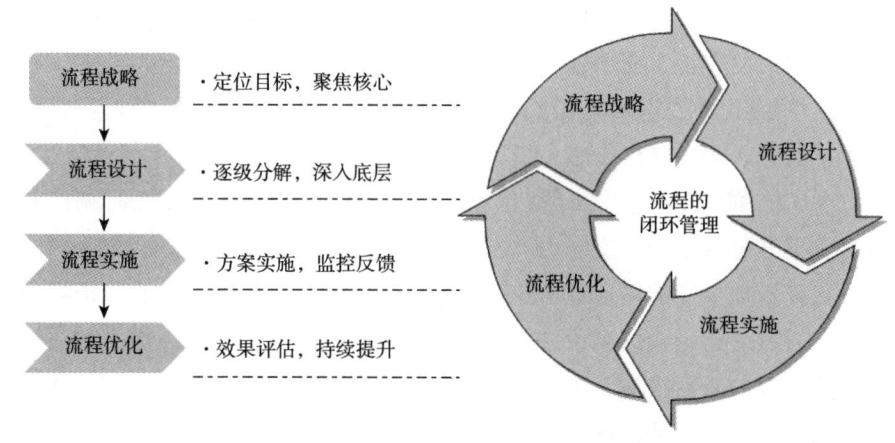

图 5-2 流程的闭环管理

5.3 财务共享服务中心的流程框架

财务共享服务中心,是典型的流程化组织,基于多流程进行运营和管理。流程管理的目标是简洁与高效,以客户为中心,获得客户满意并实现组织价值。

流程是优秀作业实践的总结和固化,组织需要与流程匹配运作,信息系统需要承载并固化流程,因此,流程管理是财务共享服务非常核心的内容。

在财务共享服务中心的建设过程中,流程梳理与优化是重要的工作任务。对业务流程进行重新思考和设计,需要考虑诸多问题,比如:企业应该建立哪些流程?财务共享服务中心应该承接哪些流程?……这些问题的

第 5 章　流程

回答，需要首先定义出企业的流程框架和财务共享服务中心的流程框架。

美国生产力与质量中心（American Productivity and Quality Center，简称 APQC）通过整理各个行业的业务，梳理了适用于各行业的流程清单模板，即流程分类框架（Process Classification Framework，简称 PCF），从中进一步归类、整合，形成了一份可用于各种类别企业业务流程清单的通用参考版本，为企业的流程梳理、管理和优化工作提供了极大的便利。流程分级框架（PCF）作为高级别的、一般的企业模型或者分类法，给众多的企业进行流程管理提供了指导，为企业流程提供一整套完整的框架模型（见图5-3）。

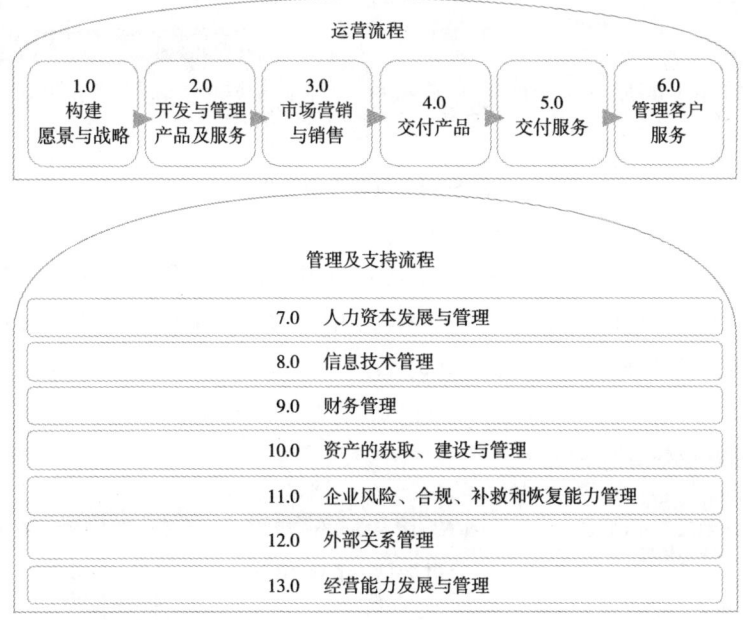

图 5-3　APQC 的流程分类框架（PCF）①

流程框架是流程层次性的体现，将复杂流程分解，符合人们的思维习惯，有利于业务模型的建立。APQC 在通用行业 PCF 中将流程划分为运营流程和管理支持性流程两类，一共 13 个一级流程，称之为"类别"，是企业中最高层次的流程，并将最高层次的流程逐步划分为更低级别的流程组——流程——活动——任务（见图 5-4）。

---

① 美国生产力与质量中心 APQC：《流程分类框架》V7.0.5，2016 年 10 月。

财务共享服务

级别1—类别
代表企业中最高层次的流程,如管理客户服务、供应链、金融组织和人力资源。

9.0 财务管理

级别2—流程组
表示下一级别的流程,代表一组进程。执行售后维修、采购、应付账款、招聘源,以及开发销售策略等,均是流程组的例子。

9.7 资金运营管理

级别3—流程
一个流程是指流程组之后的下一级分解。除了完成该流程所需的核心元素之外,该流程可以包括与变动和返工相关的元素。

9.7.5 监控和执行风险对冲交易

级别4—活动
表示执行流程时进行的关键事件。活动的例子包括接收客户请求、解决客户投诉和谈判采购合同。

9.7.5.2 管理利率风险

级别5—任务
任务代表了活动之后的下一个级别的阶级分解。任务通常要细小,也可能会有很大差异。例子包括:创建商业案例、获得资金,和设计表彰和奖励的方法。

9.7.5.2.1 管理利率市场数据

图 5-4　流程层次定义

参照 APQC 的流程分类框架,考虑到财务共享服务中心的业务具有结构化和交易属性的特点,财务共享服务中心的二级流程框架可以划分为九大二级流程(即流程组)(见图 5-5)。

APQC一级流程
1.0 构建战略与愿景
2.0 开发与管理产品及服务
3.0 市场营销与销售
4.0 交付产品
5.0 交付服务
6.0 管理客户服务
7.0 人力资本发展与管理
8.0 信息技术管理
9.0 财务管理
10.0 资产的获取、建设与管理
11.0 企业风险、合规、补救和恢复能力管理
12.0 外部关系管理
13.0 经营能力发展与管理

9.0 财务管理二级流程
9.1 财务规划与管理会计
9.2 收入核算
9.3 总账和报表管理
9.4 固定资产管理
9.5 工资处理
9.6 应付和费用报销
9.7 资金运营管理
9.8 内控管理
9.9 税务管理
9.10 国际基金/购并的管理
9.11 全球贸易服务

财务共享服务中心的二级流程
1. 员工费用报销
2. 采购到应付
3. 固定资产
4. 订单到收款
5. 存货到成本
6. 总账到报表
7. 会计档案管理
8. 资金
9. 税务

图 5-5　财务共享服务中心的二级流程框架

5.4 财务共享服务中心的流程

财务共享服务中心,一个非常重要的特征就是将财务流程进行了规范和标准化。如上一节所述,归属于财务共享服务中心的二级流程,具有结构化、交易属性特点,通常包括会计核算、税务、资金三类业务相关的九个二级流程。

以某财务共享服务中心为例,九个二级流程又划分为 37 个三级流程(见图 5-6)。

费用报销	采购到付款	订单到收款	固定资产	存货到成本	总账到报表	资金	税务	档案管理
事前申请	预付款申请	订单及合同管理	在建工程付款	成本分配与归集	关联往来	资金支付	发票认证	单据提交及扫描
员工借款及还款	材料入账	开票及收入确认	在建工程转固	成本结算	薪酬核算	资金收款	发票开具	单据退回及补单
费用报销	供应商对账	收款确认	资产采购		月结关账	资金调拨	纳税申报	会计档案归档
	发票处理	客户对账	资产折旧		报表编制	银行对账		会计档案借阅
	采购付款		资产维护			账户管理		
			资产处置					
			资产盘点					

图 5-6 某财务共享服务中心的流程

(1) 员工费用报销

员工费用报销流程是财务共享服务中心实施最为普遍的流程。员工费用报销流程通常包括如下子流程:

- 事前申请流程。在费用发生前,员工需要提交业务申请,如出差申请、营销费用申请、业务活动费用申请等,经过授权下相关领导审批,员工才可以发生因公支出。
- 员工借款及还款流程。员工发生因公支出,需要提前向公司借支的情形,员工借款流程需要规范可借款的业务类型,并关注员工对账及借款清理。员工还款流程,需要区分因不同还款方式下的处理流程,如银行转账、现金还款,以及报销核销借款。
- 费用报销流程。费用报销流程梳理的重点是建立分类清晰的费用分类,审批流程授权合理有度,并考虑与预算控制及资金支付流程的衔接。

传统的员工费用管理,通常会产生大量的文件,比如纸质的或者电子表格式样的差旅申请单、费用报销单、机票行程单、住宿费用清单等各类单据，而基于这些单据的管理成本高，管理效率低，数据的管理价值未得到充分挖掘。费用管理可以采用创新的集中采购的模式，比如商旅解决方案、办公集中采购方案等，实现了员工费用流程的革命：员工无需垫付资金，无需专门获取发票，员工订单直连报销系统，极大地节约了报销的时效，提升了员工报销的体验，并且财务的基础工作变得更加简单，相关数据的获得和分析变得更加容易，企业能更有效地进行费用管理。

（2）采购到应付流程

实现从供应商管理、供应商对账，到发票处理及付款整个过程的无缝衔接是采购到应付流程的重点，财务共享服务中心可以实现供应商对账、发票接收、发票审核、付款等的规模化集中处理。采购到应付流程一般包括如下子流程：

● 预付款申请流程。根据合同付款条件的约定，对供应商预付款项的申请、审批及付款。

● 材料入账流程。材料接收与入库，通常由仓储物流部门负责，确认入库后，产生入库单据，入库单据传递至扫描员，财务根据影像进行审核和材料入账。

● 供应商对账流程。供应商对账流程通常由供应商发起，供应商发起开票请求，双方通过人工或对账系统完成对账，确认可以开出发票。

● 发票处理流程。发票处理流程包括发票信息采集和发票审核。

发票信息采集过程包括增值税专用发票的接收和扫描，这两个步骤的主要目的在于提取发票中的信息，并将这些信息作为后期应用的依据。财务共享服务中心可以在发票采集环节，采用增值税进项发票管理方案，与发票电子底账系统连接，获取发票全票面信息，完成发票验证，并将结果发送至电子报账系统，提高了共享服务中心的发票审核效率和准确率。

● 采购付款流程。采购付款流程，根据合同中的支付条件，包括即时支付和账龄支付。电子报账系统中付款信息可以导入到 ERP 中，ERP 将这些付款信息转换为符合网络银行接口标准的支付数据，通过网络银行或银企互联的方式完成支付。

（3）订单到收款流程

订单到收款流程是企业和客户之间的财务关联，包括合同管理、发票开具、收入确认、收款对账等业务环节。订单到收款流程一般包括如下子流程：

- 订单及合同管理。这个环节的业务一般基于企业的电子商务系统和合同管理系统来完成。市场人员根据系统中的合同报价功能，提供应标合同，并最终获取订单。订单取得后，需在系统中记录合同关键信息。合同信息进入系统后，向后期共享服务业务处理系统和 ERP 系统提供数据支撑。

- 开票及收入确认流程。根据业务人员开具的发票请求，财务共享服务中心检查相应的合同条款，并据此开具发票。与此并行的，在合同达到收入确认条件后，财务共享服务中心需进行收入确认。

- 收款确认流程。当接到客户付款通知后，财务共享服务中心检查银行收款记录，确认收款后完成银行及应收账款科目的会计处理。很多企业在收款确认环节，会使用收款管理系统，自动匹配来款与客户、合同、发票的信息，大大减少了人工检查确认的工作量。

- 客户对账。财务共享服务中心与客户定期进行对账，以发现可能存在的差错。

（4）固定资产流程

固定资产流程主要是对在建工程、资产采购、资产折旧、资产处置以及资产盘点的整个过程的业务处理。固定资产流程一般包括如下子流程：

- 在建工程付款流程。在建工程物料采购付款流程，通常与采购付款流程类似。

- 在建工程转固流程。在建工程达到可使用或可销售状态后，工程管理部门会发起工程验收，提交工程结算资料，共享中心根据扫描的单据影像完成转固处理。

- 资产采购流程。资金采购流程，通常与采购付款流程类似。

- 资产折旧流程。企业通过给各类资产统一设定折旧方案的方式，由系统在会计期间内自动计提折旧，或由资产业务处理人员定期允许请求，完成固定资产的折旧计提。

- 资产维护流程。固定资产会因为地点的调拨等因素发生基本信息的变化，这些变化要及时在 ERP 系统中反映出来。共享服务中心负责对这些基础信息的日常维护。此外，固定资产由于维修、改造等原因会发生价值变化，此时还需要及时维护固定资产价值。

- 资产处置。固定资产盘亏或变卖、报废，需经过特定程序的审批，

财务共享服务

共享服务中心要对这些审批程序的有效性进行审核。审核后，需进行必要的固定资产信息处理和账务处理。

• 资产盘点。固定资产实物管理系统中可以对公司内所有资产进行统计，比较先进的方式是通过条码或射频技术进行管理。

（5）存货到成本流程

企业不同类型的业务，比如贸易型业务、建筑型业务、生产型业务……不同业务的成本核算流程差异较大。生产型业务中，存货到成本流程一般包括如下子流程：

• 成本分配与归集流程。成本分配与归集是将发生的各类费用与成本，按照一定规则，分配到不同对象上，按照对象进行归集。一般情况下，生产制造型企业使用ERP的成本模块可自动完成成本归集。

• 成本结转流程。生产制造型企业也多使用ERP进行自动生产结转，确定本期损益。

（6）总账到报表流程

应收流程、应付流程、固定资产等业务处理流程更多地侧重于业务过程的共享服务支持。而总账流程则更多侧重在会计处理业务流程中。总账业务是一个基于会计期间的循环，从会计期的打开，到日记账的录入、日记账复核、期末过账、外币重估、期末结账、报表出具等业务环节形成完整的会计循环。应付流程、应收流程、固定资产等业务处理的最终结果都会反映到总账循环中。总账循环关闭前，必须先关闭上述各个业务流程。总账循环和传统会计业务结合最为紧密，对此流程的理解，有助于从相对宏观的角度了解整个共享服务流程。

（7）资金

财务共享服务中心，通常设有专门的资金管理小组，扮演着"资金支付工厂"的角色。资金流程通常包含如下子流程：

• 资金支付流程。资金支付流程，与应付流程衔接，根据资金支付方式的不同，又会进一步分为银行付款流程、支票付款流程、现金付款流程等。很多企业会采用银企互联的方式，减少人工的干预和复核工作量，提高资金支付的准确性。

• 资金收款流程。同付款流程一样，根据收款方式的不同，设有多个子流程。资金收款流程与应收收款流程衔接，流程重点在于不同来源的庞杂的收款记录的快速确认与入账。

- 资金调拨流程。资金调拨流程，包括资金计划、资金上收、资金下拨等子流程。通常计划的制定与调拨的申请，并不是由共享中心发起，但共享中心作为支付工厂，需要完成资金调拨的操作。
- 银行对账流程。包括定期的银行对账，未达账项的清理。
- 银行账户管理流程。包括银行账户开立与撤销。

一些企业设有财务共享服务中心，也会设有财务公司或者资金管理中心，资金流程需要清晰界定两个组织的职责界面和流程衔接。

（8）税务

财务共享服务中心，通常也会设有税务中心，集中完成发票认证、发票开具、纳税申报。

- 发票认证流程。采用增值税进项管理系统完成发票的信息采集、验真和认证，流程重点在于专用发票抵扣联的流转，以及是否可抵扣状态的判断。
- 发票开具流程。采用开票系统，收集开票申请资料、开票信息，完成审批流程，跟踪发票状态。并直接与金税系统对接，完成发票的打印，与报账系统对接，完成账务处理。
- 纳税申报流程。财务共享服务中心可以利用开票系统产生的销项数据、进项管理系统产生的进项数据，以及核算系统的报表信息，完成纳税申报的数据准备，提升纳税申报的效率和准确性，减少期末对税务人员精力的占用，提高服务能力。

（9）会计档案管理流程

财务共享服务中心需要将员工提交的纸质单据进行扫描、影像上传，用于财务人员无纸化审核，最终完成凭证的匹配和归档。会计档案管理流程一般包括如下子流程：

- 单据提交及扫描流程。由于共享服务中心处理所有业务都是通过单据影像的审核，因此单据提交扫描的效率，对整体流程的效率具有重要影响。单据的提交及扫描流程并不复杂，但流程重点在于关注员工提交单据的便利性，以及单据扫描的及时性。
- 单据退回及补单流程。遇到不合规的单据，共享服务中心的审核人员会将其退回，员工需要补充合规的附件。但实物单据的补充或更换，并不需要审核人员与员工面对面的沟通，流程重点在于与员工沟通，以及接收补单的流程节点的设计。

● 会计档案归档流程。会计档案的归档，很多财务共享服务中心采用了电子档案系统解决方案，可以实现纸质单据与会计凭证的快速匹配与打印，可大大减少对归档的人工占用。

● 会计档案借阅管理流程。同归档流程一样，档案借阅管理流程，也可采用电子档案系统解决方案，实现会计档案，包括纸质档案和电子档案的借阅申请、审批、借阅及归还的管理，保证会计档案的安全性和规范管理。

5.5 财务共享服务中心的流程示例

流程的设计关系到整个财务共享服务中心的运行效率，流程需要关注：角色（部门、岗位、人），活动（做了什么事情），次序（做这些事情的先后顺序），规则（什么情况下做什么事情），工具（有无更好的工作方法）。

以下展示了某财务共享服务中心的员工费用报销流程、采购到付款流程、订单到收款流程示例。

（1）差旅费用报销流程

员工费用报销，是财务共享服务中心最典型的流程，具有金额小、发生频繁、涉及反复沟通、产生大量发票、耗费较多人力的特点。同时，费用报销又是企业和员工的重要连接，是财务部门在员工连接中提供的服务。因此，员工费用报销流程的优化，关系到财务共享服务中心的效率提升和成本降低，也关系到员工的体验。

在上一节中，曾提到越来越多的财务共享服务中心用信息化的手段改进费用报销流程，这里我们以差旅费用报销流程为例（见图5-7）。

在差旅费用报销流程的示例中，主要包括三个子流程：

● 出差申请流程。员工在出差申请系统中提交差旅计划，领导审批通过后，员工可以登录商旅预定系统的手机客户端或者网站预订机票、酒店、高铁或租车。一些企业会将出差申请系统和商旅预订系统实现数据接口，必须关联出差申请单号才可以完成预订流程。

● 费用报销流程。差旅行程结束后，员工可以登录电子报账系统的手机客户端或网站提交报销单据，直接关联商旅订单信息。经过授权下领导审批环节，报销单据进入财务共享服务中心的任务池。财务人员提取任

第 5 章　流程

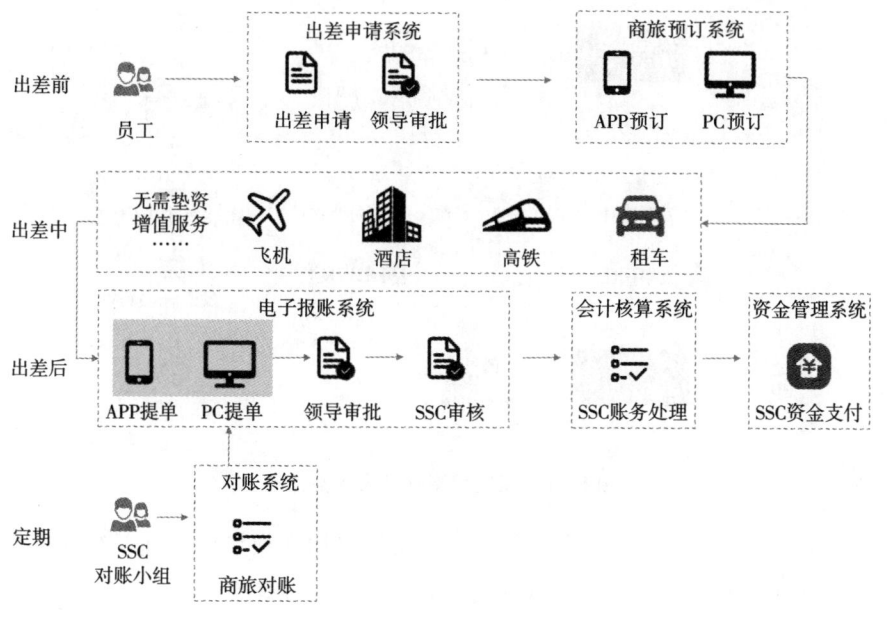

图 5-7　差旅费用报销流程示例

务，审核费用合规性。通过审核的差旅费用信息，会自动传递至会计核算系统完成账务处理，需要支付给员工的报销款通过资金管理系统支付至员工个人报销账户。

● 商旅对账结算流程。财务共享服务中心的对账小组，按照结算周期，与商旅服务提供商定期对账，处理差异数据，提出付款申请。如果商旅订单数据庞大，对账耗费大量人力，一些企业也会选择使用对账系统来自动化处理订单的核对。

（2）采购到付款流程

采购到付款流程中，以增值税专用发票的处理及入账流程为例（见图 5-8）。在示例中，采用了供应商协同平台与进项发票管理系统，实现发票全流程电子化处理。

● 供应商结算。采购方从 ERP 中获取结算信息，生成结算单，与供应商确认后，供应商根据确认金额开出模拟发票。供应商数量众多、管理复杂的企业会使用供应商协同系统与供应商进行线上结算以及开票信息的确认。

● 进项发票处理。供应商开出纸质发票，经办人收到后提交报账申请，并将发票和结算资料提交至财务共享服务中心，对发票及附件资料进

103

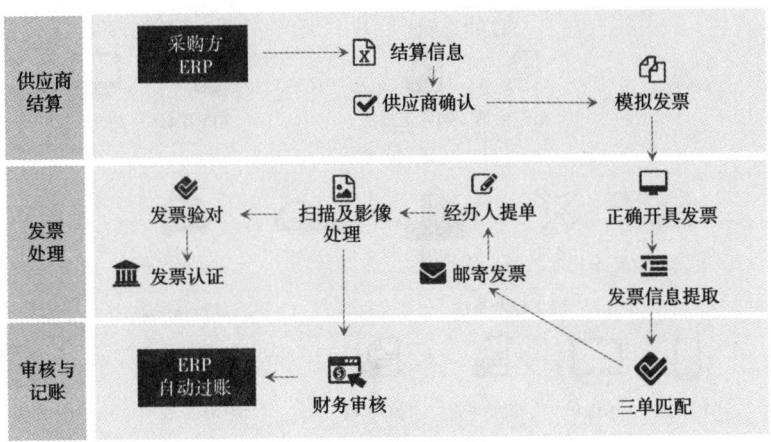

图 5-8 采购发票处理及入账流程

行扫描和影像上传。财务共享服务中心可以采用进项发票管理系统，进行发票验真与发票认证，提高进项发票处理效率和准确率。

● 财务审核与账务处理。共享服务中心的财务人员，根据报账申请与发票影像，进行财务审核，审核通过后，应付信息传递至 ERP 自动完成账务处理。

(3) 订单到收款流程

订单到收款流程中，以发票开具、入账及收款流程为例（见图 5-9）。在示例中，企业应用开票申请系统来处理开票数据的传递，应用收款匹配和收款认领系统来处理回款信息的准确匹配。

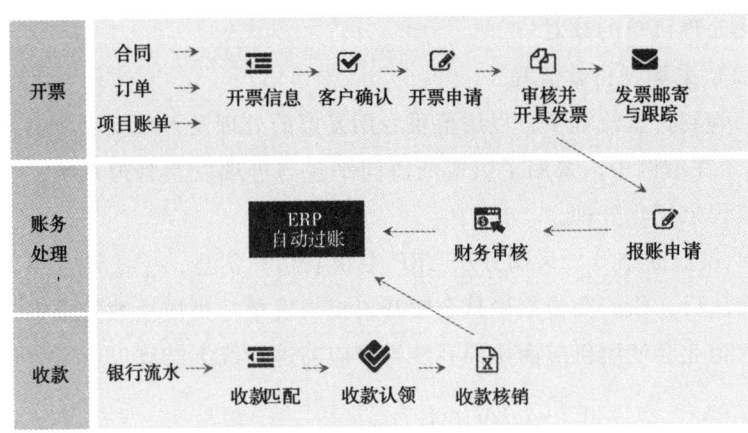

图 5-9 发票开具、入账及收款流程示例

- 开票申请流程。申请人在开票申请系统填写开票信息,客户确认后,申请人可根据确认后的信息提交开票申请。经过业务领导审批、财务共享服务中心审核后,开票会计可开出发票,并邮寄给客户。
- 应收确认流程。发票开出后,员工在电子报账系统中发起申请,财务共享服务中心审核报账申请后,应收确认的信息流转至会计核算系统,自动完成账务处理。
- 收款核销流程。客户付款后,银行的收款信息传递至收款匹配系统,根据客户信息、金额、日期等信息进行收款与应收的初步匹配,无法匹配的收款信息,由业务人员在收款认领系统完成收款认领,收款信息可匹配至客户、合同、项目,甚至发票。财务共享服务中心根据收款匹配信息核销应收账款。

5.6 财务共享服务中心的流程实施与优化

5.6.1 财务共享服务中心的流程实施

针对关键流程进行分析并重新规划设计后,必须进行有效的流程推进和执行,否则流程管理将流于形式。财务共享服务流程设计完成后,如果不能采取有效的方法并坚决执行,必然使方案的有效性随着时间而消逝。因此,流程推进的过程必须是有组织、有计划的过程。

财务共享服务流程实施的过程一般包括以下步骤:

(1) 组建流程团队

流程的推广离不开高层领导的支持,财务共享服务的流程团队应在试点单位的高层领导带领下,由能力强、经验丰富、对业务熟悉、具有创新能力的财务及业务骨干员工组成。

(2) 选择试点流程

流程实施可先从一个分支机构、分支公司入手,选取流程管理效果比较显著、实施成功率较高、业务具有代表性的部门做试点,有助于降低流程实施的阻力,即时获取流程反馈信息。一般而言,财务共享服务的费用报销流程、应付流程是流程试点的首选,而集团总部或是主要分子公司是流程试点单位的较好选择。

(3) 实施总结

试点过程是一个发现问题、解决问题并调整方案的过程,流程试点团队应该深入业务前端,即时获取试点中发现的问题并挖掘问题原因,提出问题解决方案。同时,随时与领导沟通试点进度情况,对流程实施进行全局把控。财务共享服务的流程主要聚焦于财务核算流程,在实施中,不仅需要关注财务核算人员对于流程的信息反馈,也要搜集共享服务中心客户对流程的感观和意见。

(4) 逐步推广

制定推广计划,分阶段实施。财务共享服务的实施,对流程带来的影响和冲击是巨大的,因此在流程的实施中需要加强培训,将流程调整前后的不同讲清楚,减少他们由于缺乏了解带来的抵触和恐惧。同时,高层领导的介入,通过多种途径向员工及合作伙伴阐述共享服务流程的意义和价值,对于流程的推动和落实可以起到积极的作用。

流程的实施阶段,即流程的推行和控制过程,既是流程设计落地的关键保证,也是流程设计效果的检验和反馈。通过流程的实施推广,搜集和汇总实施中的相关信息,在流程的时效、质量、成本等各个维度,对流程实施绩效进行分析,从而获取不断进行优化的数据基础和方向。

5.6.2 财务共享服务中心的流程优化

财务共享服务中心流程优化的方向和依据是在流程实施的持续监控和可行性分析基础上,基于共享中心流程运作的时效、成本、质量和服务数据,对流程进行跟踪和评估,不断校正优化方向,最终获取流程的最大效益。流程优化应建立长效的管理机制。目前常用的流程优化方法主要有:标杆瞄准法、DMAIC 模型、ESIA 分析法、ECRS 分析法及 D + PDCA 循环等。流程优化方法必须具有持续改进和自我提升的能力,不论企业在流程优化中选择何种模式,都需要将优化理念深入人心,培养企业持续优化的文化理念。

以 D + PDCA 循环为例,财务共享服务中心的流程长效优化机制见图 5 – 10。

第 5 章 流程

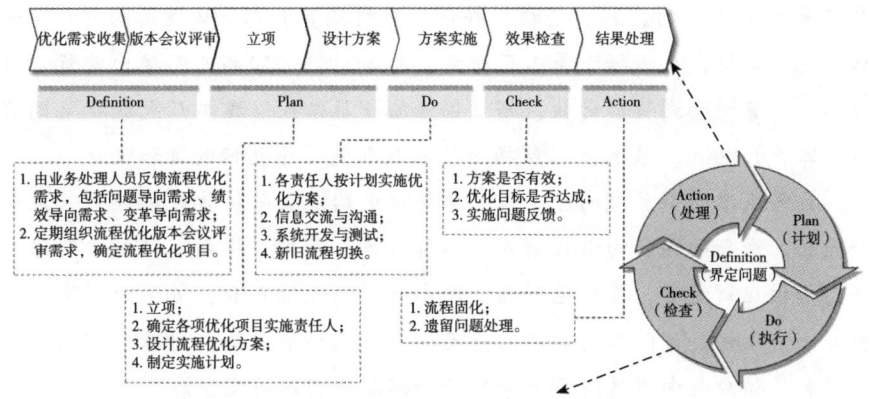

图 5-10 基于 D+PDCA 循环的财务共享服务中心流程优化机制

【案例】福特汽车公司采购应付账款管理

20世纪80年代初，福特汽车公司跟许多其他的美国公司一样，想方设法紧缩人员，减少行政管理费用。福特汽车公司认为能够减少费用的地方之一是应付账款部门，该部门主要负责对福特汽车公司的供应商货款进行支付。当时，福特汽车公司的北美应付账款部门雇用了500多名员工。该公司的管理层认为通过使用电脑使某些职能自动化，能够使该部门工作人员的人数减少到400名，即减少20%。在当时，福特汽车公司的管理层认为减少20%人员的成绩已经很不错，直至他们参观了日本马自达汽车公司。福特汽车公司的管理人员注意到马自达汽车公司的规模虽然较小，但它雇用的办理应付账款事务的人员只有5名，而福特汽车公司却雇用了500名，两者对比，相差过于悬殊，其原因不是能用规模大小、企业精神、提倡唱公司之歌、做早操等等说明得了的。于是，福特汽车公司的主管人员开始对包括应付账款部门在内的全部工作流程进行反思。

这个决定标志着福特汽车公司的观点发生了重大的变化，公司的再造只能从业务流程着手，而不是从与完成这种流程有关的行政组织机构着手。应付账款部门是一个组织机构，是由一群办事人员组成的，人员不是再造的目标，需要梳理、优化和再造的是人员所做的工作。当然，在流程再造后，为了完成新的工作流程，人员终将得到调整。至于怎样调整，则要根据再造后流程本身的需要而定。

福特汽车公司意识到，需要优化和再造的，并不是"应付账款"，而

财务共享服务

是"采购工作"的流程。最初,福特公司的采购流程是从提出购货订单开始,也就是说,从根据下属工厂所需要的原材料、零部件而提出购货订单开始,一直到购到货后付款,将货供应给下属工厂(该工厂也就是采购流程的客户)为止。采购流程包括应付账款职能,还包括购货和收货。

福特汽车公司原先的原材料、零部件采购流程是按常规办理的。流程一开始,由采购部门向供应商发出购货订单,并将一份副本送交应付账款部门。供应商发货,货物运到福特汽车公司的收货点后,点上的办事人员填写一份表格,说明收到货物的情况,并将表格送交给应付账款部门。与此同时,供应商向福特汽车公司的应付账款部门送去发票。

福特汽车公司应付账款部门的工作就是接收采购部门送来的采购订单副本、仓库的收货单和供应商的发票,然后将三类票据进行一致性核对,查看其中的14项数据是否相符,该流程中绝大部分的时间被耗费在这14项数据由于种种原因造成的不相符上。业务处理流程如图5-11所示。

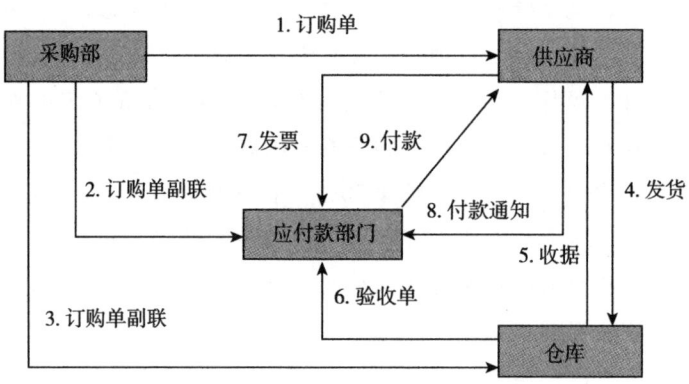

图5-11 福特公司应付账款的原流程

可以看出,从采购部向供应商发出订单到最后的付款包括了9个环节,尤其是"订购单"、"验收单"和"发票"三者一致时才能付款的条件导致了大量的单证核对工作,使财务和仓库耗费了大量人力、时间和资金,而且经常发生差错和延误付款的情况。为此,福特公司决定从以下方面进行流程变革:

(1)建立采购、采购付款和库存管理等部门数据共享的采购业务管理系统;

(2) 取消付款中必须要有"发票"的条件，取消"发票"与"订单"和"验收单"等三者的核对工作；

(3) 采购部的订购单不再向付款部门和库存管理部门传送，而是直接输入共享的数据库；

(4) 库存管理部门在收到采购物品并根据数据库中的订单核对后，发出确认信息即可；

(5) 采购付款部门待数据库中订单与到货信息一致后即向供应商付款；

(6) 通过计算机网络信息系统，即采购付款业务管理系统高效运行。

福特汽车公司新的采购流程是：采购部门的一名采购员向供应商发出购货订单，与此同时，将订单上的有关内容输入联机数据库。供应商跟以往一样，将货物发往买方的收货点。货物运到后，收货点的工作人员通过电脑终端机进行核对，查看已经运到的货物同数据库中购货订单的内容是否相符。如果相符，收货点的工作人员接收这批货物，并在电脑终端进行确认，数据库即记录目前已经收到这批货物。而且，电脑会自动地签发一张支票并在适当时候把它发往供应商。另一方面，如果这批货物同数据库中购货订单的内容不相符，那么，收货点的工作人员将拒绝在运货单上签收，并退还给供应商。福特公司新的应付账款流程，如图5-12所示：

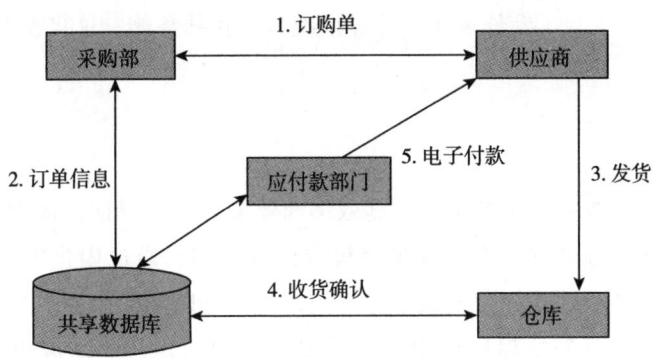

图 5-12　福特公司应付账款的新流程

福特公司新的应付账款流程一看便知，跟原先的流程大相径庭、迥然不同。主要是由于新的流程完全取消了发票，办理应付账款的办事人员也就不再需要把购货订单、收货凭证同发票进行核对。现在，福特汽车公司

财务共享服务

雇用办理向卖方付款等事项的人员的人数不再是 500 名，而仅仅是 125 名。

福特汽车公司不再实行"发票收到后才能付款"，改为实行新的规定"货物收到后才能付款"。仅仅改一个词，就为企业一项重大的变革奠定了基础。在福特汽车公司原有的规定中，做这种改变的，另外还有几起，它们至今仍在发挥重要的作用。例如，福特公司在其下属的卡车制造厂实行了一项新的规定，取代"收到货物后才能付款"，而实行"货物使用后才能付款"。

该公司对它的一家刹车供应厂商说了这样的话："本公司喜欢使用贵公司供应的刹车，并将继续用它装配在本公司制造的卡车上。不过，刹车在装配到卡车之前是属于贵公司的，而不是本公司的。刹车只有在我方使用之后，才是属于我方的，我方才能支付刹车的货款。我方制造的每一辆卡车在装配了贵公司供应的刹车，离开装配线以后，我方定会通过支票将刹车的货款付给贵公司。"

这一变革使福特公司的采购和收货流程进一步得到简化。此外，这一变革还使公司得到其他的好处，即从减少刹车的库存到改善现金支出等。采购刹车的新流程还废除了福特汽车公司的另一条规定——公司要始终保持货源的多源化。至少就卡车的刹车供应而言，新的规定是："我们将拥有单一的货源，同提供刹车的这位供应商紧密合作。"

（资料来源：作者根据公开资料整理　仅代表个人观点）

小结

流程是财务共享服务中心实施效率和效果的重要保证。流程首先可以提高企业的业务处理效率，减少流程端到端时间，通过固化的操作步骤，指导和理顺各个动作的交互关系。其次，流程可以降低企业成本，通过流程设计，消除业务处理过程中不增值或低效的动作，提高流程的经济效益。同时，流程可以提高业务质量，降低企业风险，通过设计缜密的流程节点，可以大幅降低业务差错，减少人为判断，并对流程中的各个环节施以严密的风险识别、预警及控制机制。最后，流程可以明晰相关部门权力与职责的界限，消除部门壁垒，激发员工的积极性，大大提高企业的运行效益和竞争能力。

第 5 章　流程

　　流程是以满足企业环境及客户需求为目标而设计的,因而流程会随着内外部环境及客户需求的变化而需要被优化。流程管理是对流程持续优化的过程。流程管理要从组织的实际情况出发,围绕顾客需求,以流程为基础,并结合系统技术等相关应用,进行持续的跟踪、反馈和优化,最终通过流程管理循环的建立,提升企业的流程绩效及竞争优势。

第6章 组织和人员

财务共享服务中心在不同的发展阶段，战略目标也有所不同，战略目标决定了财务共享服务中心在公司整个组织结构中的位置及自身的内部组织构成。同时，组织结构又在很大程度上对战略目标产生影响，并决定着各类资源的合理配置。组织结构和人员是实施经营活动的基本要素，也是实现战略目标的重要保障。

6.1 财务组织结构的影响因素

组织设计不是一张简单的组织结构图表，目的是围绕其核心业务建立强有力的组织管理体系，降低组织管理成本，增强组织应对环境变化的灵活性，从而达到提高组织运作效率的目的。

企业财务部门的组织结构设计通常受到两个因素的影响：集团的管控类型及集团职能的集中管理方式。

6.1.1 明确集团管控类型

集团管控模式是一个互相影响、相互支持的有机体系，它的目标是"集权有道，分权有序，授权有章，用权有度"。明确集团管控类型是理顺各级财务组织职能定位的前提。

根据企业业务整合度和总部运营干预度，可把集团总部扮演的不同角色细分为四种类型：财务投资型、战略指导型、战略控制型和运营管理型（见图6-1）。

这四种集团管控类型中，总部的管控力度由低象限到高象限逐步增强。

第6章 组织和人员

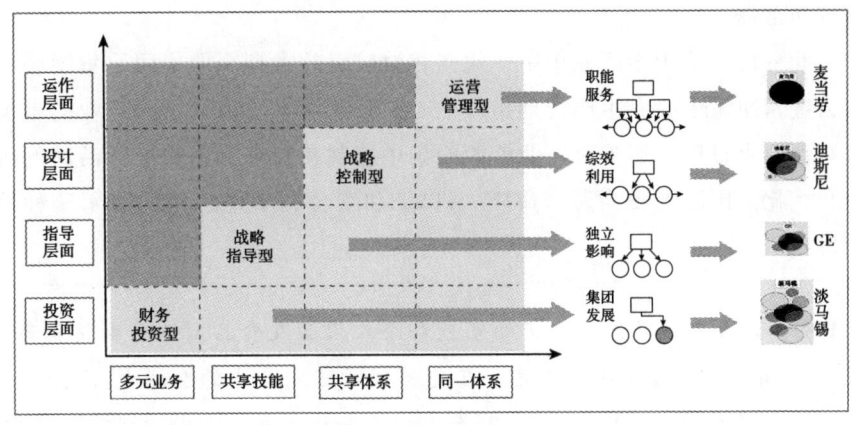

图6-1 集团管控类型

财务投资型：以资本运营作为总部的核心功能，进行符合投资回报目标的兼并、收购、出卖和转让。集团对成员单位的具体经营运作管理基本不加干涉，也不会对成员单位的战略发展方向进行限定。

财务投资型适用于产业多元化的大型企业集团。集团公司作为集团投资决策中心，以投资回报追求资本增值为目标，且具备投资、产权管理、财务监控等基本功能。代表性企业如淡马锡。

战略指导型：总部制定战略方向，对预算、资金、重大投资、关键人事任免等进行管控，以确保各单位的发展符合战略，但不干预产业内部的经营活动。

战略控制型：总部制定战略规划，不仅对预算、重大投资、关键人事等领域进行管控，同时对运营层面的重大事项进行管控和协调。

战略指导型和战略控制型适用于主业突出的大型企业集团，集团公司作为集团战略决策中心和投资决策中心，具有资本增值和产业发展双重目标，追求集团总体战略控制和协同效应的培育。战略指导型偏重于分权，战略控制型偏重于集权。代表性企业如迪斯尼、丰田、GE等。

运营管理型：总部对战略、预算、投资、组织、人力资源、销售、采购、研发等领域进行直接管控，通过管理直接影响公司发展方向。

运营管理型企业一般有明确的主导产业，集团公司既从事资本营运又从事生产经营，与成员单位关系密切，集团公司直接从事较多具体业务的操作指导，管理范围广，承担战略规划制定到主业经营的具体事务，而且管理非常深入。

此种模式适用于产业集中、规模相对较大的大型企业集团。集团公司作为经营决策中心和生产管理指挥中心，具有资本增值和主导产业的市场占有率双重目标，追求对企业资源的集中控制和管理、企业经营活动的统一和优化。国际上麦当劳、IBM、AT&T和联合利华等公司都采用这种管控模式。

> 【案例】联合利华是国际知名的家庭和个人用品及食品制造商和销售商，全年总销售额超过520亿美元，在美国《财富》杂志的全球大公司排行榜上，一直位居前50位之列。联合利华在全球设立6个科学研究发展中心，根据各地区的不同情况开发出各种地域性的产品；负责成员单位具体的人事管理，解决具体招聘签约、评级薪酬和奖惩等问题。联合利华利用业务协同性降低采购成本，建立了8个全球采购中心，把原材料通过地区和全球采购的方式推荐到联合利华全球系统，让原料供应商成为全球经济中的长期竞争者，为全球的业务发展带来价值和利益。同时，联合利华总部采用高度的共享服务，将众多子公司中独立的ERP系统连接起来，将资源集成和统一，最终完成业务流程以及信息系统的统一。
>
> 资料来源：作者根据公开资料整理　仅代表个人观点

6.1.2　集团财务职能的管理方式

根据企业集团管控的客体特征和管控模式的特点不同，企业集团总部的具体相关职能也不尽相同，集团总部的职能定位会随着管控模式的变化而变化，目的是为了追求企业集团利益的最大化和集团总部价值的实现。

在集权管控模式下，企业集团总部作为生产管理和投资、经营决策的最终决定者，拥有企业集团分支机构各种资源绝对控制和管理的权力。例如，在运营管理型这种集团总部高度集权的管理模式下，总部财务管理方式定位于"总部基本上拥有所有的财务管理权限，进行集中式财务管理，建立统一的财务管理体系，将日常支出权利下放至各分支机构"。相对而言，在分散管控模式下，例如财务投资型这种集团总部仅参与管理的模式下，集团主要通过委派董事、监事、股权代表或财务负责人等人员，对分支机构的重大财务活动、投资运营等工作施加一定影响，使其符合企业集团的战略目标。

（1）四种不同职能的集中管理方式

在集团集权管控模式下，根据各类职能的特征不同，集团总部与下级组织的协作方式也有所不同，集团各类职能的集中管理方式分为以下四种模式：

- 总部直管。此类职能由总部集中管理，直接向下级组织输出服务或管理要求。总部人员不会常驻在下级组织，但可能会存在临时团队或总部人员直接分散办公。此类职能不属于人力密集型，一般不是日常业务，比如集团品牌管理职能。
- 总部派驻。此类职能由总部垂直管理，向下级组织派出常驻或临时工作团队，履行与业务结合程度高的职能。在这种情况下，总部会统一明确管理思路和标准，并履行集中管控的重要职能。此类职能一般独立性较强，对专业技能要求很高，比如风险管理职能。
- 分级管理。此类职能由总部与下级组织的对口职能部门分工协同管理，总部向下提供业务指导。同总部派驻模式一样，总部会统一明确管理思路和标准，履行集中管控的重要职能。此类职能与业务单位关联紧密，对专业技能要求高，比如预算管理职能。
- 共享服务。企业采取共享服务模式，通常在人力素质好且人力成本低的地区建立一个或几个共享中心，对各级组织输出服务，在下级组织可设隶属或独立于共享中心的辅助岗位配合运作。此类职能通常是操作型的，标准化程度较高，比如基础交易处理。

（2）财务职能的定位原则

企业集团的财务职能，并不是单一的职能，因此管理方式因职能特征不同也有所区别。财务的主要职能按照具体内容可以分为：交易处理及报告、管理分析、内控执行、财务政策、内部审计、投融资、税务筹划等，由于业务特点和管理要求的不同，适用于不同的集中管理方式（见表6-1）。

表6-1 财务职能定位原则

类别	财务职能	特点	适用方式
交易处理及报告	核算 结算 定制报告	业务量大，标准化程度较高	共享服务
管理分析及内控执行	预算管理 成本管理 绩效管理 经营分析 内控管理	与业务融合，可借鉴内部最佳实践 有个性化需求，但共性也很强	分级管理
财务政策及审计	内部审计 政策规范	规则性强，统一管理 独立于执行，具有威慑力	总部派驻
投融资及税务筹划	融资 投资 税务筹划 并购联盟	战略导向，优才管理 专业化，全局性	总部直管

（3）财务管理组织模型

基于财务职能定位原则，集成的财务管理有七点特征：集中化的财务组织、信息集中生成、风险集中管控、资金集中调配、规则集中制定、财务战略集中决策以及核心财务梯队集中培养（见图6-2）。

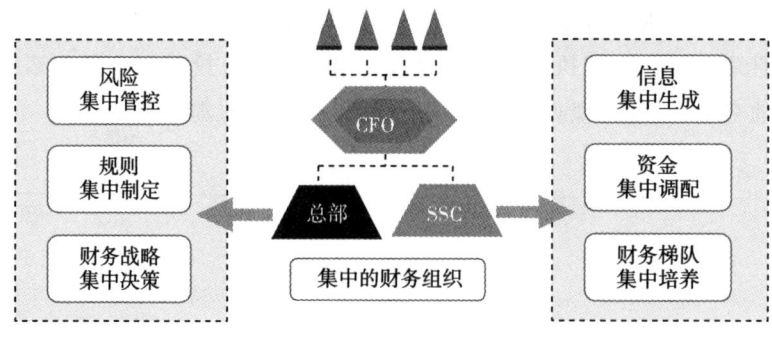

图6-2 集成的财务管理的特征

第 6 章 组织和人员

总部拥有财务管理的所有权限,建立统一的财务管理体系,战略财务团队负责规则制定、决策分析及管理支持。会计核算、资金支付由共享中心集中处理,企业经营信息由共享中心统一加工输出,信息变得更加透明、更易获取。同时,财务人员的培养途径更加清晰,财务共享中心可为不同财务团队输送人才。

以某公司的财务部门为例,财务组织包括总部处室、省公司处室、地方公司处室、总部专家组及共享服务中心,财务管理组织模型如图6-3所示:

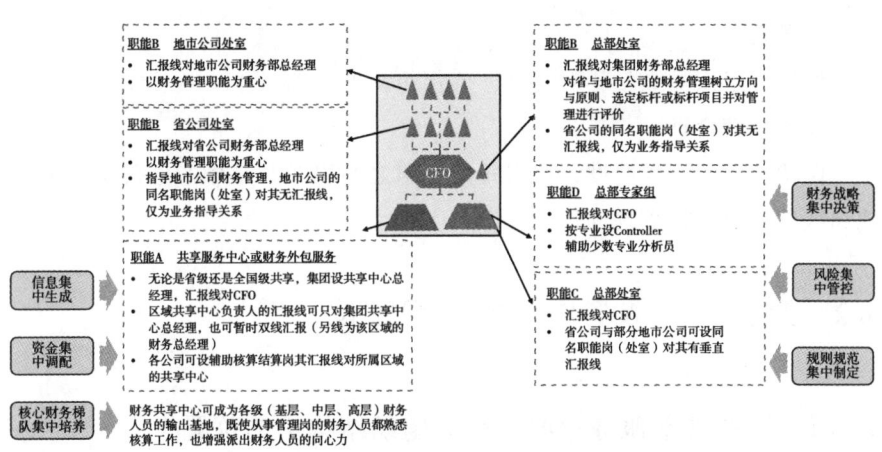

图 6-3 集中化的财务管理组织模型

6.1.3 财务共享服务中心内部组织设计原则

迈克尔·哈默(Michael. Hammer)曾在流程再造九原则中提出:"围绕组织输出流程,而不是围绕任务"。这就是为什么"组织规模、岗位的精细程度与其发挥的作用并不完全成正比"。其根本的原因就在于组织结构不同,要素结合在一起的方式不同,从而造成了要素间配合或协同关系的差异,在设置流程时必须考虑这些问题,才能将组织的作用发挥到最大。

财务共享服务中心有别于传统的业务部门组织,是一个专业的服务提供部门。比起传统组织,财务共享服务中心更强调标准化的流程、专业技能与服务的提供。因此,财务共享服务中心内部组织的设计应遵循以下五个原则：

流程化运作

以流程化运作为主要管理模式，追求核算工作效率提升和风险控制。

同质业务归并

对同一性质的业务如成本费用、工程资产、资金结算等进行归集，以保障该业务的统一。

高效协作

内部组织间相互能够提供协作和支持，并且保持这种协作关系的顺畅高效以及充分。

人员均衡

保持各组人员数量相对均衡，确保组织的平衡。

管理跨度合理

保持合理的管理跨度，使得每个小组之间以及共享中心经理能够有效地和组内成员保持管理沟通。

6.2 财务共享服务中心的组织定位

6.2.1 财务共享服务中心在财务组织结构中的位置

在财务管理模型中，财务组织分三个层级：集团总部财务，成员公司财务及财务共享服务中心。

很多企业在建立财务共享服务中心的时候，会有这样的疑问：财务共享服务中心在财务组织架构中应该处于什么样的位置？作为集团总部财务部的隶属部室，向财务部长汇报；还是平行于集团总部财务部的独立部门，直接向财务总监汇报？

组织形式没有好坏之分，主要看企业的具体情况，财务共享服务中心的发展阶段，以及企业基于管理因素的不同选择，最符合实际情况的就是最好的。以下两种方式的比较（见图6-4）。

第6章 组织和人员

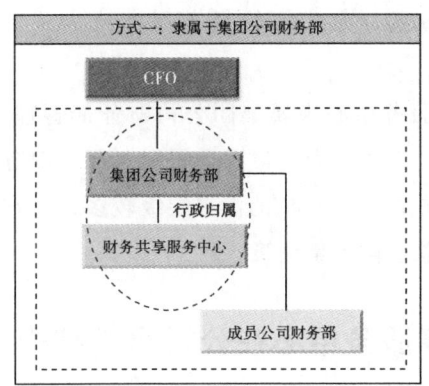
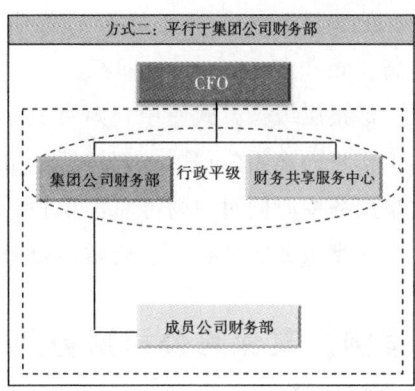

图6-4 集团公司财务部与财务共享服务中心的行政关系

在上述两种方式下,财务共享服务中心均承担会计核算职能,集团总部和各成员单位财务部承担财务管理职能。财务管理与会计核算的分离,顺应了当前大型集团企业财务组织发展的趋势。核算业务集中在财务共享服务中心处理,可以及时准确地提供多维度数据信息,有利于集团准确了解各成员公司的财务状况。

这两种方式的区别,可以从政策推行力度、财务共享服务中心与原财务部协作关系及汇报层级这三个方面进行考量(见表6-2):

表6-2 财务共享服务中心两种组织定位的比较

组织定位	政策推行力度	两部门间协作关系	SSC汇报层级
方式一：隶属关系	强	上下级协作	多
方式二：平行关系	弱	合作关系协作	少

政策推行力度:方式二中两部门属平级关系,财务共享服务中心对会计政策的落地,需要跨部门协调,而隶属关系下,财务共享服务中心和各成员单位财务部同属集团公司财务部指导,有总体的管理和协调,因此方式二将会计核算要求向下推行的难度和复杂程度比方式一较高。

两部门间协作关系:由于集团总部财务部与财务共享服务中心未来在业务中仍存在很多需要互相配合协作的地方,在保持两部门间高效协作配合，保证贯彻各项制度政策的落实方面，方式二的复杂程度比方式一较高。

汇报层级：方式一中，财务共享服务中心隶属集团公司财务部管理，其工作将向集团公司财务部进行汇报；方式二中，集团公司财务部，财务共享服务中心同时向财务总监汇报，方式一中SSC的汇报层级较多，且在财务共享服务实施初期，通常需财务总监做大量决策。

【案例】某保险公司财务共享服务中心在公司组织结构中的位置

国内某保险公司在组建财务共享服务中心时，在咨询公司的协助下做了一个共享服务中心的三年规划，对共享中心的汇报关系拟定了三种模式，如图6-5所示：

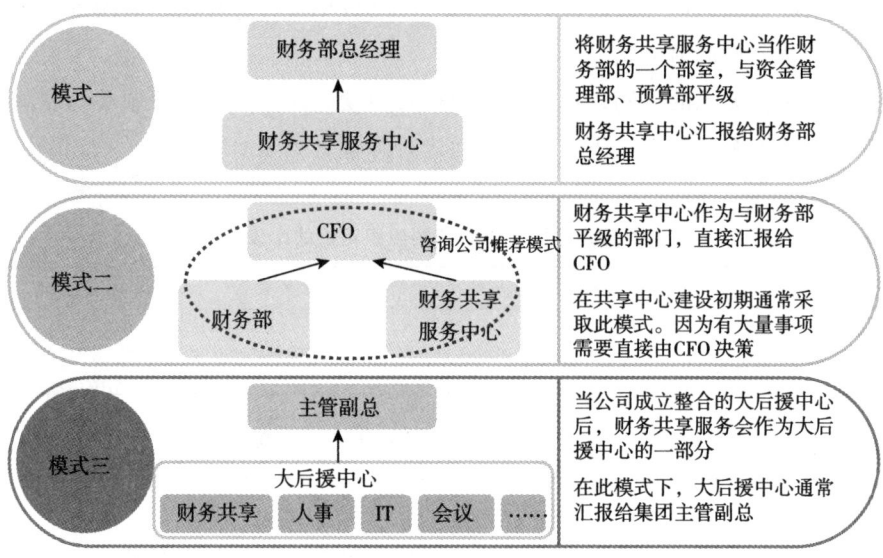

图6-5 共享服务中心汇报模式

这三种模式的核心是：
- 模式一：财务共享服务中心隶属财务部，属于财务体系的二级部门，公司的三级部门，直接汇报领导为财务部总经理；

- 模式二：财务共享服务中心直属 CFO 管理，属于财务体系的一级部门，公司的二级部门，直接汇报领导为 CFO；
- 模式三：财务共享服务中心隶属大后援中心，属于大后援中心的一级部门，属于公司的二级部门，直接汇报领导为大后援中心领导。

这三种模式各有利弊：

- 模式一：财务共享服务中心与资金管理部、预算部的直属领导为同一人，利于费用管控工作的推进，但在此模式下，财务共享服务中心属于公司的三级部门，如需获取公司高层领导的支持，中间环节较多，流程较长；
- 模式二：模式二中财务共享服务中心的直接汇报领导层级最高。模式二利于财务共享服务中心直接获取公司高层领导支持和指导，尤其在共享服务中心建立初期，对于财务共享服务中心工作的开展和推进有很大帮助，这也是咨询公司在协助该公司建立共享服务中心时，给予的咨询建议；但同时也因为直接汇报领导层级较高，对一些待决策的细节问题不能像模式一那样给予及时的决策意见；
- 模式三：将可以共享的业务都归入大后援中心，有利于业务的标准化，提高共享程度。但由于归入大后援中心后，与财务其他部门存在跨体系沟通、协作，对业务的推进存在一定制约。

对组织结构模式的选择没有完美、唯一的答案，需要企业根据其战略目标、企业发展阶段、对财务共享服务中心的定位等因素综合考虑、选择。

（资料来源：作者根据公开资料整理　仅代表个人观点）

6.2.2　实施共享服务后整体的财务职能界面

实施财务共享服务，不仅会引起财务组织结构的变革，同时财务职能将在各级财务组织之间进行重新分配。总部财务、财务共享服务中心与成员单位财务的职能界面变得更加清晰，图 6-6 是某集团实施财务共享服务后财务职能界面的示例。

财务共享服务

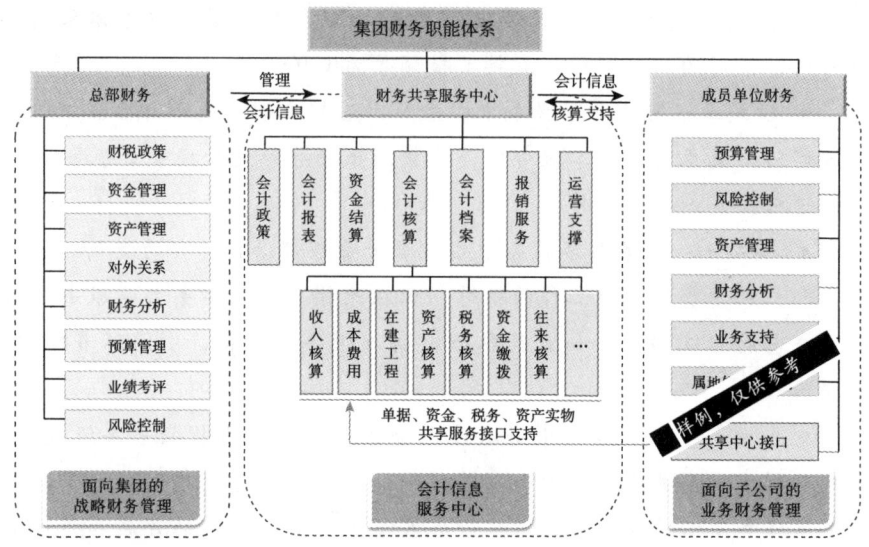

图 6-6 实施共享服务后的财务职能界面示例

集团总部财务、财务共享服务中心和成员单位财务并非孤立地履行各自的财务职能，而是在履行各类财务职能的过程中相互协作，但有不同的侧重点。集团总部财务在战略管理的层面上，明确管理目标，制定相关的财税政策，监督下属单位的业绩执行情况；财务共享服务中心执行集团的会计政策，记录经济活动，真实地将会计信息反馈给集团总部及成员单位；成员单位财务配合集团财务的管理政策，推进管理目标的实现，协助业务部门进行业绩促进，并配合财务共享服务中心的核算要求。

6.3 财务共享服务中心的内部组织设计

6.3.1 财务共享服务中心内部组织划分方法

财务共享服务中心内部组织划分常见的方法有三种：

按职能划分——按照不同岗位的具体工作职能进行划分。这种方式遵循了专业化原则，标准化程度高，有利于提高人员使用的效率，同时也简化了培训工作。但容易使人员过度局限于自己所在的职能部门而忽视组织整体目标,组织间的协调比较困难,只有最高主管才能对最终成果负责。如图6-7中A公司财务共享服务中心,是比较典型的按照职能进行划分的案例。

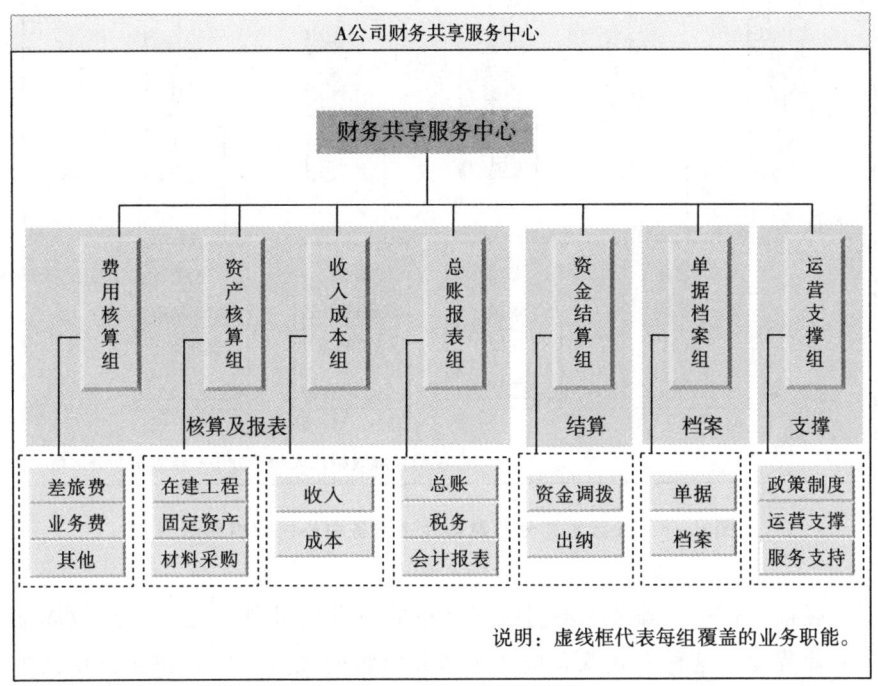

图6-7 按职能划分的财务共享服务中心内部组织示例

按区域划分——按照服务对象的业务区域进行划分。这种方式下,共享中心人员面对不同国家、不同地域的客户分别提供相应的服务。此种方式适用于不同地域的业务有特殊需求的情况,便于共享中心人员更好地了解服务对象的业务情况,迎合特定客户的需求,有利于提升顾客的满意程度。不足之处在于对人员要求较高、流程标准化程度低以及工作效率低。

在按区域划分组织的方式中,有很多公司会将不同的分中心建立在靠近服务对象的地方,以获得语言优势。

如图6-8中B公司财务共享服务中心,按照客户所处区域进行组织结构设计。

财务共享服务

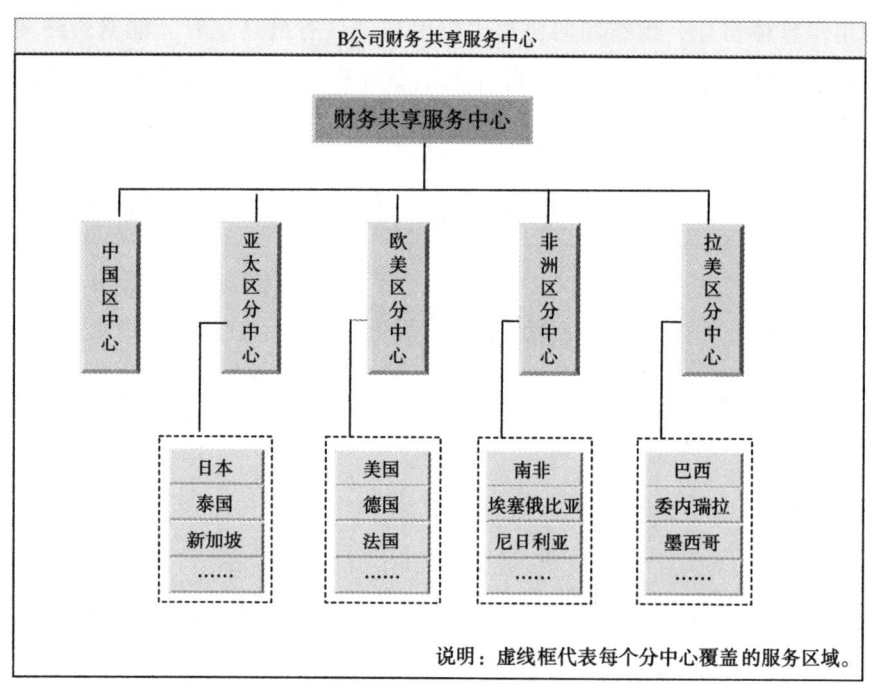

图6-8 按区域划分的财务共享服务中心内部组织示例

混合模式——既考虑不同区域客户的业务特殊性,也考虑岗位职能的专业程度。这种方式既有按区域划分组织的优点,同时在业务单元内部进行专业分工,提高了处理效率。例如图6-9中C公司财务共享服务中心的内部组织架构,对同质业务进行归并,按核算及报表、资金结算、单据档案划分不同的业务模块,在核算业务模块中,按照客户的业务区域进一步分组,在区域核算组中,又按照不同的业务类型,如成本费用、收入、资产、报表分别设置不同岗位。

按产品——有利于企业采用专门设备,促进协调,充分发挥人员的技能和专门知识,也有利于产品和服务的改进和发展(见图6-10)。

第6章 组织和人员

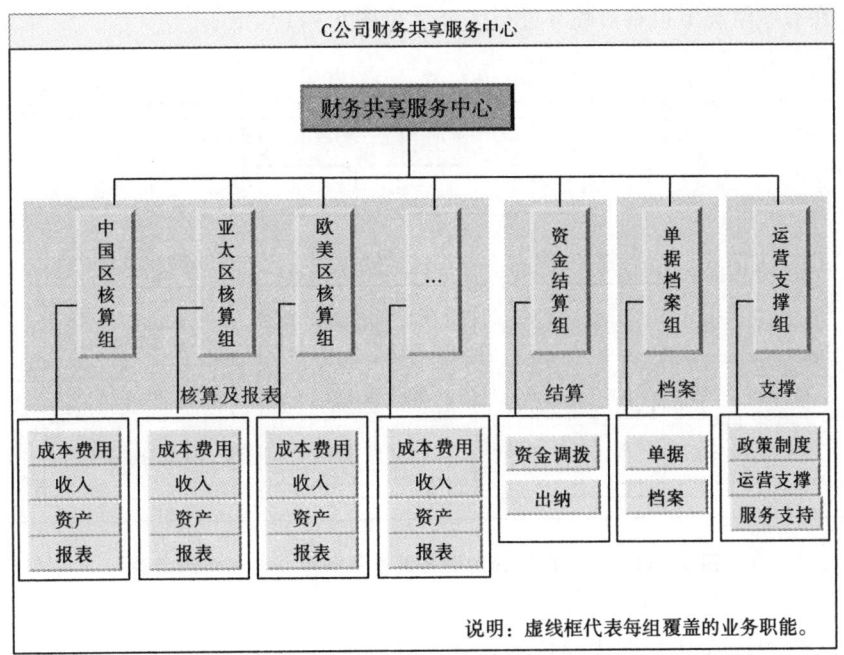

图6-9 混合模式的财务共享服务中心内部组织示例

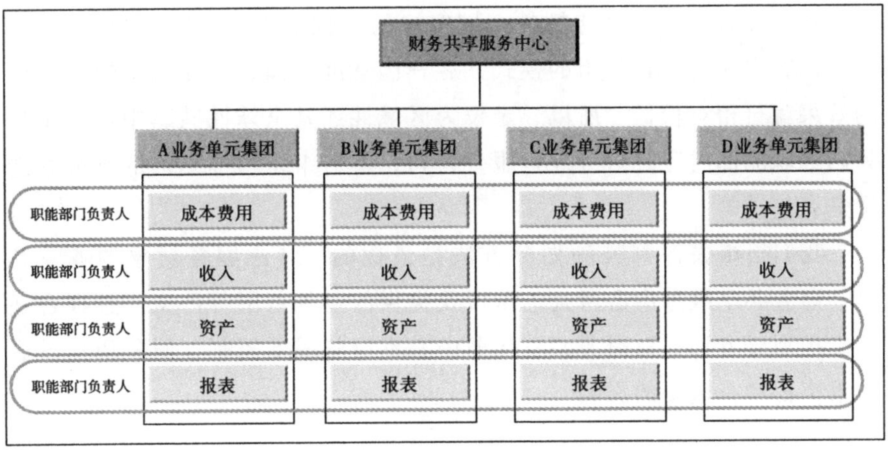

图6-10 按产品划分的财务共享服务中心内部组织示例

按客户——将与某一特定顾客有关的各种活动结合起来,并委派相应的管理者以形成部门。目的是为了更好地迎合特定顾客群体的要求,有利于提升顾客的满意程度。不足之处是,管理者必须要熟悉特定顾客的情况,否

125

财务共享服务

则在有些情况下很难对顾客进行区分（见图6-11）。

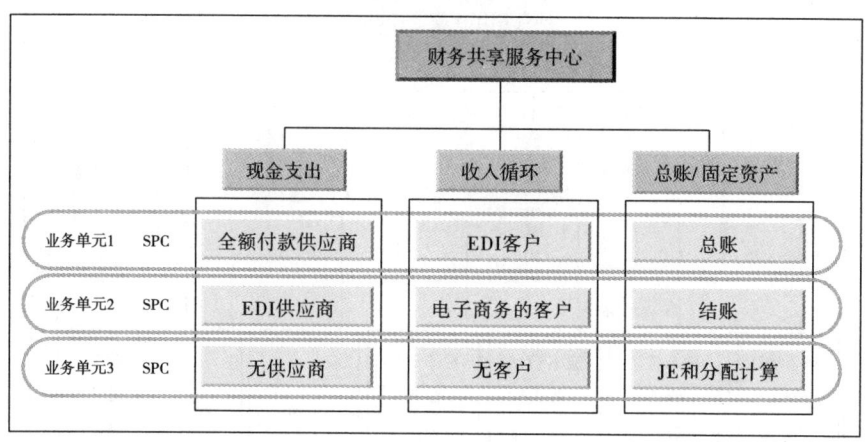

图6-11 按客户划分的财务共享服务中心内部组织示例

组织内部结构模式的选择，是由共享服务的战略结构定位和战略职能定位决定的，需要在成本与客户满意间寻求平衡。越是打破客户边界、以业务职能为主进行分组的模式，越能体现共享服务的规模、成本、效率优势，但有可能牺牲个别客户的个性需求，影响客户满意度；越是以客户为主进行分组的模式，客户满意度越高，但在成本效率方面的效果就会相对较低。所以，定位为区域性还是全球性共享中心，定位为内部职能部门还是财务外包服务公司，其对组织内部结构的划分，选择是有差异的。

我们很难去评判哪种划分方法是最优的。考虑服务对象的业务特点，财务共享服务中心所处的阶段及提供的业务范围等因素，选择合适的组织划分方法，对财务共享服务中心本身的成本控制、服务质量及服务效率都具有重要的影响。

【案例】辉瑞制药财务共享服务中心的组织结构

辉瑞制药成立于1849年，是一家拥有150多年历史的跨国制药公司。辉瑞是全球排名第一的医药企业，全球超过十万名员工，公司业务遍布全球150个国家和地区。辉瑞于20世纪80年代进入中国市场，在

第6章 组织和人员

大连、苏州、无锡建立了制药生产基地,在国内大中城市均设有办事处。

2007年7月,辉瑞在大连增加了新的业务组织——辉瑞亚太财务共享服务中心。辉瑞财务共享服务中心GFSS(Global Financial Shared Service)是一个旨在为辉瑞各分支机构提供标准化和最优化会计处理流程的全球运营体系,现有的组织机构包括:位于纽约的运营总部(GFSS NY),位于美国孟菲斯的美洲分中心(GFSS America),位于爱尔兰都柏林的欧洲分中心(GFSS Europe),以及位于中国大连的亚太分中心(GFSS Asia)。此外,位于印度、罗马尼亚和中国的简柏特BPO(Business Process Outsourcing)流程中心,作为辉瑞财务流程外包的第三方供应商,也辅助辉瑞全球财务共享中心分别向辉瑞美洲、欧洲和亚太地区的各个分支机构,提供包括呼叫中心、费用报销、文档扫描等财务业务中比较低端的流程服务。

辉瑞亚太财务共享服务中心(GFSS Asia)的治理结构如图6-12所示,由上至下分为战略决策、管理控制和日常运营三个层次结构。

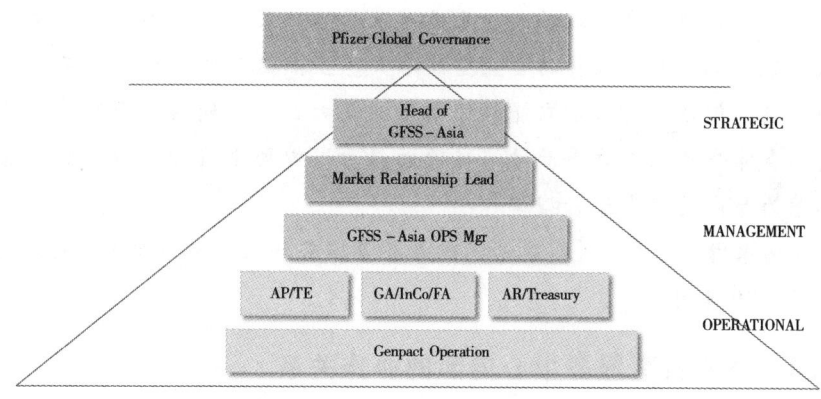

图6-12 辉瑞亚太区财务共享服务的治理结构

(1)战略决策:企业战略是由集团的管理层和董事会负责制定。GFSS的负责人以及GFSS总部的管理层,最终是向辉瑞的首席财务官CFO汇报,董事会通过CFO对GFSS行使决策权,负责推行集团的战略政策并决定GFSS今后的发展规模和方向。

(2)管理控制:在GFSS Asia内部主要有三大业务部门,即R2R

(Record to Report)——负责 GL 总账，FA 固定资产和 InCo 内部往来账等相关业务，P2P（Procurement to Pay）——负责 AP 应付账款和 T&E 费用报销相关业务，O2C（Order to Cash）——负责 AR 应收账款和 Treasury 现金管理相关业务。各部门的运营经理向 GFSS Asia 的负责人汇报，负责本部门的人员管理以及保证业务的正常开展，会定期同内部客户沟通以便及时发现管理中存在的问题并加以纠正。

（3）日常运营：各业务部门下面会根据流程划分为不同的业务小组，各小组成员向运营经理汇报，他们负责日常具体的财务业务操作，并保证数据的准确性和及时性。同时，简柏特作为与 GFSS Asia 签订有服务合同的第三方供应商，也向 GFSS Asia 的客户提供仅限于 AP 应付账款和 T&E 费用报销的业务支持。简柏特需要遵循辉瑞的发展战略和运营策略，并且所有的服务都要满足 SLA（Service Level Agreement）。GFSS Asia 的运营经理每周会与简柏特的辉瑞项目负责人进行会议沟通，以及时评估其服务质量。

总体来讲，辉瑞财务共享服务的整个管理模式呈现为金字塔形，即上窄下宽的结构。从操作层到管理层再到决策层、由下至上人员规模逐渐缩小，而权力却在逐渐扩大，凡是涉及管理决策的任何行为，都需要逐级上报审批，基层人员的自主空间不大。虽然这种组织结构也存在一定的弊端，但是目前来看它能够保证企业高效运作，同时最大限度地减少员工在非事务性工作上面被消耗掉的精力，以便全身心地投入到以客户满意为导向的日常运营型工作中。

案例来源：刘霞：《辉瑞制药财务共享服务运营策略研究》，大连理工大学，2011年。

6.3.2 财务共享服务中心内部的协作关系

财务共享服务中心内部的各个业务单元，承担不同的业务职能，相互协作和支持。

无论何种组织架构，根据业务性质不同，财务共享服务中心的岗位通常可以分为两类岗位：业务操作岗和运营支撑岗。业务操作岗，包括核算、结算、档案管理等业务操作人员；运营支撑岗，包括流程制度优化、系统运维、绩效、培训、服务等支撑人员，负责财务共享服务中心各个管理维度的支持。

第6章 组织和人员

例如，运营支撑团队的制度主管主要负责对集团的财务政策进行分解，并制定具体的业务细则，而核算、结算等业务操作小组则需严格按照共享中心财税政策主管制定的业务细则落实执行，并将具体工作中出现的业务细则未包含或不合理的内容进行及时反馈，运营支撑团队形成发现问题和改进问题的循环优化机制。见图6-13。

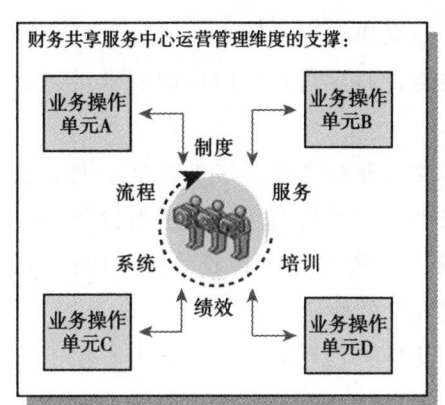 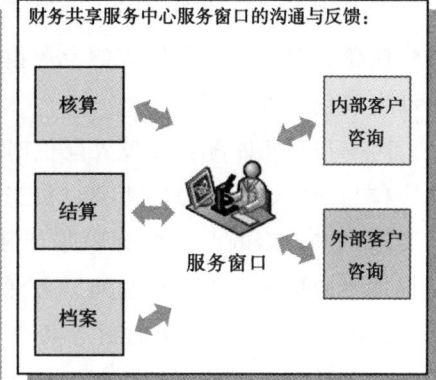

图6-13 财务共享服务中心内部协作关系示例

同时，运营支撑团队的成员在组织运营中，需要将流程、系统、质量、绩效、培训、服务、标准化等各方面的运营管理规定落实到各个业务单元，确保各单元的规范运作，不断提升组织的管理成熟度，建立健康、协作的成长型、学习型组织。

6.4 财务共享服务中心的人员配置

在设计了适合财务共享服务中心的组织结构后，往往又会遇到新的问题：每个业务单元该配置多少人员呢？如何避免人员冗余或者不足的情况？如何做到人员与岗位的匹配？在对财务共享服务中心各业务单元进行人员配置时，需要考虑到不同岗位的特点，有针对性地进行分析，才能做到适人适岗。

6.4.1 财务共享服务中心的岗位设计

在进行财务共享服务中心的岗位设计时，需要考虑以下因素：

财务共享服务

岗位与技能匹配：岗位不同，对员工的技能、经验要求不同。财务共享服务中心采用的是标准化的流程与操作，在每一个流程环节，都设有独立的岗位，每一个岗位的操作工序是不同的，都有其特殊的专业技术要求。

岗位与能力匹配：员工能力包括员工的专业能力、创新能力、沟通能力、学习能力等。在财务共享服务中心，有两类岗位：业务处理岗位和运营管理岗位。这两类岗位对员工的素质要求不同，业务处理属于操作性岗位，要求员工有熟练的专业技能，而运营管理岗位则要求员工有主动性和创新性。

岗位与空间匹配：在设置岗位时，应充分考虑员工的发展空间，包括岗位与岗位之间的空间距离，员工个人的发展要求。员工对发展空间的要求是多方面的，比如对职务晋升、薪资涨幅或者职称级别的提高，应根据不同情况设置岗位空间，考虑人才的挽留。

以图6-7中A公司的财务共享服务中心为例，该共享中心在不同的业务单元下，下设岗位如图6-14所示。

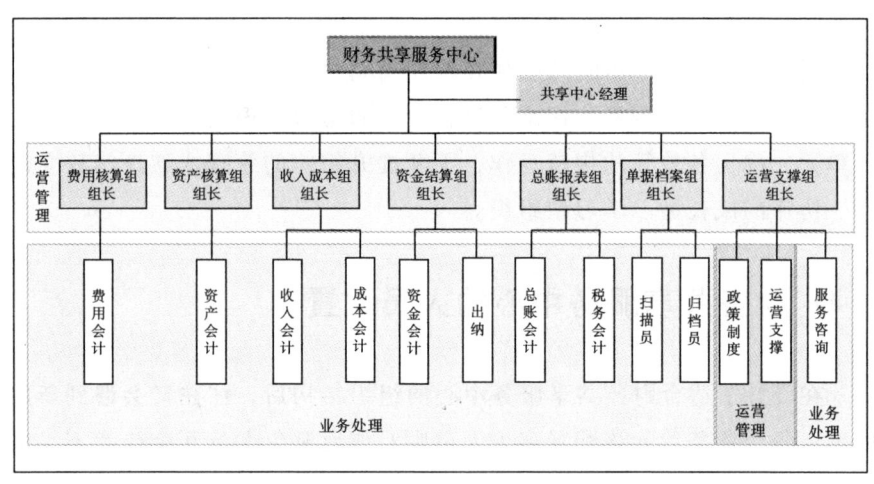

图6-14 A公司财务共享服务中心岗位设置

在A公司财务共享服务中心，岗位被分作两类：业务处理和运营管理。业务处理岗位的特点是重复性高、标准化程度高以及业务类型单一。这一类岗位要求流程化、标准化的管理，员工的晋升通道主要是业

第 6 章 组织和人员

务职称晋升。运营管理岗位的特点是业务复杂程度高、业务类型多样、对个人的学习能力和创新能力要求较高，对岗位进行个性化管理，员工的晋升通道可以是业务职称晋升，也可以是行政职务晋升。

6.4.2 财务共享服务中心人员编制测算

财务共享服务中心人员编制测算方法可以实现对各个岗位所需要的人员数量进行分析。基于岗位业务性质的不同，通常采用的测算方法主要分为三类：业务分析法、数据测算法以及对标评测法。

业务分析法——业务分析法是基于业务性质的特点，并结合现有管理人员及业务人员经验，进行分析评估，最终确定人员编制数量的方法。此方法适用于难以进行精确数据测算，且难以取得同口径对标数据的项目。

数据测算法——通过实测的方法确定一类标杆业务的业务处理时间，其他业务与标杆业务之间的关系通过多人评估并取平均值的方式进行确定。在业务量和工作效率确定的基础上，确定人员编制。此方法适用于能取得可靠业务量数据，并能够对单笔业务量所用时间进行测量的项目。数据测算法模型如图 6-15 所示：

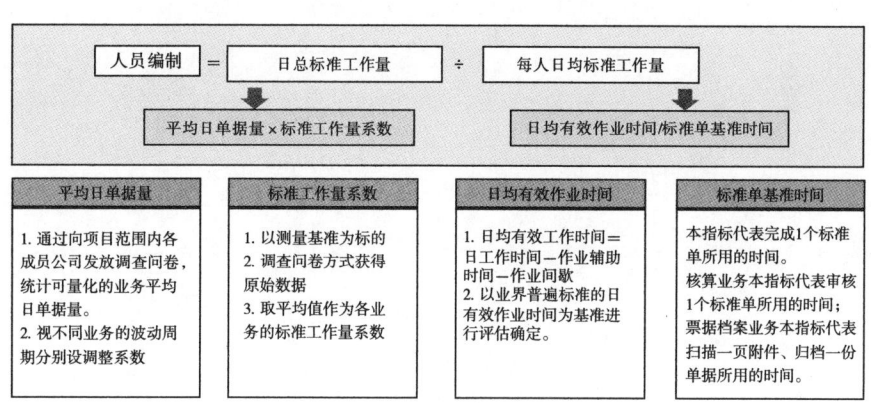

图 6-15 数据测算法模型

对标评测法——对于无法进行数据测算的业务，优先考虑选取相同或相近口径的其他单位的业务进行对标，并在此基础上进行估测。此方法与数据测算法相比虽不够精确，但仍具有较高的参考价值。

小结

财务共享服务中心的组织结构设计并不仅仅是简单的人员归置,作为一个新兴的组织形式,设计者需要考虑财务共享中心和企业其他财务组织之间的职能分工、在企业组织架构中的位置和汇报关系。财务共享服务中心内部组织架构的设计不仅蕴含了业务流程化运作和专业化分工的思想,还需在共享中心组织战略的高度和层面上进行统一和协调。

财务共享服务中心在发展的不同阶段,其组织战略随之不同,对组织内部结构的划分也会产生一定的影响。共享服务中心的建立初期,大多是以成本节约为主要目标,组织内部设计会强调专业化及流程化特点,最大程度发挥共享中心的效率,降低业务处理成本。随着组织成熟度的提升,财务共享服务中心组织将倾向于区别客户、区域或产品的更为细致的专业划分,这种架构可以使组织内员工针对不同的客户或产品,进行更为深入、全面的服务,从而大大提升共享中心的服务水平和客户满意度。财务共享服务中心组织的最终目标,是成为独立的经营实体,成为企业的利润中心,内部组织职能将更为丰富,划分出更多的专业服务小组,成为一个综合性业务服务中心。

第 7 章　财务信息系统

随着信息技术的飞速发展，企业面临的竞争环境发生了根本性变化，顾客需求瞬息万变，产品更新换代加速，竞争日趋激烈。在这种形势下，企业管理必须从粗放经营向成本控制转变，从部门管理到企业级协同管理转变，才能适应竞争形势的变化。

信息技术的快速发展以及企业经营管理对财务要求的不断提高，带来财务与会计领域的巨大变革。从财务会计到财务管理，每个财务领域的发展都离不开财务信息系统的支持。在这种背景下成长起来的财务共享服务，更是和财务信息化紧密相连，相互推动，共同成长。

7.1　财务信息系统概述

7.1.1　什么是财务信息系统

财务从本质上来说是一个信息系统。财务是企业所有业务数据的集成点，企业经营中的每一个事项和交易，相应的数据最终都会汇集到财务。财务的工作就是识别、收集、记录、加工、存储财务数据，生成所需要的财务信息，为经营决策者提供决策支持，以及向利益相关者报送、披露财务信息的过程，因此财务就是一个信息系统。它可以是基于纸和笔的手工系统，也可以是运用最新信息技术的复杂系统。无论采用哪种方法，其处理过程都是一致的，财务信息系统必须收集、输入、加工和报告数据与信息。[①]

财务信息处理的效率在一定程度上代表了财务管理的效率。财务信

[①] 马歇尔·B·罗姆尼、保罗·约翰·施泰因巴特著，张瑞君、程玲莎［译］：《会计信息系统（第12版）》，中国人民大学出版社2013年版。

息的获取需要信息技术的支持，可以说财务信息系统是收集、加工、处理和提供信息的工具。它不仅包括财务数据识别、收集和存储的过程，同时也是信息开发、测试和沟通的过程。因此，财务管理信息系统 FMIS（Finance Management Information System）可以定义为是一个对企业经营、财务运作进行管理、控制、监督，为企事业单位获取重要经济信息的计算机软件系统，这些信息连续、系统、全面、综合地反映和监督企业经营状况，并为企业管理和经营决策提供重要依据。财务信息系统，作为企业信息系统重要的组成部分，支持端到端的业务财务一体化运作，在业务交易与事项发生时，触发财务活动，记录业务过程，收集、加工业务数据，管理资金的流动，输出财务报告，并向管理者决策提供及时、有用的信息，提升决策能力（见图 7-1）。

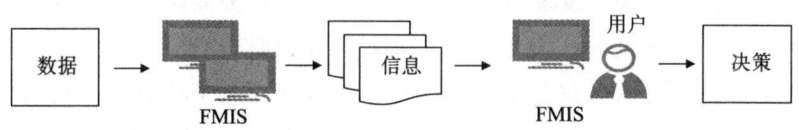

图 7-1　财务信息系统（FMIS）将数据加工成决策所需信息

7.1.2　财务信息系统的发展阶段

随着经济的快速发展、信息技术和管理技术的进步，财务信息系统也在不断发展。财务信息系统的发展经过了电子处理系统（EDP）、部门内信息集成、企业内的过程集成、企业间的过程集成四个阶段。

（1）电子处理系统阶段（EDP 阶段）

1954 年，美国通用电器公司使用电子计算机实现工资与成本会计核算，成为使用电子计算机辅助人们进行企业管理的开端。与此同时，在软件方面产生了独立于应用程序的数据文件系统及各种高级语言，管理信息系统雏形逐步形成，成为电子处理系统（electronic data processing，EDP）。EDP 阶段延续到了 20 世纪 60 年代末期，这个时期的计算机应用水平较低，开发的计算机应用功能也比较简单，着眼于代替部分手工劳动、降低劳动强度、提高劳动效率。计算机用于解决个别部门局部的计算与管理问题，如运用计算机处理工资计算、存取款、库存材料的收发核算等数据处理量大、计算简单且重复次数多的经济业务。在 EDP 阶

第7章 财务信息系统

段,还没有会计信息系统,只有多种互相独立的会计核算程序,一种会计核算程序仅能对应某项会计业务独立完成,不同程序相互之间不存在联系,更谈不上具备财务与业务一体化的基本理念。

(2) 部门内信息集成阶段

进入20世纪70年代,随着小型机和微型机的大量普及,以及局域网和数据库技术的出现,部门内部越来越多的功能环节开始使用计算机来加速业务处理。当部门内部的计算机应用达到一定程度时,人们开始考虑将部门内的各个计算机应用进行集成,使各个应用程序能够共享数据,这种集成可以称作部门内的信息集成。所谓信息集成,可以用"来源唯一、实时共享"来概括。来源唯一是指,任何数据,由一个部门、一位员工从一个应用程序录入,这样可以减少重复劳动、提高效率、避免差错、明确责任;实时共享是指,将数据存入统一的数据库,按一定规则处理,然后对相关人员授权,使他们能实时共享不断变化的信息,及时有效地执行业务或做出决策。

在这个阶段,会计信息系统突破了传统的数据范围,开始形成了整体性的会计信息系统;应收应付、成本核算、总账、报表编制等子系统有机地结合在一起,功能较为完备。但是这个阶段的会计信息系统仍然只是企业财务部门专用的信息系统,它在物理上独立于企业其他部门的信息系统;与其他业务系统之间形成相互独立的"信息孤岛"(见图7-2)。

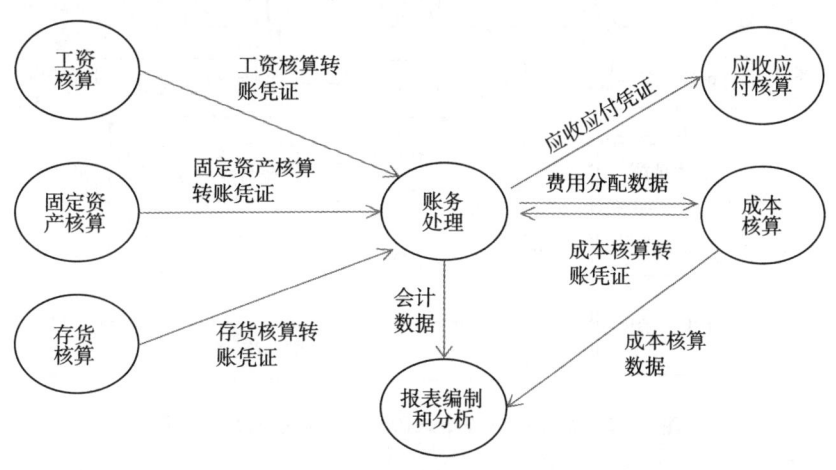

图7-2 部门级财务信息系统的功能结构

财务共享服务

(3) 企业内的过程集成阶段

20世纪80年代中期,客户/服务器体系结构逐步成熟,以企业资源计划(ERP)为代表的企业范围内的集成应用开始出现。信息系统除了早期信息系统的信息集成外,主要特征是过程集成,企业事务处理系统间的数据、资源实现应用间的协同工作,一个个孤立的应用集成起来形成一个协调的企业信息系统。会计信息系统则成为ERP系统的重要组成部分,这个阶段的会计信息系统是事件驱动型的信息系统,会计信息的采集、存储、处理和传输嵌入到业务处理系统中,实现在业务发生时实时采集详细的业务、财务信息,执行处理和控制规则,从而不仅能执行事后的统计分析评价,而且能够进行事中控制。ERP环境下的会计信息系统实现了业务处理与会计信息处理的集成、财务信息与非财务信息的集成,以及核算与管理的集成等,使会计信息系统从部门级系统升级为企业级系统(见图7-3)。

在这个阶段,财务信息系统作为整个企业管理信息系统的一个有机子系统,已经和企业管理信息系统高度集成。因此其设计目标充分考虑企业整体管理和决策的需求。

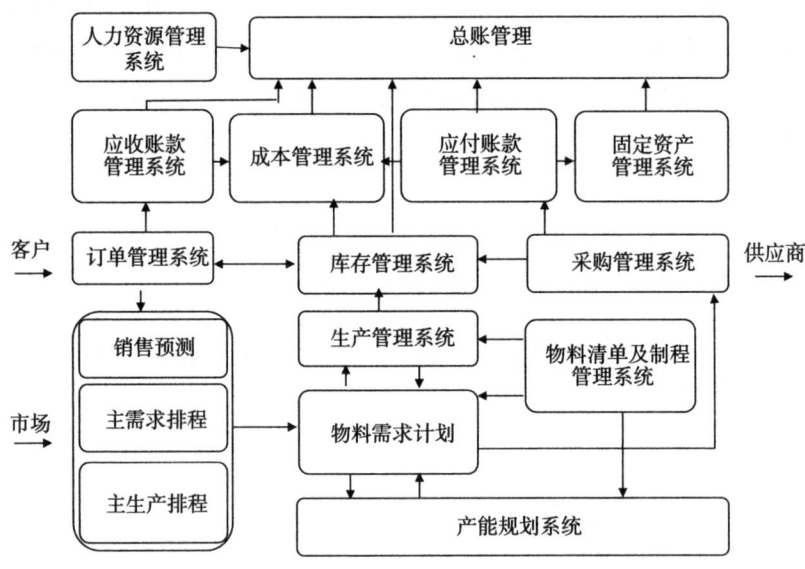

图7-3 企业内过程集成阶段财务信息系统示意图

(4) 企业间的过程集成阶段

第7章 财务信息系统

随着互联网及信息技术的发展，企业与企业之间的竞争逐渐演变为价值链与价值链之间的竞争，企业的业绩也越来越受到外部环境的影响，内部成本效益达到最优的一些企业仍然可能不成功，企业不仅需要了解并改进、协调每项内部职能，还需要在客户、供应商、第三方利益相关者之间建立高效的协作关系。为适应外部坏境发展的要求，会计信息系统不仅要与企业内部的业务执行系统紧密融合，而且要能够与企业外部的信息系统交换信息、协作处理，实现同一价值链上会计信息系统在逻辑上无缝连接。在该阶段，将企业内部信息系统与外部供应商的信息系统、与客户信息系统、与银行、事务所、税务局、其他政府监管机构的信息系统集成起来，形成一个集成化的网络（见图7-4）。

企业之间的过程信息集成使得企业能够更好地与供应商、客户等企业利益相关者建立良好的合作伙伴关系，从而帮助决策者更好地掌握市场变化，及时、准确、细致地了解企业内外部环境，让会计信息系统更好地辅助企业经营管理决策。

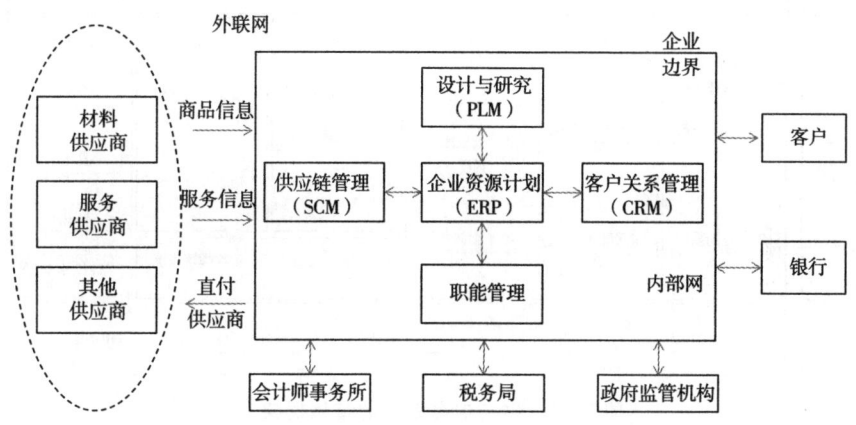

图7-4 企业间的过程集成阶段信息系统示意图

7.2 财务信息系统整体框架

业务的扩展和高速运行，对财务提出更高的挑战，在传统财务向战略财务、业务财务、共享财务职能转变的过程中，大量信息、数据的涌入使得财务必须要借助于强大的IT系统后台支撑，才能实现集中化、高效处理，从而完成采集信息、加工信息、提供信息的整个过程。

财务共享服务

财务信息系统作为企业信息系统的重要组成部分，通过应用创新的信息技术，支撑会计、资金、税务、管理等财务四大职能及九大财务流程（循环）在信息系统中的实现，助力企业财务的流程再造、组织变革，帮助企业实现财务转型。

财务信息系统在企业中扮演着两种重要的角色：一是支持财务业务流程和财务运营过程，提高财务业务运作效率；二是支持管理者做出更好的决策。财务活动可划分为三个层次：财务交易处理、管理控制、决策支持，企业的财务信息系统相应地也可以分为核算层、管理层和决策层三个层次，覆盖从业务系统数据采集、到财务作业处理、管理控制、以及经营决策信息的发布展现，全面支持财务循环及财务职能的实现。财务信息系统整体架构如图7-5所示。

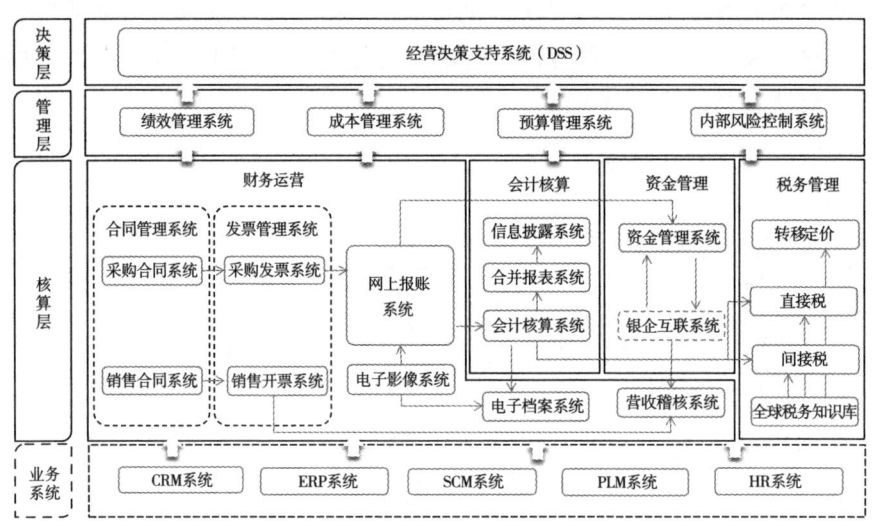

图7-5 财务信息系统的整体框架①

（1）业务层信息系统

业务层信息系统覆盖企业价值链的业务过程和管理过程，支持企业主要的业务过程。业务层信息系统主要为业务人员使用，但业务系统设计时，在业务需求基础上充分考虑财务需求，将财务所需数据和信息的采集节点放到业务前端，业务人员进行业务处理的过程中，产生的数据和信息

---

① 陈虎、孙彦丛等：《财务就是IT——企业财务信息系统》，中国财政经济出版社2017年版。

第 7 章 财务信息系统

自动流转至核算层财务信息系统。一般地,企业涉及的业务系统主要包括客户关系管理(Customer Relationship Management,CRM)、企业资源管理系统(Enterprise Resource Planning,ERP)、供应链管理(Supply Chain Management,SCM)、产品生命周期管理系统(Produce Lifecycle Management,PLM)、人力资源管理系统(Human Resource Management,HRM)等。

(2)核算层信息系统

核算层信息系统支持财务会计交易处理、财务报告、资金管理、税务管理的职能,主要处理源于企业业务系统与用于财务交易处理的数据,可以提供多种供企业内、外部使用的财务报告和财务信息。核算层信息系统可以分为财务运营系统、会计核算系统、资金管理系统和税务管理系统。其中:

会计核算系统提供公司股东、政府、债权人等所用的财务报告和信息,包括会计核算系统、合并报表系统、信息披露系统。会计核算系统支持财务会计循环,是会计凭证、财务信息自动生成、月末自动记账、过账、编制报表的系统平台,同时,通过合并报表功能处理复杂的股权关系业务和合并抵销等,出具合并报表和进行信息披露。会计核算系统包括狭义会计核算系统(从凭证到会计报表)、合并报表系统、信息披露系统等,替代了原始的手工账务处理和合并报表。

会计核算系统处于核算层系统的核心位置,与企业内外部各业务系统、财务运营系统、资金管理系统存在着复杂的数据交互关系。

资金管理系统是对资金流、资金调度、资金结算和运作管理的信息系统,和会计核算系统、业务系统、银行系统贯穿,实现资金的全流程管理。资金管理系统的功能一般包括:账户管理、资金计划管理、资金结算、银企互联、资金监控、银企对账、票证管理、债务管理、外汇管理等。银企互联是资金管理系统中的非常重要的功能,很多企业会先单独上一套"银企直连"系统,以提升资金结算效率。

税务管理系统是企业税务核算、税务申报、税务管理的财务信息系统,一般包括税务政策维护、税务数据的采集、税务核算、审核、汇总、税务报表、纳税申报以及税务预测、分析等功能,涵盖企业的间接税管理、直接税以及转移定价管理等内容,是企业税务管理和监控的平台。

而财务运营系统是财务信息系统中的"事务处理系统(TPS,

Transaction Processing System)",主要进行财务基础交易业务的处理,财务人员通过操作财务运营系统替代传统手工运作,收集、记录并处理财务交易事务产生的数据,并对财务基础数据信息进行统一管理,将财务嵌入业务处理过程中,在业务发生时采集财务信息,最终实现事中控制和事后统计分析评价功能。

(3) 管理层信息系统

管理层信息系统包括企业从战略到经营计划、预算管理、过程成本管理、绩效管理以及风险控制管理的相关信息系统功能和模块,其与企业的经营过程及管理要求紧密相关,包括预算管理系统、成本管理系统、绩效管理系统、内控&风险管理系统等。其中,预算管理系统是衔接公司战略和绩效考核的重要管理工具,它作为企业整体管理框架中的重要组成部分,一般包括预算编制、预算执行与控制、预算分析与考核等模块;成本管理系统覆盖价值链各环节的成本管理流程,可以助力企业提高成本竞争力;绩效管理系统围绕公司战略规划和经营目标设定,一般包括组织KPI指标设计、绩效监控、绩效考核、结果应用等闭环式管理;内控&风险管理系统(Governance,Risk Management,and Compliance,缩写GRC系统),涵盖了风险管理、内控管理、风险预警、审计管理等模块。

(4) 决策层信息系统

决策层信息系统为管理者提供交互式管理决策支持。从定义上来说,决策支持系统(Decision Support System,DSS)是为管理人员的决策过程提供交互式信息支持的计算机信息系统。决策支持系统使用分析模型、专门的数据库、决策者自己的洞察力和判断力、基于计算机的交互式建模过程来支持企业管理决策。经营决策支持系统强调的是对管理决策的支持。经营决策系统需要利用商务智能的技术。为了更加直观反映企业的整体经营状况,许多企业采用信息可视化技术以可视化的形式表现出来,采用仪表盘(管理驾驶舱)等图形展示工具,增强信息的可视性、可读性。

综上所述,财务信息系统是企业信息系统重要的组成部分,它通过现代信息技术与先进财务管理理念的融合,扮演着重要的角色:支持财务业务流程和财务运营过程、提高财务业务运作效率以及将数据转化为信息,帮助管理者做出更好的决策。财务信息系统的发展及广泛应用,

第 7 章　财务信息系统

改变了企业财务业务流程、组织模式，对财务业务流程、组织变革、财务人员、经营决策支持等方面，产生了深刻的冲击和影响。财务信息系统的发展将与信息技术的发展紧密结合，与时俱进，实现企业财务与业务的相辅相成，使企业在日益激烈的竞争中脱颖而出。

关于企业财务信息系统的具体各个系统的定位、架构、流程、功能模块、接口关系等，请参照财务云之三《财务就是 IT——企业财务信息系统》（中国财政经济出版社，2017 年版）。

7.3　财务共享服务的核心信息系统

财务共享服务是创新技术的融合体。财务共享服务的高效需要强大的信息系统支持，信息系统已成为共享服务不可或缺的组成部分，这些系统的设计以及与业务系统的集成关系着 SSC 的业务流程是否得到系统的有效支撑，也关系着 SSC 的运营效率和运作效果。在企业管理信息系统中，财务信息系统是各项信息的汇集点，所有业务信息系统，都将传递信息至财务信息系统。财务信息系统发挥的最重要的作用在于建立了一个平台，将财务共享服务中心制定的一切财务政策、制度、流程固化于统一的系统中，承载、加工、传递、存储数据，支撑集团的政策得到有效贯彻和落实。

7.3.1　财务共享服务核心系统

财务共享服务的定位主要是进行会计核算、资金、税务等基础交易业务的处理，并对财务基础数据信息进行统一管理，因此，财务共享服务核心系统平台所涉及的信息系统主要集中在财务信息系统整体功能框架中的核算层。

图 7-6 展示了财务共享服务核心系统平台在财务信息系统中所涵盖的具体内容及包含的主要信息系统，以及各个系统之间的接口关系。

企业有三大核心利益相关者：员工、客户、供应商。财务共享服务中心与员工的联接主要在员工费用报销流程，为员工提供方便、快捷的报销体验；与供应商的联接主要在采购到付款流程，实现从供应商管理、供应商对账，到发票处理、付款全过程的无缝连接；而订单到收款流程则是企业和客户之间建立的财务关联，实现从合同管理、发票开

财务共享服务

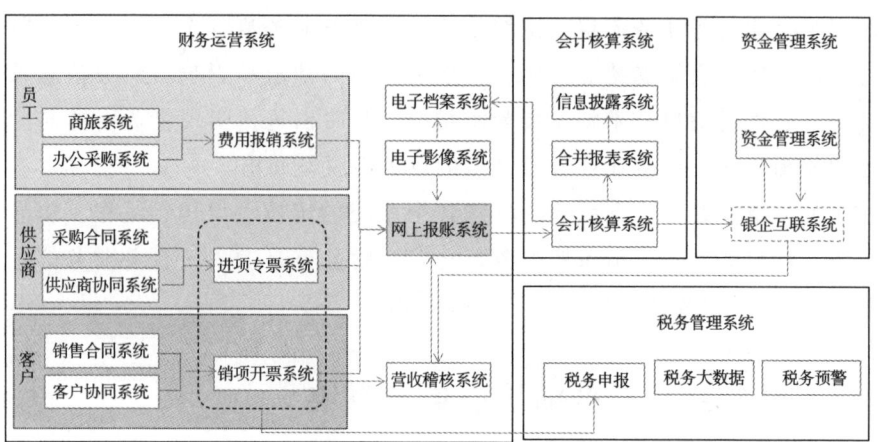

图 7-6 财务共享服务核心信息系统

具、应收确认、收款对账等全过程处理。

财务共享服务核心信息系统则包含了财务与员工、供应商和客户的交互的信息系统，如费用报销系统、开票系统、供应商协同系统等，通过网上报账系统传递信息到会计核算、资金及税务系统，最终满足会计核算、资金管理、税务管理等需求。

并不是所有的企业将框架图中涉及的信息系统全部建设上线，企业财务共享服务中心的信息系统才算完成。订单到收款、采购到付款、员工费用报销是共享服务中心面向客户、供应商、员工等企业核心利益相关者的最主要的三大流程。不同的行业、不同的企业，企业规模、员工人数、客户/供应商的数量、交易频次等指标不同，这三条流程主线的重要程度不同，需要的核心系统也会有所不同。

以电商行业为例，客户主要为大量的 C 端消费者，每天的发票开票量超过 100 万张，订单到收款流程（开票、收款、载款、对账等）则是最为重要的流程，如何快速准确开出发票并送达消费者、如何实现大批量收款与订单的匹配等是企业关注的核心；对大型商场或连锁超市来讲，供应商数量众多，供应商结算复杂，那么与供应商相关的从采购到付款的相关流程则为关注重点；而对某些高新技术企业来说，员工数量多，差旅等日常费用报销单据量大，那么面向员工的费用报销流程则显得格外重要。

企业需要根据所处的行业特点、发展阶段、经营模式、客户及供应

第 7 章 财务信息系统

商的交易情况等,确定适合自身的信息系统蓝图规划和推进计划。

7.4 财务共享信息系统示例

接下来本节财务共享服务相关核心信息系统的介绍,主要以通用的员工费用报销为例。图7-7展示了财务共享服务中心在员工费用报销流程中所涵盖的内容、核心信息系统以及系统间的接口关系,主要包括网上报账系统、会计核算系统、银企互联系统、电子影像系统、电子档案系统等。

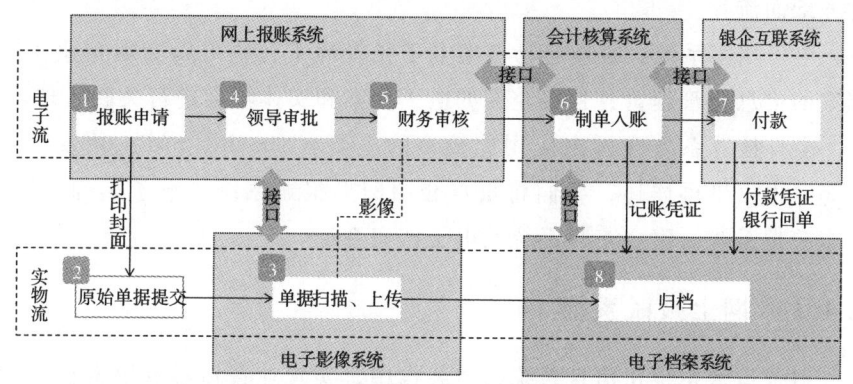

图7-7 财务共享服务中心员工费用报销流程涉及的主要系统

在员工费用报销过程中,财务共享服务核心系统可以帮助企业实现从单据在线提单、业务审批、财务审核、自动账务处理、款项支付、电子档案归档等全流程信息化的处理。具体来说,员工在网上报账系统发起报账申请,同时提交实物单据,单据经影像管理系统扫描上传后,经过业务审批的单据到达财务审核;审核完毕之后,账务信息转化成记账凭证传递至财务核算系统,同时向银企互联系统发送付款指令;银企互联系统支付完毕之后返回支付结果;电子档案系统则采集过程中产生的电子会计凭证资料统一管理。其中各系统概况如下,后续章节将详细介绍。

网上报账系统:作为财务运营系统的核心信息系统,网上报账系统是财务相关信息收集和传递平台,是实现报账信息采集、审批、传递和财务审核以及账务的自动处理的信息中转系统。

财务共享服务

会计核算系统：是财务人员进行记账凭证编制、自动生成财务信息、月末自动记账、过账、生成报表的系统平台，替代了原始的手工做账。

银企互联系统：是企业财务软件系统与银行网上银行系统在线连接的接入方式，整合银企信息和系统资源，使得企业结算更加高效、便捷，保证资金安全。

电子影像系统：电子影像系统是实现票据信息采集、影像传输和集中管理的平台。它可以通过将纸面单据扫描，生成电子影像替代纸面单据作为流转要素，以信息系统承载业务处理流程，以电子流程替代传统财务纸面流程。

电子档案系统：企业会计档案电子化管理平台，可以实现企业实体档案的信息化管理，并且将企业的电子档案和实体档案进行关联管理。

会计核算系统在国内应用比较多的主要有Oracle、SAP、用友、金蝶等，本书不再详述，我们将重点介绍网上报账系统、电子影像系统、资金管理系统、银企互联系统及电子档案系统。

7.4.1 网上报账系统

财务运营系统在信息系统整体架构中，实现业务流程和财务流程的有机融合。而网上报账系统作为财务运营系统的核心，承载了几乎所有财务运营信息的流转功能，前端连接销售管理、合同管理、采购管理等业务系统获取报账信息，后端向会计核算系统、税务管理系统输出相关信息。

（1）网上报账系统产生的背景

通信、网络的飞速发展冲击着企业的生产作业方式，给企业运作带来革命性的改变，也推动着企业财务的事务处理和管理模式走向网络化。传统的会计信息系统已经实现了从记账凭证编制到形成会计报表的自动化信息处理，但主要的应用还是基于对手工会计处理过程的高度仿真。网上报账系统（也被称作电子报账系统）作为财务系统框架中重要的一环，将会计信息系统从编制记账凭证提前到了业务流程中，大大降低了财务基础工作量，使得财务处理效率大幅提升。

如果说会计从手工方式转变为会计电算化是IT技术应用于会计的第一次革命，那么，建立集成的网络财务系统，实现网络报销、网上数据

第7章 财务信息系统

收集则是会计的再次革命。

传统报销模式下,无论是报销的员工还是审批领导,直至财务处理人员,均会感受到流程的低效。公司与供应商的往来,公司与银行的交割,公司与员工的内部结算都是基于实物进行的,依赖大量的纸面单据和手工签字。这种日常运作方式代表着传统的财务管理观念和模式,使得财务管理在空间上限于一地,在时间上无法实时进行,工作效率也处于较低的水平,给员工和财务人员带来巨大压力。这种方式已越来越不能适应公司的高速发展和我们的高效工作方式。以纸质报销单作为介质的传统费用报销模式,使财务人员不得不面对其暴露出的成本高、效率低、意见多、矛盾大等问题。由此可见,传统报销方式的很多缺陷使得很多大中型企业费用管理不能满足需求(见图7-8)。

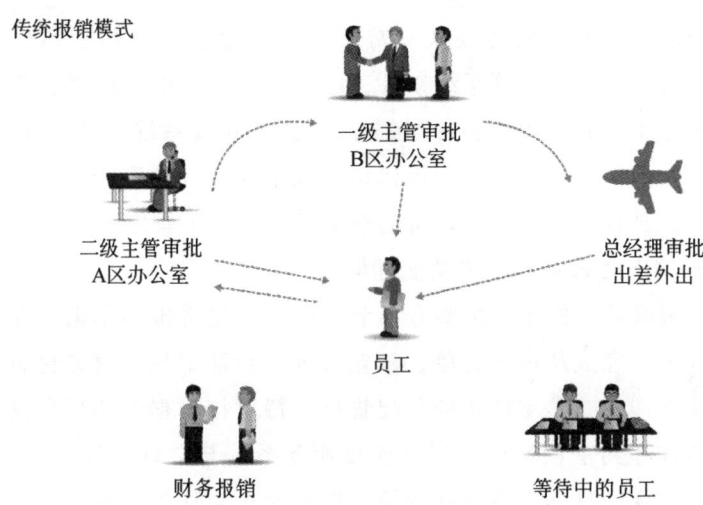

图7-8 传统报销模式图

网上报账系统的产生,解决了传统财务报销模式下所面临的各项问题。网上报账模式下,员工填写报账系统中的电子报销单据,员工的姓名、部门、账户等基本信息直接由系统生成,无需拿笔一张张填写报销单。填写后的电子单据,系统会直接提交到员工的上级领导,在领导以数字签名方式进行审批后,报销单就直接发送到公司的财务部门,看到领导的签字和财务审核记录,财务记账人员和出纳分别完成凭证记账工作和财务付款工作(见图7-9)。

财务共享服务

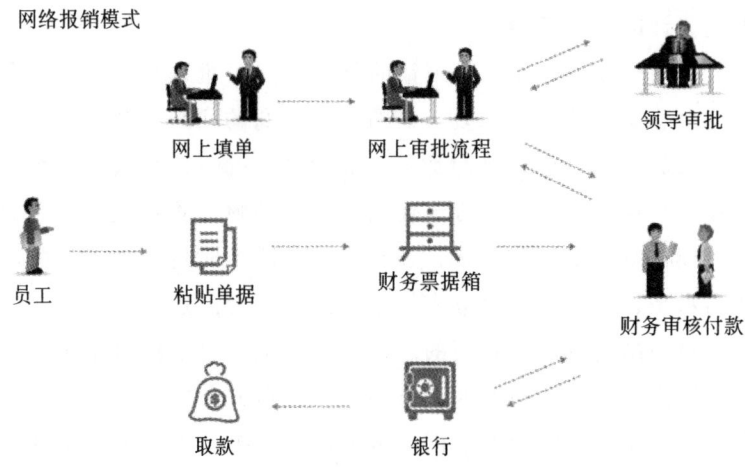

图7-9 网上报账系统模式图

在国内财务共享服务模式趋势下,财务信息系统的使用也更趋多样,除了传统的会计核算系统以外,应用最为普遍的系统是预算控制及网上报账系统(也叫电子报账系统),其次是影像系统和资金管理系统。由此可见,网上报账系统作为现代信息技术与会计的融合,颠覆了手工报销模式,是目前最被企业认可的财务信息系统工具之一。

(2)网上报账系统总体功能框架

网上报账系统的定位主要有三个方面:一是将报销单据由原来的纸面转向线上,完成从员工提单、领导审批、会计审核、财务付款等全流程电子化处理;二是支持任务分配管理,待审核单据到达任务池,自动分配审核任务到审核会计;三是连接业务系统与会计核算系统的桥梁,根据既定的规则自动生成会计分录,批量导入会计核算系统(支持多法人批量导入)。

网上报账实现"业务申请"、"员工报销"、"业务审批"、"财务审核"、"任务分配"、"账务生成"的全过程管理,同时为各个层级用户提供丰富的查询分析功能。费用预算实现费用预算从资金计划申报,到执行控制、分析考核的闭环管理,通过费用预算与网上报账的联动,实现对网上报账的各个业务环节进行实时预算控制。此外,网上报账系统提供了员工报账门户功能,能够和企业现有系统集成,实现方便、快捷、安全的单点登录。目前,越来越多的网上报账系统产品除了支持WEB网络端接入外,还支持手机、PAD、微信等多平台的审批查询,最终达到财务业务一体化管理应用。见图 7-10。

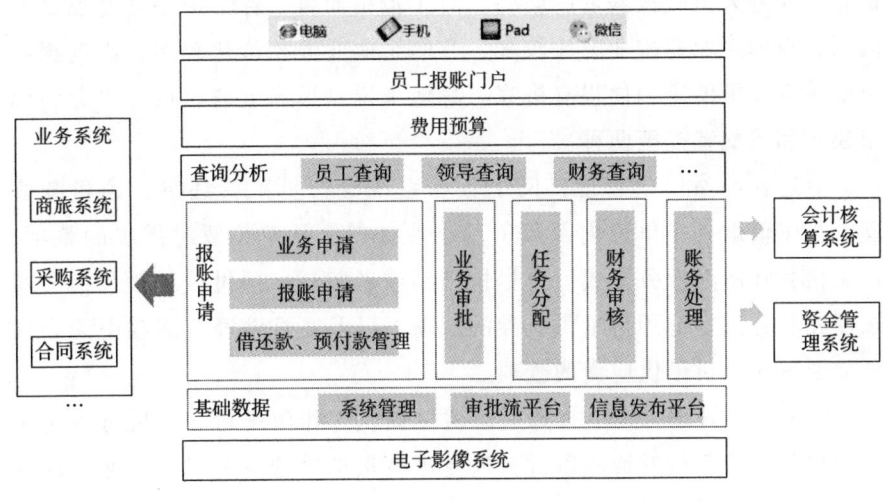

图 7-10 网上报账系统功能框架图

（3）网上报账系统具体功能介绍

费用预算：费用预算管理是组织、目标、过程控制的有机统一，通过费用预算管理模型的应用，树立企业全员费用预算意识，加强费用管控，降低企业费用成本，提高企业竞争力。通过网上报账系统实现的预算控制分为额度控制和预算控制两类。额度控制指员工的部分报销事项存在额度要求（额度上限或标准额度），对此类报销需要在网上报账系统的单据模板中进行额度控制，如出差住宿费、伙食补助等；预算控制指网上报账系统将报账单据中与预算相关的需要进行预算控制的报账项目信息提供至预算管理系统，预算管理系统对需要进行控制的数据进行检查核实后，将预算控制结果返回网上报账系统，从而实现后续的预算控制。

业务申请：业务申请是指员工对某一业务事项的申请，例如出差、采购等，这些业务一般都需要在执行完成后进行报销。单位可以规定某些报销必须经过事前业务申请，在费用报销的时候，相关报销单会与业务申请单进行关联。网上报账系统一般可提供费用类、资金类事项的业务申请功能，但物资采购类、工程结算类等其他类的业务申请更多在独立外围的业务系统中提出，员工在网上报账系统中提交单据进行报账申请时，需要关联其相关的业务申请单据。

财务共享服务

报账申请：报账申请环节实现了财务报账信息的原始采集，完成了信息自业务人员直接获取的问题。对于报销而言，各个企业的特点是不同的，有的企业差旅业务比较多，有的企业业务招待比较多，因此报账申请单据模板的定制便很有讲究。总地来说，报账申请模板可以分为固定模板和可配置模板两种。

借还款、预付款管理：网上报账系统支持员工借还款、预付款管理。员工借款是指单位内部员工基于业务需要从单位暂时借出的款项，员工借款在所办业务完成后应尽快核销或者归还。预付款一般包括公司按照相关合同规定预付给供应商的款项，以及在日常经营活动中无合同而需要预先支付给供应商的款项。

业务审批管理：网上报账系统通过提供工作流平台，实现可视化定义跨单位、跨部门的流程审批。领导进行报销单据审批时，可通过网络或移动终端在线进行操作，不受时间和空间的限制，同时审批过程电子化、流程固化，有利于报销制度规范的执行。随着移动办公技术的发展，网上报账系统已可支持移动审批，实现了多个平台工作流的待办任务审批、驳回、查看单据、查看日志、查看流程图等功能，满足及时性和便捷性的需求。

任务分配管理：网上报账系统可将各种待处理的业务以任务的形式放在作业池中，由作业人员以单据提取模式从作业池中提取待处理单据，通过灵活设置各类任务分配规则，将系统内各类单据在各组织与用户间进行分工，并对任务的处理过程进行详细记录，以备后续对单据的处理结果进行绩效考核。

财务审核管理：财务审核工作主要是针对已经通过领导审批过的单据，进行财务的审查。审核完成后系统可自动发送付款信息到资金管理系统完成付款的业务办理，同时可根据系统中预设的凭证模版在核算系统中自动生成财务凭证。

账务处理：账务处理功能具体包括财务数据的预处理、状态管理和银行支付文件三个子功能。财务数据的预处理功能就是对待导入核算系统的数据按照系统对各个字段的要求逐个校验，以达到核算系统自动生成会计凭证的要求。状态管理功能是对单据从网上报账系统导出过程中的各个状态进行管理，能够对单据的状态进行监控和异常处理。财务审核和账务处理完毕后，网上报账系统可根据银行所要求的数据标准格式

第7章 财务信息系统

生成付款文件,通过网上银行支付文件上传的方式或者银企互联方式将系统数据传递至银行,完成最终的支付业务。

查询分析管理:网上报账系统针对业务人员、业务领导、财务人员均提供了丰富的报表查询分析功能,当网上报账系统与前端业务系统对接报账信息时,还可层层穿透到原始单据和电子影像,员工可查询到前端业务系统的一些重要信息。例如:当网上报账系统与合同管理系统对接时,系统可支持费用合同执行台账查询,实时查询合同执行详细情况。

移动应用:网上报账系统的移动报销及审批功能主要基于移动互联网随时随地、快速的信息传递特点,将报销申请、审核、查询、流程监控等过程连接起来。通过整合移动设备以及第三方信息,为用户整个费用活动提供人性化服务。

基础数据:包括系统管理平台、审批流平台、信息发布平台,网上报账系统中的基础信息主要包括人员、公司组织的基础信息以及和报销相关的业务规则。网上报账系统维护完成基础数据后,通过系统管理平台进行权限控制、组织架构、基础数据的维护;通过审批流平台定义各种系统审批流程,确保电子审批流的正常流转;通过信息发布平台发布报销相关的规章制度,供员工进行调阅。

(4)网上报账系统实施意义

网上报账系统拥有高度的可集成性,与预算管理系统对接,实现预算的实时管控;与会计核算系统对接,实现账务的自动生成;与银企互联系统对接,实现不落地的付款支付;与电子影像系统对接,实现高效的影像流转;与其他前端业务系统对接,实现业务信息的自动采集。网上报账系统的出现,可以很好地帮助企业加强内部控制、提高资金使用效率、降低资金风险、提升财务处理效率、提升员工满意度等,由于其自身技术的先进性,已在我国财务处理工作中得到迅速普及。

【案例】 中兴通讯网上报账系统

中兴通讯股份有限公司成立于1985年,是深圳、香港两地上市的中国最大的通信设备商,服务于160个国家的500多家运营商和客户,致力于为全球客户提供满意的个性化通讯产品和服务。中兴通讯具有丰

财务共享服务

富的信息系统管理经验、强大的IT系统集成能力、强大的开发平台、快速定制能力，拥有世界级的财务经验和国内领先的共享服务建设团队，是客户长期的合作伙伴和服务支持团队。

2005年开始，中兴新云·财务云开始为企业一整套的财务共享服务的管理咨询和系统搭建服务。截至目前为中国移动、海尔集团、中交广航局、中车时代电气、南方航空、中信银行、西电集团等上百家企业成功实施应用了网上报账系统，见图7－11。

中兴通讯 网上报账系统界面

系统首页　　　　　　　　　　　　　功能导航

图7－11　中兴通讯网上报账系统界面截图

中兴通讯的网上报账系统，实现从员工提单、领导审批、任务分配、财务审核、账务处理（对接核算系统）、查询分析，可与会计核算系统、资金管理、预算管理、电子影像管理、电子档案管理等系统集成。中兴新云·财务云网上报账系统的特点如下：

● 支持企业全球化、集团化的业务需求，可实现多语言界面定制和售后服务，多层级组织架构审批；

● 融合了中兴通讯及客户的最佳实践和管理经验，即把管理理念和业务实践融合到信息化平台中，实现了管理要求和先进技术的高度融合；

● 基于SOA技术平台框架，实现技术平台的标准化，可与外部账务核算系统（Oracle ERP、SAP、金蝶、用友、浪潮等）、网络银行、OA审批系统、HR系统、邮件系统等实现全面集成；

第 7 章 财务信息系统

- 实现账务流、票据流、资金流、信息流的统一,达到了业务、财务、资金一体化。

7.4.2 银企互联系统

(1) 银企互联系统概述

随着企业经营理念的转变和财务管理水平的不断提升,企业对资金管理的要求更加高效、准确、安全。银企互联系统是指将网上银行系统与企业的财务软件系统相连接,从而在封闭通道中进行数据交互的系统。银企互联通过因特网或专项连接方式,实现了企业财务信息系统和银行系统的有机融合和平滑对接,帮助企业建立与银行安全通畅的信息交互通道。

一般地,企业网上报账系统中形成的应付数据,流转至会计核算系统,形成待付款状态,通过银企互联系统,将款项成功支付给员工或供应商,银企互联系统将回写付款结果,传递至会计核算系统中自动形成付款分录。在收款流程中,从银企互联系统中查阅到有款项到账后,反馈至核算系统中,完成收款的核销和入账。在这个过程中,账务处理自动完成,收付款操作规范,减少了人工干预,企业的资金使用透明化,资金安全性得到保障,可以显著提高资金收付效率。见图7-12。

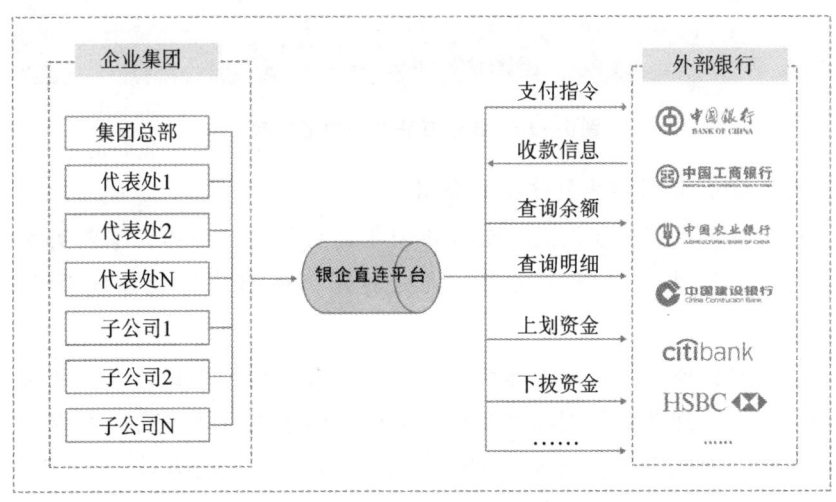

图 7-12 银企互联系统体系架构

财务共享服务

银企互联系统通常与资金管理系统共同构成企业的资金管理平台。银企互联系统可以单独建立，直接与企业的核算系统交互，也可以作为企业资金管理系统的一部分，通过资金管理系统的统一接口，与企业内部其他系统对接。

（2）银企互联系统总体功能框架

银企互联系统以标准技术接口方式，整合银行核心业务，为大型企业提供个性化的网上银行服务。通过银企互联系统，企业可以实现转账支付、监控对账、查询统计等多项与银行有关的功能，有效降低企业财务管理成本，提升资金管理水平。银企互联系统可以说是真正意义上的把银行搬进企业，随时为企业提供资金信息。银企互联系统功能框架如图7-13所示。

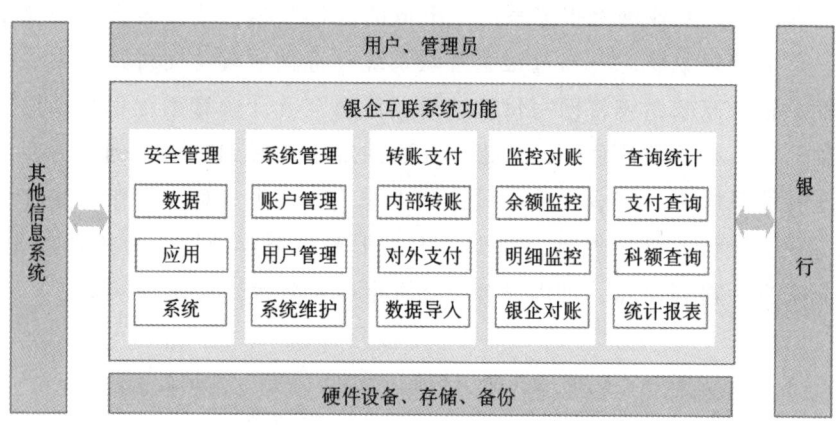

图7-13 银企互联系统功能框架

（3）银企互联系统具体功能介绍

银企互联系统的建设需要银行和企业之间的密切协作，主要实现账户管理、转账支付、资金划拨、监控对账、查询统计及系统管理等功能。

①账户管理：与资金管理系统中的账户管理功能相比，银企互联系统中的账户管理功能范围相对较小，主要倾向于银行账户的属性维护等功能。账户属性主要包括账户ID、组织名称（分支机构）、组织代码、开户行、账号、科目、币种、账户名称、支付限额（收入户除外）、更加细化的账户收支权限、账户之间的层级隶属关系等。

②转账支付：在银企互联系统的支持下，报销数据从网上报账系统

第7章 财务信息系统

推送至资金管理系统，进行多级授权后，再集中生成付款指令发送银行支付，全过程支付操作不落地。资金支付全流程业务透明，业务监管和检查由事后变为实时，有效杜绝了支付环节面临的资金风险。银行支付完毕后，资金数据实时回写，企业内部系统中能够实时反映账户资金变化状况，便于企业财务监控和决策。

③资金划拨：资金划拨主要是处理公司内部账户之间的资金划转，实现集团一级账户与二级账户之间收入账户资金归集、支出账户的透支填平或资金拨付等功能。支持批量调拨功能，即一个账户可以同时对几个账户进行划拨，资金划拨主要包括资金上划和资金下拨。资金的上划归集可以通过与银行签订资金自动归集协议的方式进行银行方自动归集。基于增强资金上划功能，系统可配置多种上划策略，可以由企业方发起进行操作。若使用签订协议的方式，则由银行方发起操作，企业方能够查询账户余额、明细，用于对账。

④监控对账。系统主动抓取会计核算系统的记账单和银行系统的银行日记账，依据关键字段自动对账，并制作余额调节表，实现了企业资金管理系统和银行业务处理系统的有机联接，整合了银企双方的系统资源。银行账户的资金流入和流出实时传递至会计核算系统，实现了资金流和信息流同步传递，解决了长期困扰企业的银企账务信息不一致的问题，为企业财务决策提供实时、准确、全面的资金信息支持。

银行方实时或定时将企业账户余额及变动明细生成数据通过银企互联接口发送给银企互联系统进行处理入库，资金变动入账，并按日、周、月等自定义的周期接收银行方与会计核算系统所提供的对账单明细数据进行自动核对。

⑤查询统计。银企互联系统作为集成智能的资金管理中介平台，能够实现多维度的信息查询。根据企业的个性化需求，系统可以按照组织、银行、账户、账户属性、交易类别等各种维度统计资金数据，并可按指定期间生成流量统计、余额统计等维度的报表。

⑥系统管理。基于系统安全性原则出发，银企互联系统的所有用户均不与其他系统共用，全部进行单独管理、单独维护。一般系统初始化时会设置两个系统管理员权限和一个业务管理员权限，系统管理员拥有对操作及审批用户进行管理的权限，但不能拥有资金操作的权限，并且所有管理员操作均需要另一个管理员确认通过后方可生效。业务管理员

拥有业务基础数据的管理维护及相关审批阀值等策略管理的权限，同样不拥有资金操作的权限。

（4）银企互联系统信息对接管理

银企互联系统处于核算层，对内与企业资金管理系统相连，通过资金管理系统将资金相关数据传递到企业的会计核算系统、网上报账系统等其他系统，形成完整的资金信息链。银企互联对外与各商业银行业务系统对接，银企互联系统对接框架如图7-14所示。

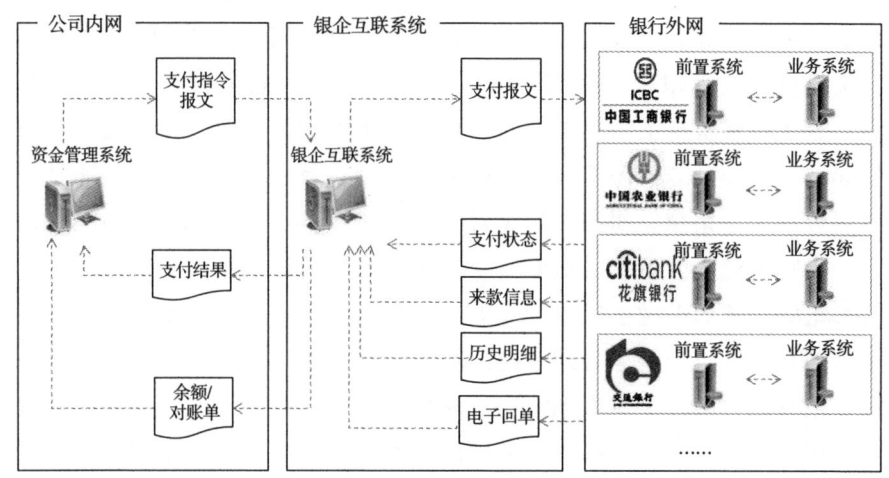

图7-14 银企互联系统信息对接框架

①与资金管理系统对接。银企互联系统作为企业资金管理系统的一部分，通过企业资金管理系统与企业内部的其他系统对接，接受资金支付指令，并将资金支付状态和来款数据反馈至企业内部系统。通过银企互联系统将会大大减少手工录入付款可能产生的错误；依照资金集中管理改造后的支付流程，付款环节执行权、控制权和监督权相互分离，控制支付风险；支付管理建立了企业和银行安全通畅的信息交互通道，帮助企业快速高效地在客户端通过调用数据接口完成各项指令，资金支付效率大大提升。

②与外部银行对接。企业的资金结算最终都要由银行来完成，银行是银企互联系统后端最重要的信息对接。企业通过银企互联系统向银行发起资金操作请求指令并获取银行执行结果，银企互联系统从银行获取所查询账户余额、明细变动、对账单等信息，协助资金管理平台获取资

金信息，并完成银企对账，同时银企互联系统从银行分类获取电子回单，作为企业的入账依据或电子档案。同时，通过建立企业收支指令和银行收支动作的一对一匹配关系，实现企业和银行的无缝对接，最终实现企业的自动对账。

（5）银企互联系统的实施意义

资金是企业生产、经营和发展的首要资源，强化资金管理是实现企业价值最大化的基本要求。建立银企互联通道，可以提高资金运营效率；同时也可以帮助企业形成一个数据实时的资金数据网络，有效支持内外部管理部门的分析决策、风险控制和大数据应用。银企互联系统还可以和企业的电子发票、电子档案系统进行对接，实现自动校验和风险控制，以更加广泛的触角进行数据的融合和应用。

7.4.3 电子影像系统

电子影像系统作为一个单据影像采集、管理、传递的信息系统工具，一般与网上报账系统作为一个整体，与其他财务信息系统存在数据的交互关系。具体来说：电子影像系统可从采购发票系统等前端系统采集电子影像，向网上报账系统提供电子影像进行电子流运转，最终电子影像汇至电子档案系统进行实物和电子凭证的匹配归档。

（1）电子影像系统产生的背景

伴随着财务报销的集中化、电子化，财务核算工作量将陡增，为了提升工作效率，需要建设以财务辅助功能为核心的影像功能，将合同、报账、财务核算等横跨预算、核算、结算等环节的各类凭证实物单据转换为电子影像，实现凭证单据电子和实物管理的结合，提升财务核算、凭证单据管理的效率，因此电子影像系统应运而生。

（2）电子影像系统总体功能框架

电子影像系统工作全流程包括影像采集、条形码识别及分组、影像上传、实物单据跟踪等四个环节。因此电子影像系统一般包括四个主要功能模块：影像采集模块、影像传输模块、影像处理模块和影像查询模块。其中：影像采集模块包括了影像扫描、条码识别、条码分组和智能图像处理功能；影像传输模块包括影像上传和影像安全功能；影像处理模块包括影像审核、影像退回及修正功能；影像查询模块包括影像调阅、考核统计和影像日志功能。电子影像系统功能框架如图7-15所示。

财务共享服务

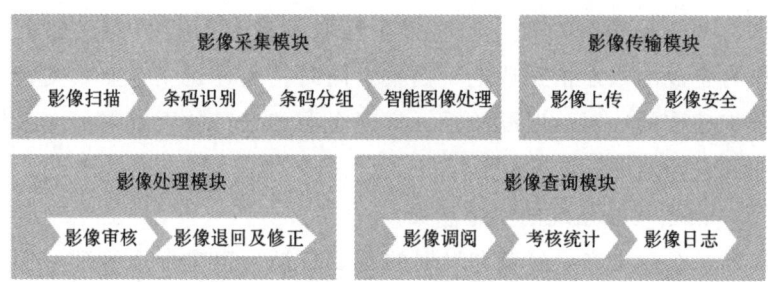

图7-15 电子影像系统功能框架图

(3) 电子影像系统具体功能介绍

①影像采集。影像采集模块是电子影像系统中最为基础但也是最为必要的一个模块,它是影像系统其他模块运作的前提。影像采集模块包括影像扫描、条码识别、条码分组和智能图像处理四个功能,它将纸质的票据按页扫描传入系统,并通过条码将其区分为一份一份的单据。

影像扫描:影像扫描实现的是通过电子影像系统软件和扫描仪的配合,将影像捕获的过程。由于各个厂家扫描仪的驱动和底层技术有所差异,影像扫描通常采用定制或通用两种模式。在有些影像扫描系统的产品中,还集成了专业的影像采集组件,能够对捕获的影像进行二次优化。采用这种方式的影像系统具有更高的兼容性,并且能够获得压缩比和图片质量双重的提升。

条码识别:条形码是影像文件的唯一性标示,影像系统采用符合国际通用的制式,按照预先设定的条形码规则产生,同时条形码可以向外围业务系统(如网上报账系统等)传递。电子影像系统中获取的影像在和其他应用系统进行关联时才能发挥最大的作用。因此,目前系统均通过对票据进行条码管理的方式,实现实物和其他系统数据的管理。条码是通过坐标和参数的方式锁定识别区域来进行识别的。条码识别如图7-16所示。

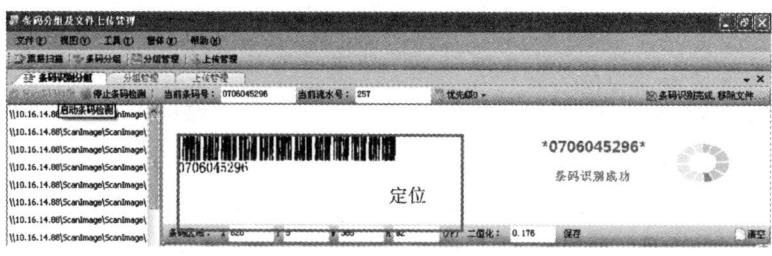

图7-16 条码识别示意图

条码分组：扫描过程中，系统会自动识别文档资料中的条码，将识别结果作为图像的索引数据进行保存。同时，根据条码识别的结果可以对图像进行自动分组操作，扫描的影像是按扫描顺序进行记录的，将有条码的图像及后附的无条码图像自动划分为一份独立的票据组，当新条码出现时，触发生成一份新的票据组。条码分组如图7-17所示。

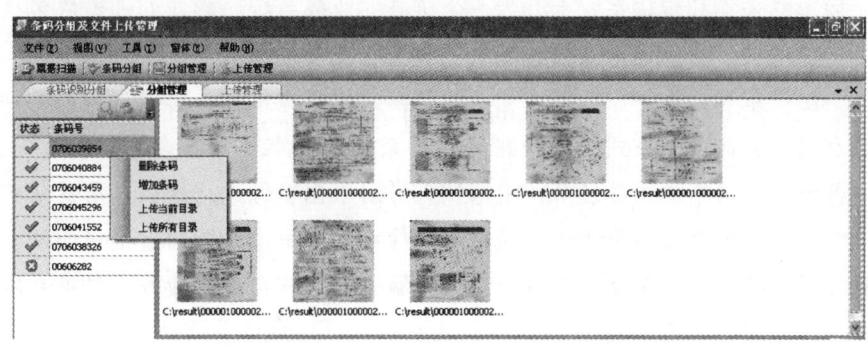

图7-17 条码分组示意图

智能图像处理：影像采集模块可提供强大的图像处理功能，并充分利用集成设备的特性实现影像效果优化。扫描操作员通过图像处理功能可以实现图像的合并、旋转等操作。这些功能能够有效地保证图像的质量。此外，最新的智能OCR技术和智能版面分析技术，将自动判别分类增值税专用发票，并智能提取增值税专用发票的关键要素信息，供其他业务系统进行数据利用，较大程度上节省人工录入的时间，同时降低了手工录入错误的风险。

②影像传输。影像传输模块解决了影像向服务器的上传和影像安全问题。

影像上传：在影像上传功能中，影像可以采用即时上传和定时上传两种模式。影像上传模式对如何充分利用网络提出了较高的要求，因此，在设计系统时要充分考虑上传模式的选择问题。影像上传提交完毕后，服务器端可对接收内容进行自动校验，保证上传数据的完整性。此外，影响影像上传速度的另一个重要因素为图像压缩技术，一张普通的A4纸张，文件大小控制在50KB以下会比较理想，其扫描上传速度、图像浏览速度等用户体验会比较好。

影像安全：扫描端在提交影像上传后，系统可自动读取后台所配置的扫描点信息，并根据读取的信息来连接对应的服务器站点，相关操作无需人工干预。此外，整个影像传输过程中采用加密的格式进行影像文件传递，确保数据在网络传输过程中的安全性。

③影像处理。影像处理模块是电子影像系统中对业务处理进行辅助支持的模块，它的存在使得电子影像系统得到了相当的价值附加，使其从一个简单的采集和传输系统上升为一个核心的业务系统。影像处理模块包括了影像审核、影像退回及修正两个主要功能。

影像审核：电子影像系统支持两种模式的影像审核：影像流程内的稽核和通过影像调阅方式协同报账等业务系统进行审核。影像流程内稽核：影像流程内可增加稽核环节，由稽核人员对单据影像进行稽核，可针对不同的业务类型来设定是否进行稽核。影像调阅：影像系统通过接口向网上报账系统等周边业务系统提供影像调阅服务，审核会计等业务人员可在网报系统内进行影像调阅。

影像退回及修正：影像退回和修正主要解决在影像质量出现问题后的退回修改问题。在影像查阅的过程中，审核人员如果发现影像存在需要变更的情况，可在影像查阅页面上直接发起影像评价操作，并且限定能够编辑的影像范围，提示当前单据存在的问题，方便扫描员进行单据影像整改操作，如补扫、重扫、替扫等。当扫描员重新扫描后再上传至服务器后，系统可提供二次审阅的视图，便于审核人员快速对需要审核的相关单据进行审阅。

④影像查询。电子影像系统提供统一平台化的影像查阅调阅管理模块，用于报账单影像查阅、各类考核统计分析和影像操作日志查询。

影像调阅：影像调阅主要是指对影像采集并传入系统中保存的单据影像进行调用，电子影像系统提供了丰富的影像检索页面，不同用户角色拥有不同影像查阅的权限。

考核统计：电子影像系统通过支持影像扫描业务量、影像处理时间、审核时间等系统数据的查询，可实现考核统计的业务功能，其有力地支撑影像及数据的查询和调用，使财务人员进行业务查询与处理，以及数据的汇总与分析工作时更加方便、快捷、准确。影像数量统计报表如图7-18所示。

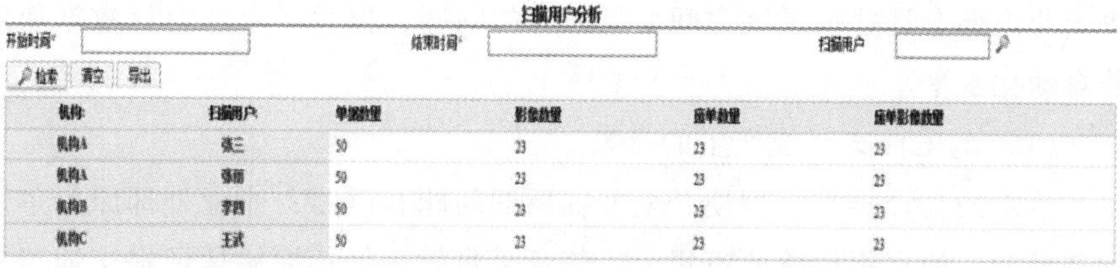

第 7 章 财务信息系统

图 7-18 影像数量统计报表示例

影像日志：电子影像系统可自动记录所有重要操作的相关信息，将这些信息作为系统日志进行保存。这样可以使系统具有很强的可追溯性，保证系统的重要操作都有迹可循。电子影像系统通过向管理员提供日志查询菜单、用户登陆日志、操作日志、系统故障日志、影像评价日志等，可实现系统跟踪记录所有用户、所有操作的信息，最终达到信息监控的目的。

（4）电子影像系统实施意义

电子影像系统与网上报账系统作为财务共享服务中心的关键信息系统，一般作为一个集成整体发挥作用。员工在网上报账系统中提单报账后，电子影像系统进行单据扫描生成影像，系统通过条形码对接完成影像和报账单的匹配；单据提交后，单据和影像系统均在预置的系统流程管理中进行任务推进，并完成状态的更新匹配；在审批审核环节，相关人员可在网报界面中查看电子影像，据其完成业务处理。最后，实物单据经过扫描上传后即可进行后续的财务归档工作。

电子影像系统的实施，以单据的电子流替代传统的纸面单据传递，解决了实物票据流转、原始凭证无纸化调阅、境外单据离岸处理、业务处理分工等问题，大大提升了财务核算、凭证单据管理的效率以及档案管理水平。

7.4.4 电子档案系统

电子档案系统是将公司会计档案纳入系统管理，实现会计凭证和电子影像的自动匹配、分册，档案的归档、借阅等都在系统内有迹可查的信息系统。电子档案系统在整个财务系统中处于核算层中的财务运营系统部分。电子档案系统可以实现企业实体档案的信息化，并且将企业的电子档案和实体档案进行关联管理。电子档案系统以影像技术为支撑，以会计核算系统为基础，进一步与网上报账系统等企业其他信息系统进行集成，解

财务共享服务

决企业内部会计数据系统之间信息孤立的问题,提升了企业会计数据加工的自动化水平。

(1) 电子档案系统产生的背景

传统的会计档案管理使企业面临新的问题和困难:企业外部原始单据形式繁杂,信息提供格式不规范,信息采集效率低;原始凭证提交地与核算地分离,周转环节多,传递周期长;票据传递过程缺少监控,不能定位,存在丢失风险;多个地点的票据集中一地,数量大,缺乏系统化管理,调阅困难;内部凭证存储于会计、统计、业务等信息系统中,造成企业数据冗余;很多内部凭证采用纸质介质的形式,造成企业资源浪费,影响企业会计信息化的进程,制约了原始凭证电子化的有效发展。

电子档案管理系统可以很好地解决财务共享模式下纸质档案异地的采集、传递、借阅、管理等问题。对于外部原始凭证实现有效的管理监控,同时对不同地域的凭证进行定位管理,通过影像系统统一采集入系统内,减少人为的纸质凭证传递过程,对纸质档案原件实行有效保护,实现多地域、多人员同时在线调阅档案,提高审计、纳税申报以及税务机关征管的工作效率。对于内部原始凭证通过企业接口平台直接获取,提升企业信息化集成水平,实现了企业无纸化和一体化办公。

(2) 电子档案系统总体功能框架

电子档案系统通过与网上报账系统、核算系统、电子影像系统等其他业务系统的无缝集成,形成与实物凭证完全一致的电子凭证,并按实物凭证归集方式分册和归档,实现凭证的电子化管理,达成财务电子凭证文档的全面集中管理。电子档案系统数据的传递流程依次为信息采集、凭证管理、归档管理和档案管理。

信息采集:通过电子档案系统收集分散在各单位、各信息系统(如核算、网上报账系统和电子影像系统)的信息,实现凭证账簿、报账单及影像单据在异地完整准确的采集和高效传递,解决跨地域单据传递和审阅的瓶颈问题,减少实物传递的工作量,提高工作效率。

凭证管理:档案信息采集后,即可在电子档案系统中完成财务凭证提取和凭证打印工作。

归档管理:依次通过凭证匹配、账簿归档、实物分册、电子分册、实物归档、电子归档等步骤,将档案的实物和电子信息按传统实物凭证装订的方式分册和归集,实现财务档案的电子化、集中化管理。

第7章 财务信息系统

档案管理：电子档案系统可以对实物和电子凭证档案进行检索查询、借阅等工作提供良好的支撑，实现借阅、接收、归还、变更存放地点等全业务流程档案管理。

电子档案系统功能模块可以概括为电子影像、电子凭证、报表查询、档案借阅、库房管理、系统管理等。见图7-19。

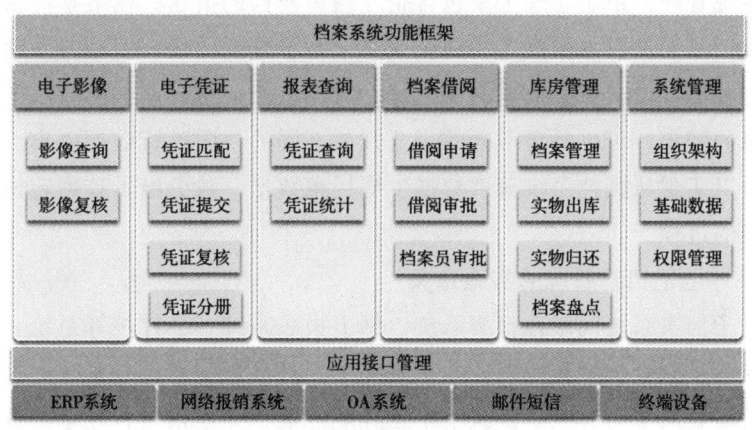

图7-19 电子档案系统功能框架图

电子影像：包括影像查询和影像复核。影像文件指外部原始凭证通过影像系统和条码采集技术扫描后生成的电子文件，内部原始单据直接从源系统获取生成对应的电子文件。影像复核功能对已经生成的原始凭证影像文件的质量进行复核，确保所有的电子文档符合电子档案管理规范的要求。

电子凭证：电子凭证功能主要是将企业自制的记账凭证的电子文件同内、外部原始凭证的影像文件进行匹配，生成完整的电子记账凭证档案数据，以册为单位在系统内进行管理，达到纸质会计凭证同电子会计凭证的完全统一，取代日常凭证调阅中对纸质会计凭证的依赖，使得纸质档案免受人为翻阅和电子设备复印、扫描的损害。

报表查询：报表查询功能支持查询电子档案系统内的不同法人、不同账簿、不同类别的电子档案在系统内的状态，累计册数等信息，出具多维度的档案管理报表。

档案借阅：档案借阅主要涵盖了档案借阅的系统流程，包含借阅申请的发起以及系统内的电子审批流，档案借阅主要以调阅电子档案为主，纸质档案为辅。

库房管理：库房管理功能包含企业电子及纸质档案的入库、出库、归还、盘点等，定位到每一本纸质档案的库存状态和具体库位，方便档案调阅和查找，通过条码技术的应用对纸质档案进行监控管理，确保档案的实物同电子数据一致，提升档案管理水平。

系统管理：系统管理主要包含企业组织架构的搭建，档案系统基础数据的维护，人员权限的配置，同企业其他系统数据的接口管理等。通过权限的配置提升电子档案数据的安全性，避免企业信息外露，同时，满足档案外包的需求，可以针对不同的企业开放不同的权限进行数据隔离。接口管理可以实现从其他系统获取数据生成档案数据，减少电子数据转换成纸质档案的过程。

（3）电子档案系统的实施意义

电子档案系统同影像扫描系统、网上报账系统、会计核算系统、资金管理系统是如今大型企业财务共享服务中心必不可少的信息系统。这些系统有效地解决了财务共享模式下单据异地传递、异地报销、异地账务核算以及异地档案管理的难题。影像系统是电子档案系统的数据采集源头，网上报账系统和财务核算系统是电子档案的数据基础，通过电子档案系统将原始凭证和记账凭证进行完美的结合。

电子档案系统还可以进一步与合同管理系统、HR人事系统等企业其他信息系统进行集成，完成了电子资料和实物资料的自动匹配，实现了与会计凭证匹配的电子资料和实物会计档案的统一管理、会计档案调阅、审计的无纸化、实物档案的库房精确管理等，使得企业的档案管理高效便捷、环保低碳、节约成本。电子档案系统与其他系统的关系见图7-20。

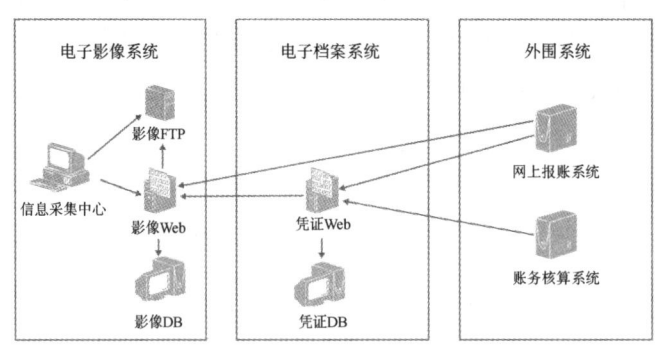

图7-20 电子档案系统与其他系统的关系

第 7 章 财务信息系统

电子档案系统在企业中的应用也陆续得到国家政策的支持，财政部于 2014 年 1 月 6 日发布的《企业会计信息化工作规范》中第三十四条规定："实行会计工作集中的企业以及企业分支机构，应当为外部会计监督机构及时查询和调阅异地储存的会计资料提供必要条件"；第四十条规定："企业内部生成的会计凭证、账簿和辅助性会计资料，同时满足下列条件的，可以不输出纸面资料"等。因此，企业电子档案系统的应用可以说是企业档案管理的一大变革，它使不同载体形式的档案信息得以转化与再现，为企业信息化的发展，乃至国家数字档案联网数据库实现资源共享做好了基础准备。

小结

财务共享服务是在 IT 信息网络技术协作下，对财务管理模式的变革和创新，其三大特征表现为：标准化、流程化、信息化。信息系统平台的建设，为业务、核算、管理、决策提供了信息来源和有力支撑，实现了业务流程、财务标准、操作模式的统一和规范，将财务控制前移至业务前端，在加强控制，提高财务质量的同时，还可以实现业务全过程追踪，以及信息流的互联互通。

建设一个统一的、智能化的信息系统平台是一个耗时较长的项目化工作，也是整个共享项目成功实施的关键要素，需要实现共享各单位的积极参与，确保信息系统既满足业务单位的需要，也符合共享服务模式的需求，实现业务系统与财务系统的充分融合，发挥系统间的协同效用。除此之外，IT 系统技术的发展日新月异，随着前沿技术的新兴发展，共享服务的系统平台需要紧密结合技术发展，做到与时俱进，才能最大程度地发挥信息技术对共享的支持效用，使企业集团的财务共享服务真正发挥最大效用。

第8章 运营管理

运营管理,是对提供的产品或服务进行设计、运行、评价和改进的活动。通过对价值链上的各项活动进行分析和设计,提高组织运作效益,协调组织活动并不断优化。运营管理常见的活动包括:制定科学高效的运作体系,养成规范良好的作业习惯;确保工作按制度执行,不断检查执行效果;随着组织的发展不断优化、创新工作流程。

8.1 财务共享服务中心运营管理体系建设

由于财务共享服务中心对于财务组织、甚至对于企业来说,都是新型的组织机构,使用传统的管理模式往往不能起到良好的管理效果,反而会影响组织的运作和人员的积极性。如何规划财务共享服务中心运营管理体系,建立评价标准,成为很多企业在建立财务共享服务中心之后考虑的首要问题。

财务共享服务运营管理体系的建立过程也是共享中心丰富自身管理工具和管理手段的过程。建立运营管理体系,能够使其管理手段实现多元化,使得共享中心的管理更加有序规范,从而带来管理效率和管理效果的提升。

财务共享服务的运营管理体系包括九个方面(见图8-1)。

目标管理决定着共享中心的管理导向,是开展其他管理活动的基础。流程制度管理、标准化管理及内控质量管理用以规范共享中心的流程和工序,控制输出质量。信息系统则是规范和提升效率的有力工具。随着管理成熟度的提高,绩效管理、人员管理、服务管理和知识管理也越来越受到重视,以调动共享中心人员的积极性,保持健康的活力,引导并形成共享中心独有的组织文化。信息系统相关的内容,可以参见本书第七章。本章将详细介绍运营管理体系中其他八个管理维度。

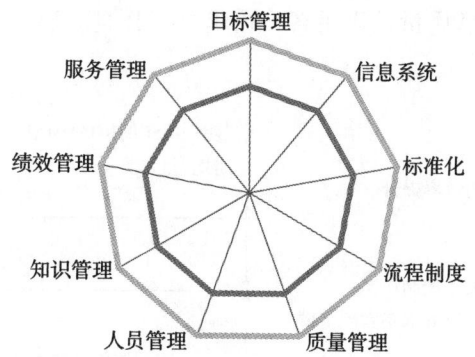

图8-1 财务共享服务中心运营管理体系

8.2 目标管理

8.2.1 目标管理概念的提出

美国管理大师彼得·德鲁克（Peter Drucker）在其著作《管理的实践》中最先提出了"目标管理"的概念。德鲁克认为，并不是有了工作才有目标，而是相反，有了目标才能确定每个人的工作，所以"企业的使命和任务，必须转化为目标"，如果一个领域没有目标，这个领域的工作必然被忽视。因此管理者应该通过目标对下级进行管理，当组织最高层管理者确定了组织目标后，必须对其进行有效分解，转变成各个部门以及每个人的分目标，管理者依据分目标的完成情况对下级进行考核、评价和奖惩。

8.2.2 财务共享服务中心的目标

确定财务共享服务中心的目标，可以衡量共享中心组织活动成效的标准，也是绩效管理的前提。明确的目标好比路标，指明了财务共享服务中心努力的方向和可以改进的领域。所以，财务共享服务中心必须有一个明确的、贯穿各项活动的统一目标，并分解为诸多子目标，不同的子目标相互联系、相互制约。在财务共享服务中心的不同阶段，目标会有不同的偏重。

作为独立运营单元，财务共享服务中心模拟市场化方式为不同成员单位提供服务。其建立的目标包括：提高业务处理效率，降低运营成本，提升会计信息质量及满足客户需求（见图 8-2）。

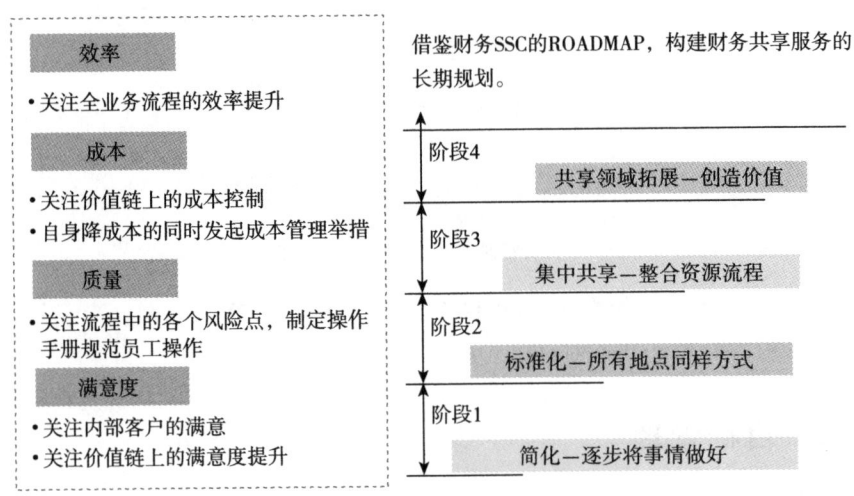

图 8-2 财务共享服务中心的组织目标

8.3 绩效管理

绩效管理是用于监控和管理组织绩效的方法、准则、过程和系统的整体组合，它涉及组织管理和运营的方方面面，并以整体一致的形式表现出来。绩效管理强调组织目标和个人目标的一致性，强调组织和个人同步成长，形成"多赢"局面。

8.3.1 财务共享服务中心的组织绩效

财务共享服务中心的组织绩效设计旨在通过多维度评价一个财务共享服务中心的运营及管理水平。是借助平衡计分卡，对其所涉及的财务、客户、内部流程、学习创新等四个维度进行绩效指标细化的过程，通过和财务共享服务自身特点密切相关的指标设计来达到全面评估财务共享服务中心的目的。

（1）财务维度设计

财务共享服务中心的财务维度指标和其自身定位有密切关系。一个独立运营模式下的财务共享服务中心，其财务维度指标设计和其他服务业组织有诸多相似之处，它侧重于投资回报、成本、利润等指标，而服务于特定集团的内部财务共享服务中心，更多的是成本中心的定位，它的财务指标则更多地集中在预算达成度等指标上。

某财务共享服务中心财务维度的指标设计包括以下内容：

共享服务中心的总成本：用于评价财务共享服务中心在某一经营期间总的成本耗用。

雇员成本：用于评价财务共享服务中心成本的核心——人力成本。

每笔交易的成本：用于评价处理每笔业务的资源耗用，体现共享服务中心的资源利用效率。

成本占收入比例：用于评价单位收入的成本耗用。

成本与预算比：用于评价预算执行情况。

现金流预测的准确性：用于评价财务共享服务中心的现金预测能力。

从上述评价指标中能够看到，该共享中心对成本的关注度较高，在其多个指标中体现了成本因素的影响。

（2）客户维度

客户维度指标体现了财务共享服务中心和客户之间关系的紧密程度，以及客户对财务共享服务中心的认可程度。这里的客户区分为内部客户和外部客户。对内部客户而言，获得客户稳定满意的评价，并保持良好的共享中心与客户的沟通渠道显得尤为重要。对外部客户而言，除了上述因素外，关注客户体验，保持良好的客户关系也是十分重要的。

某财务共享服务中心客户维度的指标设计包括以下内容：

客户满意度：基于问卷调查所形成的客户满意度指标是对客户评价的综合反映。而客户满意度调查的问卷设计则是形成调查结论的关键。一个好的客户满意度调查应该包括清晰的问题定位、较高的回复率、可量化的测度指标。基于问卷的客户满意度调查应保持前后期间的可比性，从而形成稳定的绩效考核。

客户沟通：客户沟通指标体现了财务共享服务中心和内外部客户之间是否有完善的沟通渠道，如呼叫中心、公用邮箱等。此外，基于特定的沟通手段，是否有稳定的客户沟通量，以及客户对沟通效果的评价也是设计客户沟通指标所应考虑的内容。

客户体验管理能力：客户体验管理能力指标体现了财务共享服务中

心对客户体验或客户感受实施积极管理的意愿和能力。一个从事积极客户体验管理的财务共享服务中心往往能够实现客户所需,并主动地作出一些改善客户关系或客户感受的努力。

服务水平协议达成度:服务水平协议是共享服务中心和客户之间的重要约定,服务水平协议的执行情况直接影响到客户对共享服务中心的评价,该指标即用于衡量服务水平协议的执行与达成情况。

(3) 内部流程维度

内部流程维度的指标体现了财务共享服务中心的内部运营管理能力。它包括具体业务实施过程中对效率的关注、对实施质量的关注、流程的优劣等诸多方面。对内部流程维度的关注能够引导财务共享服务中心改进自身流程,提升运营绩效质量。

某财务共享服务中心内部流程维度的指标设计包括以下内容:

业务数量:业务数量体现了财务共享服务中心的业务规模,通常该指标能够体现一个财务共享服务中心是否有能力承接大型运营项目。

每个员工的业务数量:每个员工的业务数量体现了财务共享服务中心业务处理的效率。运营效率的高低间接地反映了财务共享服务中心流程管理的能力。在同样的条件下,不同的流程对每个员工单位时间的业务处理效率将带来重大的影响。

一次性成功比例:一次性成功比例体现了业务顺利通过的程度,业务一次性成功比例越高,体现出其内部流程能力越强,反之则内部流程能力越差。

差错率:差错率指标体现了财务共享服务中心的服务质量,即业务处理的可靠性。这也间接反映其内部流程在保障其运营质量过程中的可靠性。差错率较高的共享中心将难以持续获得稳定客户和较好的客户声誉。

周期改进:周期改进指标体现了财务共享服务中心对出现的问题或流程进行改进的能力。好的周期改进体现在内部流程的优化有一套完善的程序,当问题出现或流程优化被发起后,财务共享中心内部负责流程的单位能够迅速定位问题、实施优化或改进措施,并将改进后的结果第一时间予以落实。

流程执行力:好的内部流程不仅体现在流程的设计优化能力上,更为重要的是流程的执行力。好的流程如果没有得到有效的执行,对组织绩效的贡献是微乎其微的。

第 8 章　运营管理

（4）学习创新维度

学习创新维度是财务共享服务中心未来能够持续发展，并形成竞争优势的重要方面。学习创新维度一方面体现在组织内部对员工的培训以及学习氛围的营造，另一方面则体现在组织内对创新性事物的接受程度以及主动创新的动力和能力。一个有着良好学习创新能力的组织会在其成长过程中培养出一批优秀的人员，并能够在组织内形成一种积极学习，积极尝试创新的文化氛围。

某财务共享服务中心学习创新维度的指标设计包括以下内容：

创新观点数量：用于评价财务共享服务中心一定期间内创新观点的总量，从而体现其组织内部创新的积极程度。

创新观点实施比例：用于评价提出创新总量中的有效数量，以及有效数量是否得到了积极有效的实施。实施比例高的组织，说明其创新质量较高，组织对创新的实施能力较强。

人均培训学时：用于评价财务共享服务中心对其员工的基本培训量。该指标是组织学习能力提升的基本保障。一个连基本培训量都无法达到的组织，其培训效果是没有保障的。

培训有效度：培训有效度是通过调查问卷的方式评价财务共享服务中心对其员工所作培训最终达到的效果。通常每次培训都应对受训者进行调查，在期末的时候平均计算组织的培训有效度。培训有效度是对培训工作的综合评价指标，其问卷中将涵盖与培训内容相关的诸多方面。

8.3.2　财务共享服务中心的人员绩效

人员绩效是组织绩效的分解，只有与组织绩效保持一致的情况下，对人员的激励才能促进财务共享服务中心实现组织目标。在实施财务共享服务时，应认真地分析人员构成的特点，有针对性地分人群进行差异化管理，才能够全面调动财务共享服务中心的运作积极性。

从人员特点来看，财务共享服务中心包括两类群体，一类是从事具体业务的运营业务人员，一类是从事运营管理以及共享服务支撑的技术人员。

财务共享服务中心的运营业务人员是其人员中的主要构成部分，他们是服务产品的直接生产者，也是组织内最为活跃的成员。由于直接面对客户并提供产品，所面临的压力也是最为直接的。同时他们在共享服务中心从事已经设计好的标准业务，通常情况下，他们具有技能同质化、收入水平相对偏低、发展需求不强烈、流动性大、特定工序实践经验丰富等特点。

运营业务人员的绩效从其岗位特点来看应着重考虑两个方面，一方面通过公平的量化绩效进行考核，并形成多劳多得的考核导向，另一方面则应对其作出的创新性改良活动予以激励。多劳多得通常是通过计件的方式进行实现的。对财务共享服务中心而言，简单的计件可能带来不公正的评判。财务共享服务中心以处理诸如应收、应付等财务业务为主，通常情况下，数量是以实物票据的份数来计算的，但我们应当看到，同样的一份实物票据，其业务处理的难易程度是不同的，如果简单地将其都归集为一个工作量单位的话显然有失公平。这种情况下，一个可行的方法是分析单据类型，将工作量最低的一类单据作为标准单，其他单据的工作量相对该类型单据的倍数作为标准单系数，从而将各类单据转换为相同的计算口径。标准单的系数测定有多种方法，可以通过专家评测的方法，或者进行实验性的测算。运营业务人员的绩效考核目标还能从业务处理时效、质量以及客户满意度几个方面进行考核。业务处理时效要求员工在规定的时间内完成任务，质量指标反映在差错率上，客户满意度指标通过客户对业务处理结果的反馈以及定期的满意度调查获得，如果低于基准，运营业务人员会被扣除一定比率的浮动薪资。

运营管理及支撑技术人员是财务共享服务组织的核心，他们的稳定与否直接关系到财务共享服务中心应对风险的能力，他们是否积极地发挥作用，产生高绩效，则影响着财务共享服务中心的发展潜力和创新能力。这部分人群具有技能差异化、收入水平较高、追求更高发展空间、组织创造性强等特点。运营管理和支撑人员的绩效较运营业务人员而言则隐蔽很多。由于没有明确的输出，他们的工作是否创造了价值，是否较其他人作出了更多的成绩，相对而言更加难以评估。因此针对此类人员的绩效方案应综合利用其他的评价手段。常见的评价方法包括管理者绩效、360度评估、个案评估等。

【案例】花旗银行财务共享服务模式下的绩效管理

自20世纪90年代中期，花旗银行便开始尝试使用平衡计分卡，在经过逐步的完善后，目前花旗银行已经将平衡计分卡推广和执行至所有职能部门与分支机构。通过运用平衡计分卡,将企业战略与绩效管理体系有效结合起来,并将集团平衡计分卡逐步分解到企业的各个业务板块,再逐渐分解至每个部门与团队,目的是把战略清晰地传达给每个员工,最后落实到每个员工,使战略透明化,从而增强员工的参与度。在绩效管理过程中,每个业务部门经理每年年初与员工讨论其个人绩效目标,同时要求员工以书面形式签字确认,到年底时,根据目标的完成情况对员工进行绩效评估,分出等级,最后再按照考核的结果决定员工的晋升和薪资。

花旗银行绩效管理的鲜明特征是:

(1) 对管理成本进行严密监控,并且对集团的基本设施进行谨慎的投资,精打细算、杜绝浪费;

(2) 注重技术创新,并紧密协同多个平台,同时向客户提供物超所值的服务;

(3) 严格遵守财务规则,同时保持雄厚的财务实力,以便使其承受与此相当的风险,并且把握有利可图的机会。

在构建财务共享服务模式下的平衡计分卡时,花旗采用了很多方法和技术,其中有很多是值得借鉴的。

花旗银行对客户的忠诚度非常看重,其秉承的理念是"金融服务企业",花旗曾经宣称,不想在任何方面都成为世界最大的银行,它只想在客户所在领域成为最佳的选择银行。经营定位上花旗始终奉行"客户至上",在经营理念上力创"AAA"银行,将花旗构建为全球卓越品牌。但要真正做到让客户满意,服务水平、产品质量、渠道好坏,包括整体内部流程的规范以及与企业相关联的各项配套措施都必须做好。而要想在真正意义上做到这点,就必须提高员工的服务意识和技术水平,并且具有迅速而正确的决策和有效的执行力,同时需要具备优秀的企业文化。所以,平衡计分卡的四个指标是一个相互作用的体系,是一个完整的因果关系链。

花旗银行所构建的财务共享服务中心平衡计分卡指标如下:

(1) 财务指标:雇员成本;每笔交易的成本;费用占FSSC(财务共享服务中心)费用的百分比;收入占FSSC成本的百分比;FSSC实际成本与预算比;未支付现金;冲销的坏账;现金流预测的准确性。

(2) 操作措施:交易数量;每个员工的交易数量;直通处理比率;应收账款天数与付款期;周期改进。

(3) 职员指标:职员成效量百分比;培训天数及百分比;发展/流

动性百分比。

(4) 客户满意度：调查结果。

(5) 创新：调查结果；创新的观点数；观点付诸实施的百分比。

(6) 控制措施：满意的审计；满意的管理等级。

花旗银行在员工的个人绩效评估中，一般按照九个关键要素对员工的工作情况进行综合绩效评估，这九个要素包括个人业务与技术熟练程度、对内对外关系、领导力、执行程度、对客户的效率、整体结果的贡献、社会责任以及全球效力等。并将评估结果分为三个等级：有贡献作用的绩效、完全达标的绩效以及优秀的绩效。有贡献作用的绩效，表示部分工作没有达标、而部分工作达标了；完全达标的绩效，表示员工工作的所有方面都已经完全达标；优秀的绩效，表示员工工作的所有方面都已经完全达标，有些甚至还有超标完成。每一绩效等级在工作关系、专业、技术、操作、领导力等方面都有不同的界定，而员工的这些工作方面在不同的绩效等级都会有不同的表现。

"十字路口"

花旗银行结合绩效考核结果，使用十字路口的模型来指引员工的职业发展：管理者或者员工从刚进入企业时管理自己，而逐渐转变为管理其他人是他们职业发展中的首个"十字路口"；在获得部分工作经验后，他们中可能会有升为职能经理的员工，而他则可以管理部门，这是员工所遇到的第二个"十字路口"；而后从职能经理发展到业务经理，再到区域、大区甚至企业经理等等，这都是员工发展的"十字路口"。而每个"十字路口"所对应的绩效标准不同，对员工的要求也就有所区别。针对不同的"十字路口"对员工进行相应的培训，安排内容各异的锻炼机会。

九格方图

九格方图是花旗银行人才发展战略中的又一亮点。这种方式是将绩效与潜能的理念进行结合，再按照绩效与潜能两种考核的结果，将员工分别置于九格方图的不同格子中。见图8-3。

第一格：绩效优秀、具备转变潜能的员工，他们通常会在六个月内被提升到高一级的职位；

第二格：绩效优秀、具备成长潜能的员工，表示他们有能力在目前的岗位层级上承担更大的工作职责；

第三格：绩效完全达标、具备转变潜能的员工。这类员工有可能往

第8章 运营管理

第一格转移；

第四格：绩效优秀、具备熟练潜能的员工，表示他们可能会被安排到同一层级的其他岗位上工作；

第五格：绩效完全达标、具备成长潜能的员工，表示他们可能在目前的岗位层级上承担更多的职责，但应努力达到优秀的绩效（上一年度轮流到新的工作岗位、并曾被放入第一、二格的员工通常也会被放入此格）；

第六格：绩效起贡献作用、具备转变潜能的员工；

第七格：绩效完全达标、具备熟练潜能的员工，表示他们需要往更优秀的绩效努力；

第八格：绩效起贡献作用、具备成长潜能的员工，表示他们可能在某些方面表现良好，但在其他方面表现不佳或很差，应努力在目前的岗位层级上达到完全达标的绩效；

第九格：绩效起贡献作用、具备熟练潜能的员工。一般情况下，他们在未来三到六个月内会被迫换一个工作岗位或直接被淘汰。

格子左侧为潜能的三个等级，而上方则是所对应的绩效三个等级，将具有不同绩效和潜能等级的员工划分为九类，所有的员工也就都可以被放置在九格方图相应的格子中。

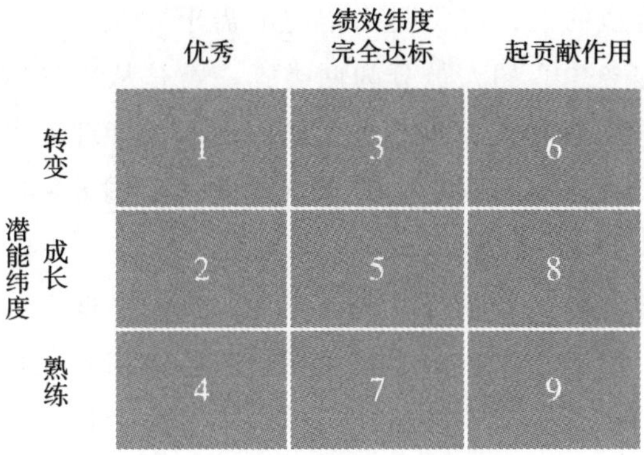

	优秀	绩效纬度 完全达标	起贡献作用
转变	1	3	6
潜能纬度 成长	2	5	8
熟练	4	7	9

图 8-3　花旗的九格方图

花旗银行使用"九宫格"进行人才盘点，一目了然地掌握员工绩效表现和发展潜质，为高级管理人员的"接班人计划"提供信息支持。

（资料来源：作者根据公开资料整理　仅代表个人观点）

8.4 人员管理

人,是企业最宝贵的资产。杰克·韦尔奇说过,人才是 GE 保持长盛不衰的真正秘诀。而要吸引和留住企业所需人才,就必须做到:选对人、用好人,激发企业活力;加强人才培养,推动个人提升和组织发展;特别要留住人才,为组织长远发展积聚力量,实现组织目标。

财务共享服务中心的工作内容是标准化的基础业务,专业分工明确,员工数量众多,人员年轻,女性员工较多。许多共享服务中心的管理者,会思考:如何吸引合适的员工?如何使员工尽快适应组织文化,承担岗位职责?如何使员工发挥最大潜能?如何保留核心员工……要回答这些问题,必须重视财务共享服务中心的人员特点,才能充分发挥员工的主观能动性,人尽其才,事得其人。

8.4.1 人才选拔

人才的招聘与选拔重在"一次选对",因为如果招聘了不合适的员工,不仅影响员工本人的职业发展,还会对团队带来伤害,带来工作环节的不可靠因素,增加组织的沉没成本,甚至双方都不愉快。

要招聘到合适的人,需要明确招聘的需求。在 8.3 绩效管理中,我们将财务共享服务中心的人员分为两类:一类是从事具体业务的运营人员,一类是从事运营管理以及专业支持的专家及管理人员。两类人员的业务特点、人员特点和团队文化均有所不同(见图 8-4),因此两类人员的业务和专业要求,以及员工核心素质要求也存在差异。

运营人员的招聘,关注行业知识、专业技能,核心素质要求包括责任感、适应力、服务意识、沟通能力、团队协作和敬业精神。由于财务共享服务中心的运营岗位多样,如扫描岗、费用会计、应付会计、资金会计、开票会计、营收会计、总账会计等,这些岗位专业分工明确,因此不同的运营岗位对人员的要求,也有差异。

专家及管理人员的招聘,对行业洞察力、专业能力要求更高,核心素质要求包括创新性思维、自我驱动力、团队领导力等。财务共享服务中心的专家及管理岗位,包括诸如流程经理、制度经理、系统经理、绩效经理等管理维度支撑专家,以及各个运营团队的负责人。

第 8 章 运营管理

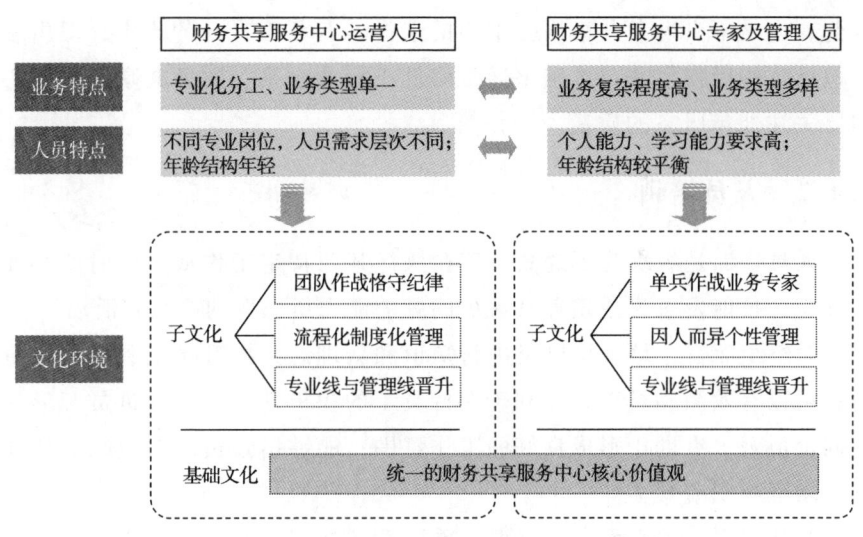

图 8-4 财务共享服务中心两类人员的特点

以某财务共享服务中心的运营岗位费用会计和专家岗位流程经理为例（见表 8-1），可以看出两类岗位的人员需求差异。

表 8-1 某财务共享服务中心的岗位任职需求示例

岗位族	岗位	任职需求
运营序列	费用会计	财务会计相关专业本科及以上学历
		有较强的学习能力和抗压力，处事认真严谨
		具备良好的服务意识
		具备会计核算相关技能，能够熟练操作财务信息系统
		具有沟通协调能力和团队协作能力，能够接受重复性的工作
		能够熟练操作财务信息系统
管理序列	流程经理	财务会计相关专业本科及以上学历，3 年以上相关财务工作经验
		对财务共享服务有深入理解，具有流程化思维与流程管理技能
		具有良好的沟通协调能力和团队领导力
		具备良好的逻辑分析能力和文档撰写能力
		具备良好的创新思维和突破性思维

对企业来说，财务共享服务中心属于新设组织机构，因此人才选拔通常来源于内部调动、外部招聘和外包几类途径，内部调动需要员工的沟通与培训，帮助员工快速适应新的工作岗位。将一些基础琐碎的工作

外包,也是不少财务共享服务中心的选择,有利于自身的成本,但由于外包员工的操作效率与准确率通常略低于行业水平,财务共享服务中心需要关注外包服务的质量。

8.4.2 人员培训

人员培训是组织为了提高员工在执行某项特定工作或任务时所必要的知识、技能及态度或培养其解决问题的能力所采取的一系列活动。

对组织而言,培训可以引进新知识和新理念,提升员工和组织竞争力;可以有效激励员工,有利于保持员工的积极性;可以促进员工形成共同价值观,有助于形成良好的工作氛围;能够增强员工对组织的认同感,增强组织凝聚力。

对共享服务中心而言,培训的重要性还在于:共享服务中心人员专业化分工,工作内容标准,培训可以保证工作产出的一致性,保证服务水平的稳定。由于共享服务中心的人员流动率相比企业其他组织偏高,完善的培训体系,能够保证新员工能够在最短的时间内独立承担岗位职责;能够提高士气,让员工感受到被重视,期望未来发展空间,有助于保留核心员工;能够营造学习型气氛,产生创新的动力。

财务共享服务中心的员工培训体系一般包括培训组织、课程体系、讲师队伍和支持体系四部分(见图8-5)。

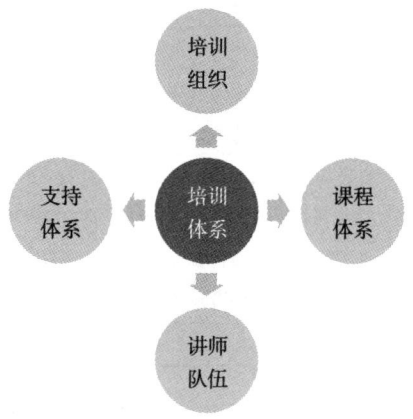

图8-5 员工培训体系的构成

培训组织是负责培训管理的团队,财务共享服务中心通常在运营管

第 8 章 运营管理

理中心会设有培训经理的岗位,负责培训需求分析、课程体系设计、培训的组织与评估等工作。

课程体系是财务共享服务中心根据自身的业务需求和岗位需求设计的课程内容。

讲师队伍可以包括企业的内部讲师和外部讲师,财务共享服务中心一般也会有自己的兼职讲师团队。

支持体系保障培训的实施和管理,例如培训管理的流程与制度,培训的硬件设施等。

人员培训要有针对性,不同阶段、不同岗位所需要的知识和技能是不同的,加上共享服务自身的特点,实现良好运营所需要的能力不仅仅是财务专业知识,表 8-2 是某财务共享服务中心的培训课程体系示例。

表 8-2 某财务共享服务中心培训课程示例

体系	行业知识	技能类课程	素质类课程
初级课程 (入职)	财务变革与财务转型 财务共享服务简介 财务共享服务的发展	财务共享服务中心的典型流程 财务信息系统概要 服务水平协议	时间管理 团队协作 服务意识 职业道德 跨部门沟通与合作
中级课程 (2-3年)	基于价值链的财务管理 管理会计 财务共享服务的规划与建设	流程再造与流程优化 信息技术在财务共享服务中心的应用 财务信息系统的实施方法论 财务共享服务中心的运营管理	项目管理 团队文化氛围建设与团队管理 卓越领导力与执行力
高级课程 (专家/管理者)	全球化企业的财经管理体系 财务共享服务的未来趋势	技术创新与发展趋势 六西格玛精益管理	领导者的表达与演讲 决策思维与创新思维 变革管理

越来越多的财务共享服务中心的管理者,希望寻求有效的培训课程体系,支持员工学习与发展,提升组织竞争力;并且,中国企业在全球化发展的过程中,为了控制全球化的风险,财务的转型也必然会促使全球化共享服务中心的出现。为了满足财务共享服务中心的培训需求,不少机构推出了相应的课程和证书。

【视点】全球共享服务（GBS）证书

共享服务是财务转型的不可或缺的发展基础，同时也是一个优秀的业务财务、战略财务具备良好的商业洞察及追根溯源能力的基础。在中国，越来越多的企业已经或开始建立共享服务中心，逐步形成共享财务、业务财务及战略财务的财务转型模式。而市场上能够提供的适合这样财务转型模式的人才却十分稀少，更没有适合的方式来培养这些人才。

ACCA联合了15个国家超过150名共享服务及外包行业雇主，在2016年推出了以雇主为导向的全球共享服务证书。2017年，由中兴财务云提供独家中文学术支持，与ACCA合作推出中文版全球共享服务证书，实现课程学习和考试认证的中文化，推动共享服务在中国的发展。

全球共享服务证书的知识框架和内容体系涉及了共享服务的理念、流程管理、信息技术、项目管理、变革管理等多个领域，与共享服务中心的岗位要求匹配，能够培养财务共享服务中心的专项技能。

课程体系包括五个模块（见图8-6）。

模块A 全球共享服务简介	模块B 流程设计、测量和控制	模块C 业绩原理	模块D 业绩优化	模块E 全球财务共享服务流程简介
• 全球共享服务、共享服务及外包行业的历史 • 建立全球共享服务的主要原因 • 共享服务及外包、全球共享服务的不同模型 • 典型的共享服务及外包流程 • 核心技能及成功要素	• 定义企业价值链 • 流程移交管理 • 流程测量 • 流程设计 • 流程控制 • 知识转移 • 企业治理	• 关系管理 • 服务水平协议 • 认识合规和监管	• 业务管理能力素质 • 变革管理 • 流程改进 • 项目管理 • 个人发展	• 订单至收款 • 采购至付款 • 账务至报表 • 结账与法定报告 • 其他流程

图8-6 全球共享服务证书的课程体系

8.4.3 人员激励

良好的激励可以吸引并留住人才；开发员工潜能，调动员工积极性；促使员工个人目标和组织目标一致；还能造就良好的竞争环境。在8.3绩效管理中，我们提到共享服务中心的运营类岗位多采用"多劳多得"按劳分配，体现在薪酬激励中；管理类岗位多采用管理者绩效、360度评价等方法进行绩效评估,人员激励应该考虑员工不同的需求。

财务共享服务中心的人员激励除了薪酬奖金等物质激励外,应该同样重视精神激励,比如:

- 荣誉激励,公开的承认和表扬可以让员工产生强烈的满足感,激发员工更加努力地进取。
- 参与激励,促使员工积极地参与组织的重大事件,获得心理上的安全感和信任感,还能提高对组织决策上的接受程度,在心理上形成认同感和归属感。
- 工作激励,工作内容丰富化,比如轮岗,也是内在的激励方式,员工会注重工作内容对其的吸引力,并获得满足感和成就感。
- 尊重激励,对员工的尊重本身就是一种激励,来自管理者的认可,更能激发员工做出更大的贡献。
- 目标激励,通过一定的目标激发员工的积极性、主动性和创造性。
- 情感激励,每个人都有关怀和体贴的需要,管理者有责任和义务关心员工的工作和生活,积极的情感能够增强员工的动力和积极性,消极的情绪会挫伤员工的自主性。

8.4.4 人员发展

企业在设计组织结构时,就要为每个岗位设置发展通道,职业发展通道引导员工向更高的阶段前进,上至管理者,下至最基层的员工,都同样适用。

财务共享服务中心的人员发展有平级调动和员工晋升。

平级调动指的是员工在财务共享服务中心内部不改变薪酬和职位等级的情况下,横向流动,变动工作。这种流动并不意味着员工的晋升,但也与员工职业生涯的发展息息相关。平级调动可以满足企业结构调整的需要,使晋升通道保持畅通,使更多员工因工作内容的多样化受到激励。

晋升对员工来说,是一种积极的成就,可以使员工在更高的职位上承担更重要的责任,同时也带来更高的薪酬和福利,是一种有效的激励手段。财务共享服务中心员工的晋升通道通常包括两条:专业线和管理线。表8-3是某财务共享服务中心的人员发展路径与职级。

表 8-3　某财务共享服务中心人员晋升职级示例

岗位类别	岗位序列	岗位示例
专业线	运营	运营专员
		运营主管
		运营经理
		运营总监
		运营资深专家
		运营首席专家
	核算	核算专员
		核算主管
		核算经理
		核算总监
		核算资深专家
		核算首席专家
管理线	管理干部	助理经理
		经理
		高级经理
		管理总监
		总经理

许多企业的财务共享服务中心，不仅仅在中心内部有晋升通道，为了拓展财务共享服务中心人才的发展通道，提供更有吸引力的职业前景，管理者也将财务共享服务中心视为企业财务人才的资源池，企业可从共享中心选拔优秀人才，跨部门调动或晋升，进入战略财务或业务财务的发展通道，而拥有复合型财务背景的人才更有潜力成为企业的管理者。

8.5　知识管理

知识分为隐性知识和显性知识。隐性知识是指高度个性化而且难于格式化的知识，主观的理解、直觉都属于这一类，比如企业员工的经验；显性知识能用文字和数字表达出来，容易以数据的形式交流和共享，比如普遍原则。

建立一个学习型的组织，并进行有效的知识管理，对组织知识的培育

第 8 章　运营管理

有着十分积极的作用。组织的持续发展离不开知识的掌握和运用，然而在大部分情况下，组织的知识是非体系化的，很多组织内的知识"只可意会不可言传"。如果不能实现组织成员掌握的知识在组织内提炼并有效共享，那么富有创造价值的知识将有可能白白流失掉，这显然不是企业或组织乐意见到的，知识管理就在这种背景下诞生了。

8.5.1　知识管理的内容

知识管理是有目的、有意识地对知识进行管理，促进有用的知识在组织成员里得到流通与优化，形成一套完整的、系统化的知识体系，最终达到增进组织绩效、知识创造价值的作用。而对于财务共享服务中心来说，知识管理就是有意识地将日常所需和形成的知识进行整理，对知识的流动过程加以引导，鼓励成员在工作中不断学习与创新，形成信任合作、分享交流的组织文化，从而将财务共享服务中心建设为知识型组织。

8.5.2　财务共享服务中心的知识管理

财务共享服务中心是一个基于财务业务、从事共享服务的组织。在这种背景下，其知识体系建设的过程不可避免地将受到财务专业知识、服务技能等多种因素的复合影响。在这种情况下，不能简单地将传统财务人员的知识体系或服务行业的知识体系强加于财务共享服务中心，而要充分考虑其复合影响的结果。

（1）知识管理组织

通常情况下，可以考虑在整个财务共享服务中心设立知识管理组织。该组织可分为推动层、支撑层和执行层。

推动层通常为财务共享服务中心的管理层，他们在知识管理中的作用主要是推动知识管理的落实，使财务共享服务中心自上而下形成推动知识管理的环境和氛围。尽管推动层在整个知识管理过程中的工作量不是很大，但却能起到决定性的作用。

支撑层是知识管理组织中的核心，他们以全职的身份投入到知识管理工作中来。支撑层根据财务共享服务中心的规模设置具体人数，通常情况下，一个全职的知识经理是必要的。支撑层的知识经理负责进行整个知识体系的设计及实施，并在整个知识管理组织中起到承上启下的作用。

知识管理组织中的执行层通常情况下是由各项目中的人员兼职从事

的。知识管理是对财务共享服务中心中每个员工实施的。脱离了和每个员工息息相关的基层环境,知识管理最终将无法落到实处。因此,从每个项目中选拔基层知识经理作为知识管理组织的执行层,对知识管理的推动将起到积极的作用。执行层的知识经理负责将上层知识经理的任务分解执行,并和项目中的成员充分沟通,使大家能够从心里认同和接受。

建立三级层次的知识管理对于财务共享服务中心知识体系的建设有着积极的意义,一个有力的组织形式必能为后期的工作打下坚实的基础。

(2) 知识分享的文化和价值观

要在财务共享服务中心内建立起知识型组织文化,首先要建立信任与合作的文化,使财务共享服务中心的员工之间能够互相学习,良好互动,打通成员间的知识流通渠道;要营造尊重知识和鼓励创新的组织文化,鼓励员工持续保持学习状态,在丰富有关知识的基础上推动知识的创新。

(3) 专家网络

成立专家网络,专家可以从外界引入,如研究领域与财务共享服务有关的高校科研人员,从事财务共享服务领域的专家学者、咨询顾问等;也可以从内部产生,如财务共享服务中心经验丰富的业务骨干等。专家网络的运行就是通过对专家的显性知识的管理,以及专家利用系统进行协同工作,来实现专家知识的有效利用和知识创新。专家对于各类疑难问题的解答可以成为日后同类问题参考的判例,甚至进入知识库。同时专家可以对财务共享服务中心的知识进行梳理和升华,构建专业的知识体系,帮助财务共享服务中心的知识实现互联互通。

(4) 知识库

重点在于"知识数据库"的建立,即筛选、分析财务共享服务中心的内部数据、文件、档案,融合成可用的知识,并储存于财务共享服务中心内部的数据库中。通过将内部知识系统化,使得共享中心中每一位成员都能容易地从数据库中获取所需的知识。员工通过正式渠道,诸如正式的会议、正式的教育训练、公布栏等,分享或传递系统化知识。知识数据库是个人知识的汇总,是个人隐性知识的外显化。见图 8-7。

(5) 社区讨论

"营造一个开放、自由的讨论空间"是这种知识管理方法的核心。与"数据库"方法最大的不同点在于其特别适用于非正式化组织知识环境,形式灵活的隐性知识特别容易在这里发展。因为隐性知识具有难以表述的

第 8 章 运营管理

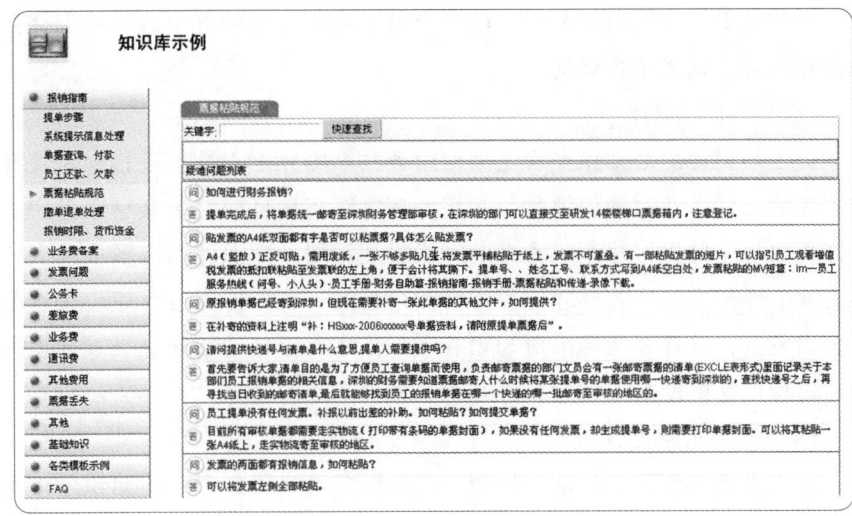

图 8-7 知识库示例

属性，正式化的知识传递渠道对其不适用，企业必须营造一个非正式的讨论空间，促进员工分享工作经验。社区讨论给财务共享服务中心的成员提供了思想激荡的平台，各类头脑风暴产生的灵感由此而来。

（6）对外沟通

对外沟通是财务共享服务中心综合提升知识水平的一个有效途径。目前在国内财务共享服务的概念刚刚起步，很多企业尚在探索当中，因此，企业之间、企业与学者、咨询顾问之间的一些必要交流有利于各企业扩大视野，了解到行业的最新动态并学习其他同行的技术知识。对外联络可以通过参加会议及相互邀请访问的方式进行。互访则是深度了解的一个好途径，通过互访能够在现场感受对方的管理方法和经验，能够迅速地提升自己的业务能力。

（7）员工培训

财务共享服务中心知识管理的重要应用体现为培训管理。它是知识分享的重要方法之一，目的是启发员工自我学习、加快知识资产循环周转、快速发挥效益。知识的积累一方面来自员工的自我形成，另一方面则是通过组织进行的培训获得的。员工培训应有目的地呈阶梯状展开，和知识体系中的知识晋升阶梯呈同步状态。员工培训需要在日常工作中持续进行，稳定的推进是员工培训成功的关键因素。员工培训是财务共享服务中心显性知识的内隐化，帮助中心成员将显性知识转化为个人的隐性知识。

在 8.4.2 人员培训一节中，已经介绍了财务共享服务中心的培训体系和课程内容，这里不再赘述。

（8）员工知识评测

员工知识评测是知识经理定期对财务共享服务中心员工进行知识梳理和测评的过程。通过知识评测，知识经理能够衡量目前财务共享服务中心的知识水平，并更好地制定未来的知识管理计划。知识评测应形成一套标准有效的评测方法，这样才能保证评测口径的一致。评测过程应以客观公正为出发点，这样评测结果对知识管理工作才有更好的指导意义。知识评测的过程也是协助员工梳理自身知识、发现不足的过程。

（9）知识贡献度管理

知识贡献度管理是推动和评测员工对财务共享服务中心的知识建设贡献程度的管理方法。知识贡献度体现了财务共享服务中心内员工是否乐于分享自己的知识，管理层是否乐于营造知识分享的氛围。一个具有高知识贡献度的财务共享服务中心，所有的员工会积极地将自己学习到的新知识与组织内的其他成员分享，从而形成乘数效应，帮助员工将自己掌握的隐性知识总结、概括而实现外显化。知识经理一方面需要推动营造知识贡献的环境，另一方面则要经常性评估组织的贡献度水平以积极作出调整。

8.6 质量管理

财务共享服务中心作为运营实体，通过对外部输入的处理形成服务产品。在这种基于业务处理的运营模式下，共享服务中心必须通过质量管理的加强来保障产品输出过程的完整可靠。

8.6.1 全面质量管理体系

财务共享服务中心的质量管理体系可以基于 PDCA 的全面质量管理体系来建立。

全面质量管理（Total Quality Management）是 20 世纪 60 年代初出现的一种质量管理方式，和传统的质量管理方法相比，它不仅是单纯业务方法、具体工作内容、管理职能范围的变化，而且是质量管理思想、目的乃至整个管理组织方面的变化，是质量管理向科学化、合理化、群众化的深入发展。全面质量管理的基本方法可以概况为四句话十八字，即"一个过程,四个阶段,八个步骤,数理统计方法"。

一个过程,即企业管理是一个过程。企业在不同时间内,应完成不同的工作任务。企业的每项生产经营活动,都有一个产生、形成、实施和验证的过程。

四个阶段,根据管理是一个过程的理论,美国的戴明博士把它运用到质量管理中来,总结出"计划(Plan)—执行(Do)—检查(Check)—处理(Action)"四阶段的循环方式,简称 PDCA 循环,又称"戴明循环"。

八个步骤,为了解决和改进质量问题,PDCA 循环中的四个阶段还可以具体划分为八个步骤。(1)计划阶段:分析现状,找出存在的质量问题;分析产生质量问题的各种原因或影响因素;找出影响质量的主要因素;针对影响质量的主要因素,提出计划,制定措施。(2)执行阶段:执行计划,落实措施。(3)检查阶段:检查计划的实施情况。(4)处理阶段:总结经验,巩固成绩,工作结果标准化;提出尚未解决的问题,转入下一个循环。

PDCA 的四个阶段与八个步骤的对应关系及详细内容见图 8-8:

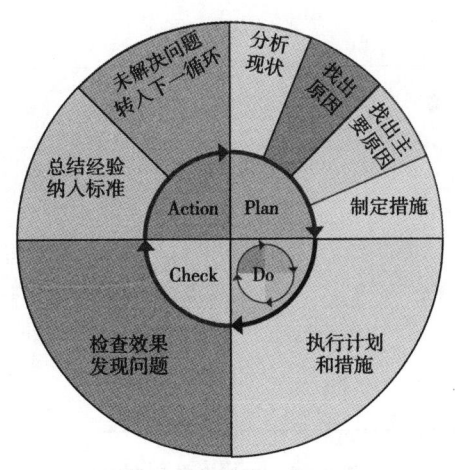

图 8-8　PDCA 管理的八个步骤

(1)计划阶段

计划阶段是指财务共享服务中心进行市场调研、业务研究、服务产品设计等预生产前的质量管理的全部准备工作,确定质量目标、质量计划、管理项目和拟定措施。可分为以下四个步骤：

①分析质量现状，找出存在的质量问题；

②分析产生质量问题的各种原因或影响因素，要对逐个问题或影响因素加以具体分析，不能笼统地进行；

③从各种原因中找出影响质量的主要原因；

④针对影响质量的主要原因制订对策，拟定管理、技术和组织措施，提出执行计划和预计效果。

（2）执行阶段

执行阶段就是财务共享服务中心人员按预定计划、目标、措施及其分工，脚踏实地地去执行，努力实施的过程，这是第五个步骤。

产品中试即在此阶段进行。中试是指财务共享服务中心在形成初步设计后对产品的预研以及对初步设计的优化和改进，并最终形成标准产品用于转产的过程。中试对于共享中心新接纳一个公司的业务有着重要的意义，通过中试，由专业人员对客户的情况进行详细的研究分析，并按既定方案进行项目的试运作，待项目稳定，并标准化后，可以转移到二线的运营单位进行后续处理。这个阶段质量管理的好坏直接关系到移交运营部门后项目的成败。见图8-9。

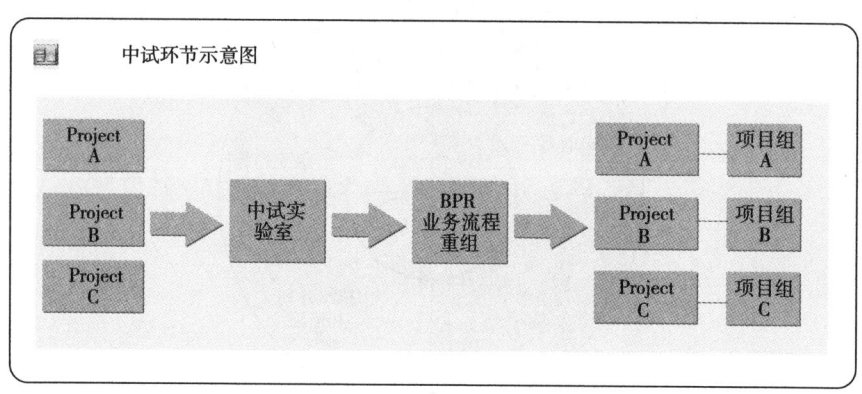

图8-9 中试环节示意图

（3）检查阶段

第六个步骤，检查实施情况。检查是财务共享服务过程中不可或缺的工序，同时也是质量管理的重要阶段。借助某些技术手段和方法，测定信息的质量特征,并与既定的技术标准比较,作出合格与否的判断。在质量管理中,检查不仅是事后的质量把关,而且要搜集和积累反映质量状况的数据和资料,为采取预防措施提供质量信息情报,实行严格把关与积极预防相结合。检查的范围也不仅限于制造阶段,而是包括信息质量形成的整个过程。

对财务共享中心而言,检查包括票据、对账单、合同等原始资料的进入检查、财务数据加工原始资料的进入,防止由于输入数据的错误带来的输出错误。不合格的原始资料通常需要和客户进行积极的沟通,由其协助修正或重新提供;对信息产生过程中的关键工序进行质量监督能够防止不合格的半成品流入下一道工序;对财务信息的输出进行检查把关,能够防止不合格信息流入客户。检查是全面质量管理的信息源,它为质量分析和质量控制提供大量的原始资料和数据。

(4) 处理阶段

第四个阶段是处理(Action),包括第七、第八两个步骤:

第七个步骤,总结经验教训、固化成绩并对出现的问题加以处理,把成功的经验和失败的教训都纳入相应的标准、制度或规定之中,进行标准化。共享服务的制度和流程要经过不断打磨,才能实现标准化和最佳实践,不断提升服务的效率和效果。

第八个步骤,处理遗留问题。所有问题不可能在一个 PDCA 循环中全部解决,未解决的问题会自动转进下一个 PDCA 循环,并为下一阶段制订计划提供资料和依据。至此 PDCA 首尾相连,完成了一个完整的循环,而财务共享服务中心的质量也在不断循环中得以提升,如此周而复始,螺旋上升,逐步实现高标准的服务质量。

8.6.2 内控与稽核

质量是财务共享服务中心的运营目标,内控与稽核是质量管理体系的重要组成部分,财务共享服务中心应在日常运营管理中建立控制标准和稽核标准,控制风险、防范差错,并持续提升输出质量。

控制标准,包括控制目标、流程风险、控制活动、控制类型、控制频率及责任主体等要素(见图 8-10)。

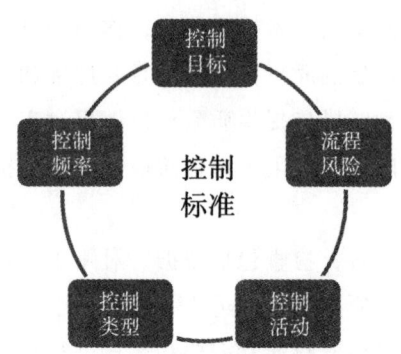

图 8-10 财务共享服务中心的控制标准

控制目标：明确每项控制流程需要达到的目的，如合法合规、资产安全、信息真实完整等。

流程风险：识别各流程潜在风险点，如资金支付风险、会计报告披露风险等。

控制活动：规范针对风险点实施的控制活动，例如不兼容职务分离控制、授权审批控制、预算控制等。

控制类型：从控制阶段来看，分为预防型或检查型；从控制方式来看，分为线上控制或线下控制。

控制频率：规范控制活动发生的频次，如业务发生时点、日、周、月、季、年等。

财务共享服务中心应依据业务流程，建立科学有效的会计稽核管理体系，规范日常工作，防范会计差错与疏漏，持续提升会计核算质量。稽核的形式一般包括全面稽核和专项稽核。其中，全面稽核是指对会计核算业务进行事前、事中及事后的全面稽核，稽核内容应涵盖所有共享业务流程中涉及凭证与其他会计资料流转的各个操作环节；专项稽核是指根据特定的目的和要求，在一定范围和时间内，对会计核算业务进行专项稽核。

质量管理不是孤立的活动，需要组织、系统、培训、文化等的保障，需要标准化的工作程序、体系化的检查与控制、量化的评价，并有持续改进的动力（见图 8-11）。

第8章 运营管理

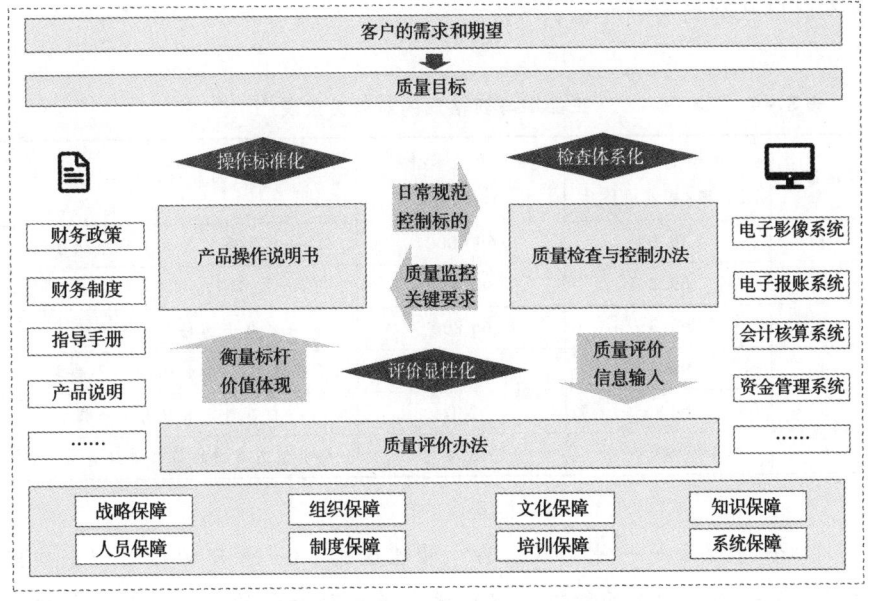

图8-11 财务共享服务中心的质量管理

【案例】六西格玛（6 sigma）在质量管理中的应用

（1）关于六西格玛（6σ）

①σ是统计学里的一个单位。西格玛（Σ，σ）是希腊字母，这是统计学里的一个单位，表示与平均值的标准偏差，即数据的分散程度。测量出的σ表征着诸如单位缺陷、百万缺陷或错误的概率性，σ值越大，缺陷或错误就越少。6σ即意为"6倍标准偏差"。

②6σ是一项目标。这个质量水平意味的是所有的过程和结果中，99.99966%是无缺陷的，也就是说，做100万件事情，其中只有3.4件是有缺陷的，这几乎趋近人类能够达到的最为完美的境界。

③6σ管理法是一种统计评估方法。核心是追求零缺陷生产，防范产品责任风险，降低成本，提高生产率和市场占有率，提高顾客满意度和忠诚度。6σ管理既着眼于产品、服务质量，又关注过程的改进。6σ理论认为，大多数企业在3σ—4σ间运转，也就是说每百万次操作失误在6 210—66 800之间（见表8-4），这些缺陷要求经营者以占销售额15%—30%的资金进行事后的弥补或修正，而如果做到6σ，事后弥补的

资金将降低到约为销售额的 5%。

表 8-4　　　　　　　　正品率与西格玛的对应关系表

σ 值	正品率（%）次失误/百万次操作	每百万次采样数的缺陷数	以印刷错误为例
1	30.9	690 000	一本书平均每页 170 个错字
2	69.2	308 000	一本书平均每页 25 个错字
3	93.3	66 800	一本书平均每页 1.5 个错字
4	99.4	6 210	一本书平均每 30 页 1 个错字
5	99.98	230	一套百科全书只有 1 个错字
6	99.9997	3.4	一个小型图书馆的藏书中只有 1 个错字

④6σ 管理法是一种"零缺陷"管理理念。6σ 管理的核心理念实际上不仅是一个质量上的标准，它更代表着一种全新的管理理念，即要企业改变过去那种"我一直都这样做，而且做得很好"的思想，因为尽管过去确实已经做得很好，但是离 6σ 管理的目标还差得很远。

（2）六西格玛在财务共享服务中心的应用

经过将近 20 年的应用发展，6σ 已由原先的质量管理战略上升到了使公司达到世界级的质量和竞争力的管理策略和技术手段，并与精益思想相结合产生了精益六西格玛（见图 8-12）。今天，6σ 已不再是一种单纯的、面向制造性业务流程的质量管理方法，同时也是一种有效的提高服务性业务流程质量的管理方法和战略。

共享服务业务正是适合采用这种方法的服务性业务流程，SSC 在接到客户订单后，组织人员提供服务，这期间最为客户关注的除了提供服务的时效性之外就是服务质量的保证了，而 6σ 正好在这方面对共享服务有所帮助。

对 6σ 的具体应用中通常两种方法能够起到重要的作用：DMADV 和 DMAIC，前者是定义、测量、分析、设计、验证的简称，后者则是定义、测量、分析、改进、控制的简称。前者更适合于新型设计或对现有产品的改进，而后者则侧重于改进现有过程和工序。

第 8 章 运营管理

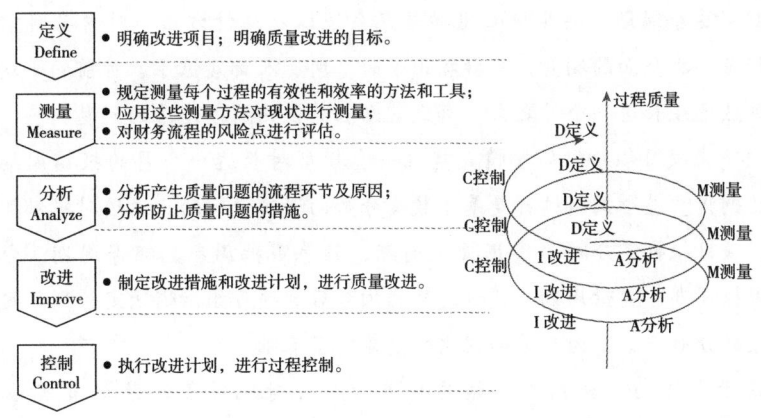

图 8-12 DMAIC 模型

某新建共享服务中心在第一次接受客户报销业务订单时面临了一次严重的挑战。由于该客户的员工分布于全国各地，各地的单据必须通过邮寄的方式传送到财务共享服务中心来进行业务处理。而该共享服务中心成立不久，没有任何有效的管理方式来对运营过程进行监督控制，并且共享中心中的具体业务人员对自己工作的要求没有清晰的界定。在这种状况下客户普遍反映报销周期过长，甚至很多员工对此激烈投诉。

在这种情况下，该共享服务中心召开了紧急会议，会议上，管理人员议论纷纷，大家意识到共享中心的运营管理出现了问题，但是却没有任何人能够明确清晰地定位出问题出在哪里。一些观点认为是共享中心的业务人员出现了问题，认为员工没有尽力工作；一些观点认为业务处理的前提条件准备得不是十分充分，很多单据在邮寄或领导审批环节耽误了过多的时间。一时间众说纷纭，难以形成结论。

共享中心的管理层最终意识到，如果要明确地定位问题，必须引入科学的方法，能够从数量上客观对现在的状况进行解释。6σ在此时被引入到该共享中心，针对上述案例，DMAIC 方法（定义、测量、分析、改进、控制）进行了一次系统的实施。

首先，问题被明确地定义和提出，这次改进的目标是将报销周期控制到一个可接受的水平。那么，什么是可接受的水平呢？针对这个问题，项目组面向客户进行了一次问卷调查，被调查者反馈的数据表明，从提交报销申请，到收到报销款的周期在两周以内是可以接受的。而要达到这个目标，共享中心必须知道自己现在是一个什么样的水平。

财务共享服务

针对这个问题，共享中心借助信息系统以及统计方法，对自身目前的状况进行了一次全面的测量，当数据出来时，所有人都震惊了，目前的平均报销周期竟然已经长达一个月之久。那么这么长的报销周期是谁的问题？

接下来项目组所做的事情是建立一套模型对长达一个月的报销周期进行深入的剖析。整个剖析过程是基于数据分解的逻辑进行的。通过对报销周期的分析，项目组将其分解为票据提交周期、领导审批周期、邮寄周期、分拣周期、审核周期、支付周期。通过这样的细分后，项目组清晰地定位到了目前报销周期的分布状况，为后续的优化改进奠定了基础。

基于上述的分析结果，该共享中心有针对地对各时效环节实施了优化措施，并通过持续控制保障优化后时效的稳定性。

可以看到，6σ方法提供给我们更多的是流程优化的理念和方法，以及对质量要求的重新认识。其在共享服务中心的实践中能否发挥重要的作用，能否用好这样一个工具，更多的在于意识的转变。

案例来源：作者根据公开资料整理仅代表个人观点。

8.7 流程与制度

流程与制度是企业管理规则的重要体现，财务共享服务中心的流程在第5章中有详细介绍，这一节将讨论财务共享服务中心的制度管理。

制度是要求大家共同遵守的办事规程或行动准则。一个组织的正常运营实际就是对外遵守外部行为准则，对内不断建立、修订各种制度的过程。一旦制度缺失、或者不完善，组织的运营就会出现问题。

制度是要求大家共同遵守的办事规程或行动准则。一个组织的正常运营实际就是对外遵守外部行为准则，对内不断建立、修订各种制度的过程。一旦制度缺失、或者不完善，组织的运营就会出现问题。

8.7.1 什么是制度管理

制度管理包含了对财务共享服务中心制度的规划、梳理、编写、持续优化等内容。见图8-13。

图8-13 财务共享服务中心制度管理内容

规划是对制度框架的设计，通过框架设计可以明确财务共享服务中心的制度体系。

财务共享服务中心的制度体系分为外部制度和内部制度，外部制度的使用者是服务对象，比如员工报销手册；内部制度的使用者是财务共享服务中心，比如会计核算手册，绩效考核办法等。财务共享服务中心的内部制度又可以从横向和纵向两个视角解析。横向分为两个维度：业务制度和运营管理制度；业务制度和运营管理制度纵向又可分为两个层次：制度规范与操作细则。

梳理是依据规划对现有制度的查漏补缺，并对待修订、待新增的制度拟定编写计划。

编写是按照规范统一的模板对待修订、待新增的制度进行拟定。

持续优化重在保障制度的持续更新，根据国家会计准则、财税制度的变化，以及服务对象业务的变化，对财务共享服务中心的制度进行持续优化。

8.7.2 财务共享服务中心的制度

（1）财务共享服务中心制度编写步骤

财务共享服务中心的制度编写，一般包含四个步骤（见图8-14）。

- 明确制度管理目标：制度管理目标是制度制定的动因，是制度存在的意义。制度制定的动因源于对业务的熟悉和深入思考。

- 分析现状及形成原因：在明确了管理目标后，需要对现有问题及其成因进行详细分析，现状及成因分析往往由业务专家和业务处理人共同组成的团队来进行。分析过程中能否把握问题的关键，将影响到制定出的制度是否切实可行，是否可以解决实际问题。找出问题形成原因后，再针对这些问题提出解决方法。

- 明确职责及其权利义务：是为了保障制度执行的效果，避免制度成为一纸空文。

- 梳理与其他制度的关系与层次：通过梳理可以避免出现一个业务有多个制度规范，制度之间要求矛盾，导致执行标准多样，同时还可确认是否有管理的盲点。

（2）财务共享服务中心整体制度框架

财务共享服务中心整体制度框架主要分为内部制度和外部制度，其中内部制度分为三个维度：业务维度、业务操作维度和运营管理维度。

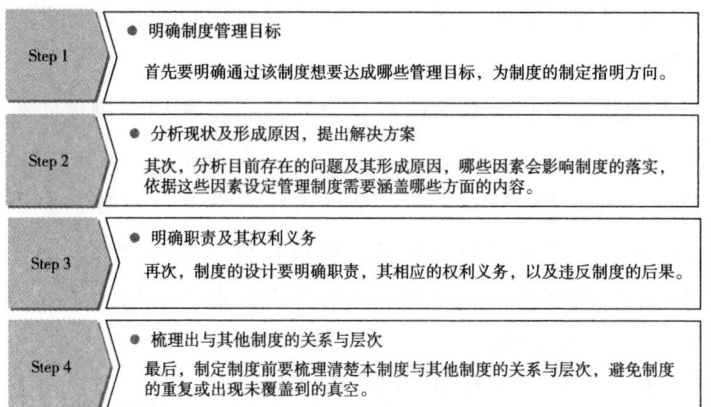

图 8-14 财务共享服务中心制度编写步骤

财务业务制度与国家会计制度和公司财务政策结合紧密，业务操作规范属于更细化的操作指导，运营管理制度根据财务共享服务中心的战略目标，为共享中心的规范管理、战略目标达成提供依据。外部制度，主要是财务共享服务中心面向服务对象发布的制度规范，比如服务标准承诺、员工报销手册、报账业务规范等内容。见图 8-15。

内部制度			外部制度
业务制度	业务操作制度	运营管理制度	
·财务资金管理制度 ·会计核算制度 ·费用报销制度 ·财务内部控制制度 ·固定/无形资产管理制度 ·办公用品管理制度 ·全面预算管理 ·预算执行考核 ·收款管理制度 ·成本管理制度 ·财务报告制度 ·会计档案管理制度 · ……	·各类费用审核细则 ·成本核算流程 ·收入核算流程 ·报表出具流程 ·固定/无形资产核算细则 ·财务档案管理流程 ·文档发布/修订规范 · ……	·组织管理办法 ·时效管理办法 ·培训管理办法 ·服务管理办法 ·质量管理办法 ·标准化管理办法 ·现场管理办法 · ……	·服务标准 ·员工报销手册 ·制度的解释性规范 ·财务通知及临时公告 ·服务窗口规范 · ……

图 8-15 财务共享服务中心制度分类

（3）财务共享服务中心管理制度

财务共享服务中心管理制度的重要作用在于指导财务共享服务中心财务业务制度的优化、更新，保障业务的稳定运营，同时监控财务共享服务中心的各项指标，及时发现运营过程中的风险，确保财务共享服务中心战略目标的实现。

财务共享服务中心管理制度主要基于运营管理维度，是对运营管理制度的再次分类、梳理。财务共享服务中心建立后，为实现标准化运作能力，需借

第 8 章 运营管理

助管理制度加强内部管理，在目标管理的统一指导下，财务共享服务中心的内部管理制度分为组织管理类、绩效管理类、质量管理类、知识管理类、服务管理类和标准化管理类，统属运营支撑范畴，其中组织管理类属于整体架构支撑，标准化管理作为基础，贯穿于运营管理各方面。

通过财务共享服务管理成熟度评价办法对上述制度管理结果进行综合评价。

管理制度框架中提及的管理办法可以包括以下七个制度，它们涵盖了时效、质量、培训、服务、标准化及组织六个方面，其定义及主要包括的内容如图 8 - 16：

图 8 - 16 财务共享服务中心管理制度示例

8.8 服务管理

财务共享服务中心和传统的财务部门相比，除了财务部门在企业运行中扮演的监控和管理的角色，财务共享服务中心还多了一个重要的职责，提供高效高质量的财务服务。如何做好服务，让客户满意，就成为了财务共享服务中心在运营过程中需要重点关注的问题。

8.8.1 什么是服务管理

服务管理是财务共享服务中心员工对外服务工作的服务效果、服务能力、服务时限、服务态度等服务质量工作的管理与提升过程。服务管理通过对一系列指标的监控、分析，了解客户需求，并依托于全员参与服务，达到客户满意的目标。

狭义的服务管理以服务质量作为中心目标。广义的服务管理包括战略管理、营销管理、服务创新管理、作业过程管理、人力资源管理、质量管理。

但服务管理与单纯的质量管理又有较大的差异，服务管理是以长期合作为基础，具有如下四个方面的特征（见图8-17）。

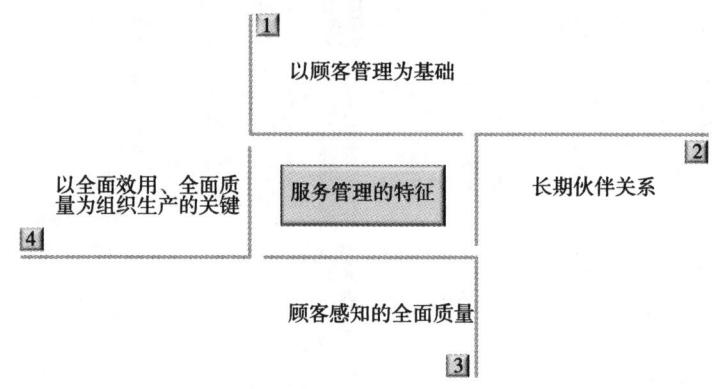

图8-17 服务管理的四大特征

很多财务共享服务的建设者在初期往往会忽视服务管理，无论财务共享服务中心采用何种组织架构，作为向企业集团内部业务单位或外部企业客户提供财务服务的机构，提供好的服务是财务共享服务中心的基本职责。尤其对于已进入独立运营阶段的财务共享服务中心，通过做好服务管理，可以及时发现客户的各种需求，调整服务内容，提高客户的忠诚度和满意度，并为共享中心吸引更多的客户。

8.8.2 财务共享服务中心的服务管理

（1）财务共享服务中心的服务管理工具（见图8-18）

第8章 运营管理

财务共享服务中心员工对外服务方式选择多样,包括服务热线、公共邮箱、交流网站等。服务质量的测定,可以通过逐单反馈、电话访谈,以及调查问卷等方式收集客户的反馈。

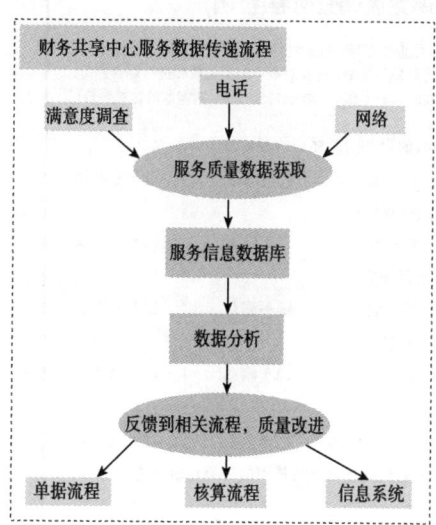

图 8-18 财务共享服务中心服务管理工具示例

(2)财务共享服务中心的客户投诉管理

服务管理中非常重要的一个内容是投诉管理。客户的需求多种多样,要做好服务工作,满足每个客户的需求,不是一件容易的事。服务出现瑕疵,导致客户投诉,客户对财务共享服务中心的认可是否就不可挽回了呢?如果财务共享服务中心能迅速分析原因,解决问题,反而可以通过投诉处理提升客户满意度。

及时采取适当的补救措施,可以向客户表明共享中心重视服务质量和客户满意度,影响客户对共享服务中心的看法。在处理客户投诉时,一般按照如下(见图8-19)流程处理,在整个过程中对客户的安抚和尊重十分重要。

图 8-19 客户投诉处理流程

(3)财务共享服务中心的客户满意度管理

满意度管理主要指针对客户的满意度调查。财务共享服务中心的客户满意度调查可以采用多种方式进行,如电话访谈或定期向客户发送《财务共享中心满意度调查问卷》等。见图 8-20。

财务共享中心满意度调查问卷(样例)

财务共享中心为了将以后的相关工作做得更好,针对性地对一些问题进行改进,特发此调查表给予各部门,请各部门针对目前财务共享中心运作过程中的有关情况进行综合评价,给出您宝贵的看法和建议,以帮助我们在以后的工作中不断地持续改进,谢谢您的客观评价!

1. 您对20**年度下半年财务共享中心的服务的总体评价是:
□满意　□比较满意　□一般　□不满意　□非常不满

2. 请您对财务共享中心的工作质量进行评价:
□满意　□比较满意　□一般　□不满意　□非常不满

3. 请您对财务共享中心的专业能力进行评价:
□满意　□比较满意　□一般　□不满意　□非常不满

4. 请您对财务共享中心的工作效率进行评价:
□满意　□比较满意　□一般　□不满意　□非常不满

5. 请您对财务共享中心的服务态度进行评价:
□满意　□比较满意　□一般　□不满意　□非常不满

6. 您了解公司财务制度,以及在报销遇到问题时通常使用的咨询与解决方式有:
□查阅财务共享相关的制度规范
□咨询当地财务经理
□邮件咨询财务共享中心相关人员
□电话咨询财务共享中心相关人员
□在项目管理交流网站提问

7. 您认为财务共享中心哪些工作需要改进:
□工作及时与效率　　□流程简便性
□业务熟练程度与准确性　□沟通方式通畅
□服务态度

8. 您对财务共享中心的工作的其他意见和建议:

样例,仅供参考

图 8-20　财务共享服务中心满意度调查问卷样例

电话调查可即时获得结果,时效性高,但缺点在于成本较高;由于电话沟通中被访者思考时间较短,准确性稍显不足;拨打时间不合适,被被访者拒绝等。

问卷调查的成本较低,可大范围发送,被访者可选择合适的时间仔细填写;但缺点在于问卷容易被忽略。

通过调查可以直观地了解财务共享服务中心服务的水平,并对服务的短板开展有针对性的改进。

8.9　标准的管理

同一个制度,不同财务人员解释,员工获得的概念可能不同;

第8章 运营管理

同一类单据,不同财务人员处理,结果也有可能不同;

特殊情况,如何处理,谁来审批?

岗位变动,如何交接,才能不影响正常工作?

……

怎么办?管理者应该教会员工正确的工作方法。

如何持续正确地做事,即标准。

标准化管理,是对财务共享服务中心的业务活动,制定共同和重复使用的规则,在一定范围内获得最佳秩序和最大经济效益。标准化的重要意义是改进产品、过程和服务的适用性,把生产全过程的各个要素和环节组织起来,使各项工作活动达到规范化、科学化、程序化,建立起生产、经营的最佳秩序。

财务共享服务中心的标准化管理无处不在,贯穿于流程管理、组织管理、质量管理、绩效管理、培训管理、服务管理之中,起到固化流程、提升效率、树立品牌的作用,标准化管理的载体即为标准化文档,包括制定、发布和实施过程(见图8-21)。

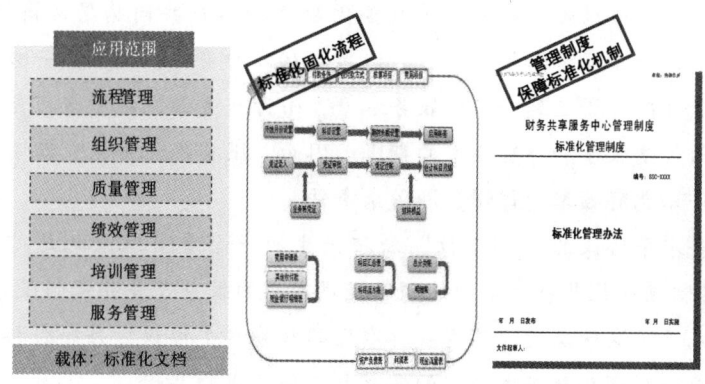

图8-21 财务共享服务中心的标准化管理示例

【视点】SLA(服务水平协议)

什么是服务水平协议

服务水平协议(Service Level Agreement SLA)是服务供应商与顾客双方坐到一起,就顾客的最低可接受的服务水平、服务范围等进行多次商讨、谈判达成的协议,属于法律文件范畴,需要得到双方的承认,并且共同遵守。服务水平协议体现了双方的意愿,并对无形的服务约定了量化的标准和考核指标。

财务共享服务

通过签订《服务水平协议》来明确财务共享服务中心与各法人之间及各业务部门之间的权利以及对应承诺，使所有职责落实到每个具体的责任人和责任实体。

可以看到，服务水平协议的定义已经折射出它的几个核心特征：协议性、相互性、量化性。

（1）协议性

既然称之为服务水平协议，那么它首先是一个协议。既然是协议就必须是在双方协商一致的基础上产生的，得到了协议双方的认同。这也是服务承诺与服务水平协议最首要、最基本的区别。服务承诺是服务供应商单方面作出的，虽然服务供应商在构思承诺时会考虑消费者的一些想法，但不需要征求消费者的同意，可以独自决定许诺的内容、约束条件、赔偿方式和数量以及行使程序。而服务水平协议则是双方共同商讨达成的，明确规定双方的责任，更具有权威性，可执行性更好。

（2）相互性

服务水平协议是双边的，是服务供应商和客户共同构思协商的结果。服务供应商和顾客都必须承认它，这需要双方的妥协。例如，一方面，服务提供者可能许诺达到一定的服务水平，而另一方面，消费者可能答应提供精确的订单数量和尊重指定的期限。因而，服务水平协议中既有服务提供者的许诺也有顾客的许诺，即约束条件。

服务水平协议的"相互性"特征产生的一个重要结果就是"定制服务"。定制服务就是针对不同的顾客提供不同的服务或差异化的服务方式、赔偿方式等。这就决定了不存在标准化的服务水平协议。每一份协议都是服务供应商与顾客就双方特定的需求和责任达成的共识。

相互性的另一个表现是服务水平协议在考虑双方共同利益基础上的最低可接受的服务水平，以达到双赢。例如，一个财务共享服务公司可能向客户承诺1天的报销时效（从提单到付款），这样的承诺确立了一个明确的绩效标准，但不一定是最佳标准。因为较快的报销时效往往对应着较高的费用，而1天的报销时效和3天的报销时效对顾客产生的效果可能是一样的，没有太大差异。因此，有的顾客可能会要求3天的报销时效，这也是他们可以接受的。服务水平协议使供应商和消费者得以定义最低可接受的服务水平，在这个水平上可使双方都达到效益最大化，防止不必要的、昂贵的"质量过剩"。

（3）量化性

服务水平协议不仅制定了最低可接受的服务水平，还为服务水平提供了一系列的量化指标，这些指标能清晰准确地衡量服务的水平。例如一个财务共享服务公司承接一个客户的报销审核业务，那么协议中必定要约定报销时限、差错率，以及针对不同服务缺陷的赔偿机制、金额，这些都必须是清晰的可量化指标。另外，如果服务供应商没有达到既定的服务水平，服务水平协议还制定了量化的赔偿数量。

服务水平协议能够帮助共享中心清楚地认识顾客的需求，能够更好地达成顾客的期望。正如服务承诺的推行一样，共享中心的内部工作程序应该足够稳定以保证服务水平协议的可行性。服务水平协议也有助于优化配置竞争所需要的稀缺资源，例如通过服务水平协议避免提供不合理的高水平服务。服务水平协议对稳固客户以及与客户建立长期的合作关系有积极的作用。

服务水平协议的确定步骤

一般来说，SLA 的确定有四个步骤：甄别、确定、谈判、回顾。见图8-22。

甄别	确定	谈判	回顾
范围： SSC 提供哪些服务？	责任： 如何划分 SSC 和经营单位各自的责任	响应： 双方认同的服务水准是什么	业绩： 共享服务中心是否实现了目标
参与方： 涉及哪些经营单位	要求： 经营部门对能力有哪些要求	测量： 如何测量对方的反应精确度如何	遵守情况： 每一方是否都遵守既定协议
关系： SSC 彼此的关系如何？ 每个 SSC 与每个经营单位之间的关系如何	界面： 信息流和服务流在 SSC 和经营部门之间如何流动	代价： 将会为所提供的服务付出多少	满意度： 双方对结果都满意吗
		结果： 每一方的动机是什么 奖惩措施是什么	范围： 是否有其他产品和服务应纳入下一个协议

图 8-22　服务水平协议确定步骤

财务共享服务

第一步,说明如何甄别客户需求,以及合作双方的关系如何建立。

第二步,确定双方——共享服务提供者和客户——之间的责任,这一步还包括阐述如何向客户提供服务。

第三步,谈判服务的具体内容、服务成本和所依据的业绩标准,这一步还包括确定奖惩措施,肯定存在低于或高于协定业绩标准的业绩。

第四步,对流程进行必要的回顾,以确保达到所要求的业绩水平,保证客户满意度。

服务水平协议的内容

任何一项服务水平协议都必须包括服务的内容、最低可接受服务水平、接受服务方即顾客的许诺、例外事项的解决流程、双方的沟通接口人以及双方的签字盖章等要素。

(1) 服务内容

共享服务适用范围很广,包括财务、IT、客户关系管理、供应、人力资源等等。不同的服务领域包含了不同的服务项目。就财务共享服务而言,具体服务项目包括应收账款、应付账款、费用报销、总分类账、现金管理、内部审计、资产管理等。服务内容部分需要就每一项服务详细进行界定,并对提供服务的输入,如制度、规范、要求,对提供服务所采用的系统、工具等同时界定清楚。比如提供费用报销服务,协议中需要约定服务所参考的财务制度、财务系统的提供方式,如是由客户提供,还是由共享服务中心提供,以及其他的需要事先界定清楚的事项。

(2) 服务标准

服务标准实际上就是最低的可接受水平,也是服务供应商要保证的最低服务水平。如费用报销服务的审核时限,审核差错率;明细账服务的完成账录入时限;总账服务中的提交报表时限等等都需要在这部分进行具体、清晰地界定。见图8-23。

(3) 顾客的许诺

顾客的许诺实际上就是对服务接受方的约束条件或者是服务接受方需要提供的协助的界定。在财务共享服务中一般包括但不限于以下内容:公司材料提供、相关法律资料提供、财务会计资料提供、发票、凭证等服务原始资料提供等等。

(4) 收费机制

功能	服务水平指标	目标	评估频率	辅助因素	辅助指标
跨功能	查询电话于第一声铃响的两分钟内接听	90%	电话系统/月	电话系统无故障	IT服务水平协议
跨功能	客户满意度最大化	4.5（SIGMA值）	一年四次	客户满意度调查定期按时举行并得到反馈	调查发放20天内
跨功能	月末5个工作日内完成月结	100%	手工/月	系统运行无故障	IT服务水平协议
				月结清单上业务单元部分按时完成	
应付账款	收到发票的三个工作日内完成录入及校验处理	95%	文件管理系统/月	发票提交时按规定格式且所需其他信息完全	
				系统运行无故障	IT服务水平协议
应付账款	发票锁定解除后，发票在三个工作日内处理完成	95%	文件管理系统/月	发票按规定流程已被解除锁定并已提供足够信息	
				系统运行无故障	IT服务水平协议
应付账款	每天五点前完成付款清单准备并提交	95%	手工/周/月	资金主管每天中午12点前完成清单预审核	
				系统运行无故障	IT服务水平协议

图 8-23　财务共享服务中心服务水平协议的服务标准示例

收费机制是指财务共享服务中心的收费方式，主要包括持续优化法、利益共享法和实际业务量法。持续优化法类似设置阶段目标，达成目标后，可按预先商定的固定标准收取费用。利益共享法则好比承包责任制，只要达到既定目标，多出部分无论金额大小都归业务部门和财务共享服务中心所有。实际业务量法与计件工资原理相似，完成一单业务，财务共享服务中心就可以向业务部门收取相应的费用。见图 8-24。

（5）例外事项处理流程

协议的内容和篇幅都是有限的，不可能囊括所有细节，而且协议双方也不可能在签订协议时预测到将来会发生的所有状况，因此，例外事项处理流程是服务水平协议中必不可少的一项。例外事项是指服务过程中遇到的协议没有界定的突发事项或顾客提出的协议以外的特殊服务需求。针对这一类例外事项，需要事先在协议中约定处理流程、沟通的方式、以及负责人等。

（6）沟通

在这一部分需要明确双方的总体负责人、各具体业务的接口人以及沟通的方式、工具、周期等等。对于财务共享服务中心来说，每一个顾客或每一项服务都应设置一名项目经理负责整体的组织、协调、谈判等工作，如果各项目中包括的具体业务较多，需要针对具体业务设置接口人，这样对于具体业务上的沟通可以减少沟通层级、缩短信息传递时

财务共享服务

收费机制	具体描述	优点	缺点
持续优化	• 就FSSC成本降低方案进行协商 • 通常，第一年业务单位承担协商的所有成本，包括拟进行的成本降低的投入 • 如果FSSC没有获得显著的效率提高，总部将承担进行成本降低的投入以及实际与协商的成本之间差异	• 降低业务单位在实施阶段的抗拒心理 • 业务单位可清楚地了解到FSSC实现的成本降低	• 需以良好的客户关系管理为前提
利益共享法	• FSSC与业务单位根据试运行期间成本协商基准线，考虑利润加成（将FSSC视同利润中心） • 每年基准线与实际成本之间的差异（超出或降低）由业务单位和FSSC共同承担 • 基准线仅在通货膨胀或服务范围及数量发生改变时才会调整	• 可确保FSSC及业务单位的工作效率	• 既定的目标如果难以实现，可能对未来FSSC运营的效率和效果造成不利影响
实际业务量法	• 根据实际处理数量向业务单位收费，如处理的发票数量 • 单价的计算以业务单位历史成本为基准或试运行期间的成本为基准，考虑FSSC的利润加成（将FSSC视同利润中心） • FSSC利用收益实现持续成本降低和对系统的投资等	• 在管理方面是中等难度 • 如果考虑利润加成，利润将用于FSSC财务系统的升级等	• 如果没有利润加成，不能激励FSSC提高效率 • 如果有利润加成，业务单位会担心FSSC利润再投资的透明性

图8-24 共享服务中心服务水平协议的收费机制

间，保证沟通的及时性和针对性，增强双方沟通的有效性。

另外，由于沟通的方式很多，仅明确了沟通的对象是远远不够的，还必须对沟通方式、沟通工具以及沟通的周期进行约定。甚至对于不同的需求需要不同的沟通形式都需要约定清楚。沟通的方式包括：电话沟通、见面沟通、邮件沟通、会议沟通等等。沟通周期包括：定期沟通、实时沟通、紧急沟通等等。对于不同的沟通需求还要界定沟通的对象，比如对于紧急且重要的事件向双方项目负责人沟通，对于具体业务的沟通需求与业务接口人沟通等等。

(7) 其他事项

其他事项是指协议约定以外的其他事项。对于其他事项，双方应约定进行友好协商。

小结

引入共享服务意味着会带来复杂的变革，一个最常见的错误就是，一旦实施阶段结束，就疏于管理，注意力转移。财务共享服务中心的运营管理，对管理者来说是个挑战，其中所面对的跨职能型问题，要具备更多的、非传统的管理能力。

管理者需要重新审视，财务共享服务中心如何为企业增加价值，以此为出发点，设定财务共享服务中心的业绩基准，建立客户对服务中心的预期。为了确保财务共享服务中心有能力达到这种预期，管理者必须在流程设计、绩效、质量、服务等各个方面建立管理体系，不断检查和更新业绩指标，对"供应商——客户"关系进行有效而持续的管理，不断审查完善伙伴关系协议，鼓励共享中心以低成本提供高效率、高质量、高满意度的服务。

第 9 章　变革与风险管理

财务共享服务中心的发展之路是变革与稳定交互演变的道路。财务共享服务中心本身就是一次财务管理模式的变革，是新技术和先进管理思想交汇的产物，从创立之初就是企业一次深度、全面的变革。而由于技术的革新和管理思想的发展，财务共享服务中心又需要持续地吸收先进的技术与知识以适应自身不断发展的需求，及满足组织、流程、技术的不断优化与改进，而每一次技术的引入和管理模式的变化都势必带来整个组织的变革。

可以看到，变革是共享服务中心不变的主题，贯穿于共享实施的整个生命周期，因此，主动地应对变革，积极地进行变革与风险管理，对共享的成功实施及长效改进至关重要。

9.1　财务共享服务中心的变革管理

狄更斯在《双城记》中写道："这是最好的年代，也是最坏的年代，这是智慧的年代，也是愚蠢的年代。大伙面前应有尽有，大伙目前一无所有；大伙正在直登天堂；大伙正在直落地狱"。我们正处于一个新的变革时代——信息技术、全球化、低碳绿色经济等等，这些新兴技术、概念为这个时代烙上了最明显的特征——"唯一不变的就是变化"。有数据显示，世界 500 强企业中能够成功保留 500 强席位的平均年数已从 1935 年的 90 年变成了 2005 年的 15 年。没有任何一家企业能够永远高枕无忧，只有在变革中把握时机，树立风险管理意识，才能在激烈的行业竞争中立于不败，成就 21 世纪的百年老店。

9.1.1　变革的由来和影响

财务共享服务中心的变革动因来自内部和外部两方面，其中内部动

第9章 变革与风险管理

因包括组织形式演进,外部动因包括新技术实施和新管理思路的引入。这些对共享服务中心而言都是重大的事件,它们将给财务共享服务中心带来变革,并最终影响到组织的各个方面。见图9-1。

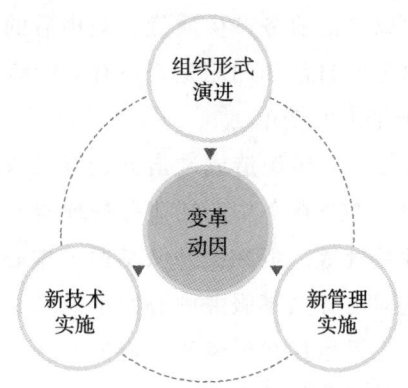

图9-1 财务共享服务中心的变革动因

(1) 组织形式演进带来的变革

财务共享服务中心的组织会根据环境的变化适时作出调整,并由此带来组织的变革。组织的变革中尤以地域的变化所产生的影响最为深刻。

对于组织演变而言,最为重要的一次变革莫过于从分散式到集中式的变革。之所以说其重要,是因为这次变革第一次在地域上改变了组织。在分散式的组织下,财务人员分布在各个业务单位,这正是很多企业在建立之初,为了有效地进行业务支持,所采用的分权管理的模式。财务人员多数是就近招聘,在集中式变革之前,他们在当地建立了适合自己的生态环境,他们的家庭在这里,朋友在这里,他们和业务单位之间已经形成了一种依赖和感情。

当试图打破这种平静,将分散在各地的财务人员集中到一起的时候,无论是财务人员本身还是他们曾经直接面对面服务的业务人员都无法接受这种事实。对财务人员而言,他们要背井离乡,到一个完全陌生的环境中去。离开家人,离开朋友,离开每天生活的环境将深深地影响他们的情绪。此外,地域的迁移将直接影响员工生活成本的变化,如果因为集中使得员工生活成本上升,将导致员工的满意度下降。

财务共享服务

对业务人员而言，集中前的服务是面对面的服务，任何与财务相关的问题都可以直接和常驻当地的财务人员即时沟通解决。而实施财务集中后，业务单位和财务人员的沟通多了一道壁垒，业务单位所面对的不再是具体的某个财务人员，而是财务共享服务中心这个组织。在这种情况下，业务人员将对财务的服务产生质疑，集中后的财务是否还能够保持先前高效满意的服务？自己的问题是否还有人能够协助解决？

（2）新技术实施带来的变革

技术革新也将直接地对组织造成冲击并最终带来变革。新技术的应用能够有效地改进财务共享服务中心的业务处理能力，如ERP系统、网络报销、条码和影像系统等。但在提升共享服务中心能力的同时，也必须意识到新技术实施对财务共享服务中心所带来的变革和冲击。

人对新事物总是先天地存在抵触和回避的心理，当人们得知一项新技术即将实施时，各种猜测将随之而起。由于技术本身的神秘以及实施后的不确定性，共享服务中心的员工以及该技术所涉及的业务单位人员均不可避免地会受到它的影响。

以网络报销为例，很多企业在实施网络报销系统的时候会遇到业务人员的抵触。对于员工而言，他们报销的时候不再像以前那样填写纸面的单据，而是需要登录系统填写单据。有些企业的员工处于业务一线，他们无法方便地上网或使用电脑，甚至有的员工根本不会使用电脑，使用系统填单无疑对他们是一种新的负担。对领导而言，登录系统审批的问题同样存在，更为重要的是，在没有实施网络报销时，他们审批的是实物单据，而现在他们只能看到电子的虚拟单据。尽管这种转变没有实质性的区别，但业务领导仍会感觉到权力的削减，并对此提出质疑甚至是抗议。对财务共享服务中心员工而言，影像系统的实施使得财务人员工作的界面发生了质的改变。之前，财务人员在审核时直接通过实物或者通过实物和报销系统的数据比对进行审核。而现在，所有的实物都转变成为电子影像。由于电子影像无法像实物一样随意翻阅，很多财务人员会感到不便，由此带来工作效率的下降使得财务人员产生焦虑和对自身能力的怀疑。

（3）新管理思路实施带来的变革

新兴管理思想的实践也会直接地带来组织变革。一个组织的绩效与指导其前进的管理思想是密切相关的。为了不断地提升组织能力，财务

第 9 章 变革与风险管理

共享服务中心会积极探索并勇于尝试先进的管理思想。在新思路、新思想的实践过程中，变革已悄然产生。

以服务工厂这个新思路的实施为例。目前在中国，已经能够看到很多按照服务工厂模式进行管理的共享服务中心，如柯达、炎兴等共享服务公司。这些公司在建立初期即是按照服务工厂的模式进行设计的，因此服务工厂的理念并没有使组织产生重大的变革。但在考察一些集团内部共享服务中心推行服务工厂模式时，可以发现，这种新思路的引入使他们面对了巨大的变革压力。

一方面，在中国，传统的财务人员始终将自己的职责定位为监管者。无论具体待遇如何，在他们的心里始终对岗位有一定的荣誉感。但当服务工厂概念提出后，很多财务人员意识到，他们所从事的工作将和工厂中流水线上的工人没有本质差别，也许差别仅在别人生产的是汽车，而财务共享中心生产的是财务服务。这种心理上的落差使得他们的工作热情受到严重打击。另一方面，在引入服务工厂的概念后，现场管理将更加精细严格。财务人员的工作自由度大幅降低，他们不再自主作出重要决策，而仅仅是依照设计人员指定的方案执行。此外，工作的强度较先前也有了大幅的增加。财务人员的工作方式由传统的自主安排变为推送式"计划排产"，运营管理人员根据原料到达情况下达每个财务人员的工作任务，完成任务才能够达到绩效考核的基本要求。由此可见，管理思路的变革会对财务共享服务中心带来巨大的影响。

9.1.2 变革的类型

一个成功的共享服务中心为了保持自身的竞争力，应对市场的复杂变化，变革是必然的。变革可以定义为两种类型，一种为维持性变革，另一种为颠覆性变革。这两种不同的变革形式会有不同的结果以及应对方式，财务共享服务中心在进行变革时需要认真地分析自己采用的是何种方式。

（1）维持性变革与颠覆性变革

所谓维持性变革，它们所改善的产品或服务的性能，是主流市场客户本身就看重的。如美林证券（Merrill Lynch）推出现金管理账户，允许客户填写支票支取自己权益账户里的钱；此外，如微软将 Windows 系统从 Vista 升级为 Windows7，使用户有更好的体验，这些都属于维持性变革。这类变革不乏突破性，但他们是通过对原有产品和服务进行改进来留住最佳客户。

颠覆性变革则是通过推出新产品、新服务或新的服务能力来开创一个全新的市场。对于颠覆性变革而言，如果以主流客户注重的性能指标来评价的话，基于颠覆性变革所带来的新状况也许会更差，但它为组织的长远发展和提升市场占有率奠定了基础。颠覆性变革不会以主流客户群体的下一代需求为直接目的，它具备其他的一些特性，能够催生一些新的市场应用，而且它的改进速度非常快，最终也还是能够满足主流客户的需求。

维持性创新几乎总是由市场地位稳固的行业领袖提出来的。这些公司鲜有颠覆性变革，并且他们也不善于应对颠覆性变革的挑战。行业领袖的组织和运营方式，本身就更适合开发维持性技术并推动他们的应用。月复一月，年复一年，他们都在努力推出新的改良型服务产品，以期超越竞争对手。他们实现这一点的方式，是开发一些必要的流程，用来评估维持性变革的技术潜力以及客户对替代产品的潜在需求。投资于维持性技术也符合领先企业的价值观，因为向主流客户出售更好的产品有望带来更加丰厚的利润。

颠覆性变革发生的时间没有规律可循，所以没有一家公司拥有常规的应对流程。此外，颠覆性变革带来的短期利润很低，对公司的最佳客户也没有多少吸引力，从而与成熟性公司的价值观格格不入。因此，大公司往往放弃新兴市场，反而是规模较小的颠覆型公司更有意愿、更具能力去开拓这类市场。新创企业缺少资源，但它们的价值观使得它们可以接受较小规模的市场，它们的成本结构允许接受较低的利润率，它们的市场研究和资源配置流程允许管理者凭直觉行事，他们也不需要各项深入的研究和分析来支持决策。所有这些优势整合起来，就形成了应对甚至发动颠覆性变革的能力。

（2）财务共享服务中心的变革类型选择

财务共享服务中心在维持性变革和颠覆性变革面前也经常面临抉择。财务共享服务中心面对的变革来自两方面，一方面是自身的变革，另一方面是财务共享服务中心协助客户进行的变革。无论哪种变革，财务共享服务中心都经常会陷入两难的境地。

①财务共享服务中心自身的变革。正如在分析维持性变革和颠覆性

第9章　变革与风险管理

变革时所提到的，财务共享服务中心自身的变革与其所处的发展阶段有着紧密的联系。对于一个身处成熟期的财务共享服务中心，他们的变革会更多地考虑重要客户的感受。这一阶段的变革多属于维持性变革。如果这种变革使得关键客户受到了难以接受的影响，那么他们很少会下定决心接受变革。

但对于一个新建的共享服务中心而言，他们有很大的勇气进行颠覆性变革。一些从分散型财务部走向共享服务模式的组织采用了激进的颠覆性变革。他们突然间通知所有人员集中，仅保留很短的停留期。在人员集中后，不经过很长时间的过渡，便转变到全新的流程。这种做法被称为休克性疗法。尽管经历了阵痛，但由于人们没有过多的时间进行考虑、发牢骚，这种变革成功的概率也还是比较高的。但也要关注的是，一旦这种变革失败，后果也是相当严重的，很可能导致业务的彻底瘫痪。这也是为什么成熟型共享中心对颠覆性变革难以下定决心的原因。

颠覆性变革一般出现在共享服务中心建立之初，或是企业所处的经济政治环境、科学技术、企业自身出现重大变化时，颠覆性变革会使共享服务中心整体出现重大变动。维持性变革多在共享中心进入成熟期或稳定期之后出现，目的多是为了提供更好的服务，它是对共享服务中心业务的局部修正。

②协助客户的变革。一些客户将变革过程交给共享中心来管理。这个时候，财务共享服务中心必须对客户负责，否则，它们失去的不仅仅是一个项目，而是在行业中的信誉。在替客户决策时，财务共享服务中心通常会采用更加保守的做法。协助维持性变革无论对成熟的还是新建的共享服务中心而言都是优先的选择。

通常情况下，财务共享服务中心会推荐客户先在各地按新的标准将业务规范，此后，逐步地将人员向共享中心集中。但集中后的业务流程和集中前是一致的，所不同的仅仅是地域的转移。当集中完毕并稳定移交后，财务共享服务中心的流程管理人员着手优化共享服务中心的流程，并在共享中心实施经过测试的稳定流程。通过这种温和的演变，保证变革的成功实施。

但在一些特殊的情况下，客户本身希望在短时间内迅速地见到效果，为了吻合客户的需求，在一定时候颠覆性变革也是必要的，因为客户认为这样更符合他们的利益诉求。

9.1.3 如何应对变革

当面临重重变革压力,需要企业上下所有人员拨开迷雾、迎难而上时,每个人心中又会涌现出一个又一个的问题:领导的工作重点转移到了哪些方面?员工如何面对变革?如何处理变革过程中的客户关系?在变革的过程中企业需要完成哪些工作?具备哪些能力?

广受欢迎的畅销书《领导变革》(Leading Change)的作者和《变革之心》(The Heart of Change)的合著者约翰·科特(John P. Kotter)指出:变革活动的3/4都与领导而不是管理有关,在战略或信息技术上获得了飞跃式发展的成功,是企业通过领导实现变革。

领导对变革的作用是巨大的。面临变革时,对企业而言,领导决定了企业的战略、经营决策;对员工而言,领导能够给予员工精神上的安抚和物质上的支持;对客户而言,领导代表了双方企业间合作的未来发展方向。

那么财务共享服务中心的领导需要具备哪些特征和能力,才能推动财务共享服务中心变革的顺利完成呢?根据实践经验,得出的结论如下(见图9-2)。

预见力:共享服务中心的领导应乐于、勇于且持续接受新的观念、知识,敢于舍弃固有的传统观念,善于掌握和运用新知识,在此基础上,通过自身的思考,形成对行业未来发展的认知,未雨绸缪。

决策力:预见力是决策力的基础,决策力是领导应变能力及果敢决断力的体现。在企业决定进行变革时,企业的未来就存在着巨大的未知性,机遇与风险并存。具有决策力的领导会在自身对未来形势认知的基础上,抓住机会,适时调整财务共享服务中心的战略定位、工作模式、工作范畴,规避风险,推动企业的变革。

交际沟通力:团队的领导应有活力、具备沟通技巧,并且是一个善于说服引导的协调者、良好人际关系的营造者。领导通过这种良好的人际关系及沟通能力勾勒出一幅美好的企业变革愿景图,让变革的相关人员更容易理解和支持企业的变革,维持企业在变革过程中的向心力。

关怀之心:能主动关心变革中的员工和客户,耐心倾听他们的疑惑、困难和愿望,并切实为他们解决问题,保证变革相关人员的满意度和稳定性。

第 9 章　变革与风险管理

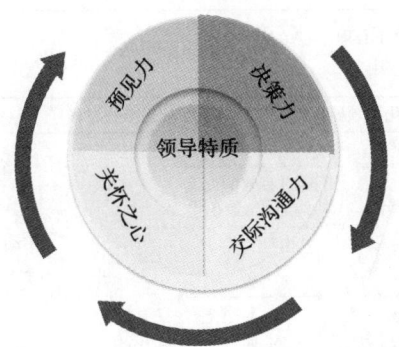

图 9-2　财务共享服务中心的领导特质

那么具有如上特征和能力的领导及其团队在变革中又会对员工、客户和企业起到哪些作用呢？

（1）员工的变革应对

变革中员工的心理活动是一个复杂的演变过程，很多财务共享服务中心在应对变革时并没有将员工心理变化对组织变革的影响放在十分重要的位置。当剧烈的变革行为发生后，他们会发现对员工心理变化的忽视是多么地错误。

变革心理曲线是对变革中员工心理的反映。在变革开始前，一切都是那么地平静，员工甚至都不会意识到变革即将发生。所有人按既定模式做事情，没有任何信号，没有任何准备，盲目的乐观充斥整个组织。当有一天，突然接到来自管理者的通知，得知变革即将来临后，员工不自觉地以冷漠抵触即将到来的变革。此时，由于变革的细节不甚清晰，盲目乐观的情绪仍然充斥，他们希望以抵触驱赶任何可能的变化。随后，人们发现抵触没有产生效果，紧随着会产生反感。一些员工逐步意识到这场即将来临的变革可能会对自己产生严重的影响，他们便悄悄地为自己寻找可能的退路。这一天终会到来，当变革措施的明细方案发布后，没有及早准备的人发现情况远没有想象中那么乐观，他们的预期突然被摧毁，留下的只有绝望。见图 9-3。

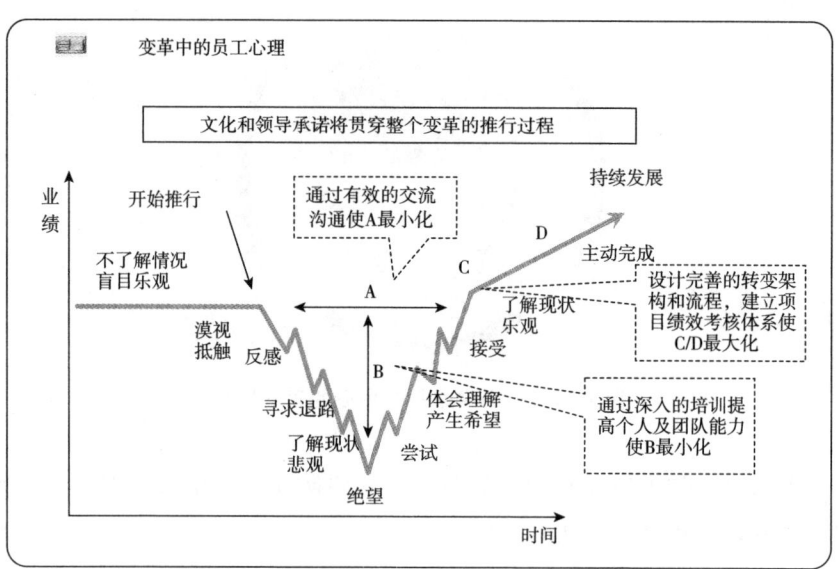

图9-3　变革过程中的员工心理①

经历了绝望的人往往有两种选择，一种是在绝望中离开，另一种则是在绝望中改变自己的目标和追求，重新面对。对于绝望中离开的人我们没有理由指责他们的承受能力，更多的是管理者要检讨是否在变革中没有投入更多的精力进行变革管理，而导致了人员的流失。对于后者，他们在走出绝望的阴影后开始尝试一种新的工作方式，对于变革后的新环境，他们小心翼翼地迈出每一步，当经历这种一步步的尝试后，他们会发现这种变革也许并没有想象中的那么可怕，并逐步地找回失去已久的信心和希望。随着信心的恢复，他们开始接受新兴事物，进而产生乐观的情绪，直至最终恢复到变革开始前乐观进取的状况。

变革中的员工心理曲线揭示了在变革中需要关注的三个重要方面。首先，要关注变革开始到员工恢复信心主动接受新事物的周期（A）；其次，要关注员工产生绝望时对组织绩效最坏的影响（B）；最后要关注如何在员工接受变革并恢复信心后持续地提升组织绩效（C/D）。

①领导重视化解阻力。财务共享服务中心的建设耗时较长，投入的精力较大。它是企业一次重大的组织变革和文化革新，会将那些与业务

---

① 毕博：《ERP与财务管理信息系统实施关键成功因素》，2002年。

第9章 变革与风险管理

单元、业务环境相对独立的非核心业务剥离出来,规范化运作,由财务共享服务中心统一向所有业务单位提供服务。这种冲击往往会带来员工的质疑与不配合,特别是对于部分利益受到损害的管理者,更容易从心理上产生反感,并且这种情绪容易影响到财务共享服务中心领导及更高层次领导,动摇建设财务共享的信心和决心。因此,细致的计划和流程标准化并不能够完全保证共享服务的成功实施,高层领导者的支持至关重要。在获得高层领导支持后,应注意将高层次领导对变革的关心和指示传达给员工,让员工充分理解财务共享服务模式的意义、领导的重视度以及对企业和他们自身所带来的巨大利益,让他们明白在整合过程中协同合作所带来的便利,鼓励员工积极参与到企业财务共享服务模式的建设和实施中,体验财务共享的优势所在。

②通过有效的交流沟通使 A 变小。变革开始至变革后员工心理恢复到正常水平是一个重要的变革周期。对变革项目的研究发现,有的项目变革周期很短,而有的项目则很长。是什么原因影响了变革周期?研究表明,变革过程中信息的公开性和透明度与变革周期有着直接的关系。

在财务共享服务中心的变革过程中,变革领导者和共享中心的员工是信息互动者。多种原因会导致两者之间的信息并不对称和透明。作为变革领导者,他们在实施变革前深有疑虑,由于担心实施过程中受到员工的抵触,领导者有可能隐瞒一些对员工不利的消息,以换取短期的稳定。对共享中心的员工而言,他们处于信息互动中的劣势,无法比变革推动者更早地获悉确切的消息。

事实上,变革曲线中 A 的幅度取决于员工对变革信息了解的深度。诸多变革案例表明,如果员工在变革过程中对具体情况不了解,心存疑虑,则他们从获悉变革到走向绝望、直至正视面对的过程将被放大延长。反之,情况会好很多。

因此,变革的领导者在作出重要变革举措前,应主动和员工进行沟通,通过真诚的对话获取对方的支持。当员工发现管理者是和他在共同面对困难,帮助他渡过难关时,尽管同样会有困苦,但会少一份忧虑,他们能够更快地走出绝望的低谷,并重新以崭新的面貌投入到工作中来。

③通过深入的培训提高个人及团队能力使 B 最小化。良好的沟通能够使员工更快地走出变革周期,而深入的培训则能够使员工在面临变革

时不致走向绝望。员工在面临变革时走向绝望的一个很重要的原因，是担心自身能力无法适应变革后的环境，从而在新的环境中丧失竞争优势甚至无立足之地。

变革领导者如果能够及早预见这个问题，则能够将员工的心理落差稳定在一个可控的水平。针对组织演变带来的变革，培训的重点是转变观念达成上下一致，讲解新组织架构以及新组织架构下的流程。通过对组织架构和流程的培训，能够使员工和团队对新组织有一个全面的了解，从而消除恐惧感。针对新技术带来的变革，培训的重点则应放在新技术本身，通过培训使员工和团队能够熟练应用新技术，使新技术不再成为负担，而是能够帮助员工和团队改进绩效的有效工具。针对管理思想所带来的变革，培训的重点在于对新思想的宣贯，使员工明白新思想的应用在于提升整个组织的绩效，并且，在培训的过程中要使员工明确自己能够在这次变革中学习到新的思想，提升自己的能力。

深入的培训是变革的支柱，通过培训使得整个团队和团队中的每个人对即将来临的变革做好准备，打下基础，当变革真正来临时也就不会那么恐惧了。

④设计完善的架构和流程，建立绩效考核体系，使 C/D 最大化。变革的目的是为了带来更好的绩效，通过充分的沟通和深入的培训，能够使员工和团队尽快地恢复到变革前的绩效水平，但是变革的目标并没有最终达成。在稳定军心后如何迅速地提升组织绩效，实现变革的价值是变革推动者此时最需要考虑的问题。

员工心理稳定后，最需要的是完善组织架构，优化流程，并建立一套完善的绩效考核体系。变革后，由于组织的剧变，很多细节问题还没有得到解决和落实，组织内的员工会将这些问题归集为变革推动者的责任，而不会积极主动地去解决这些问题。这些细小的问题会积少成多，并逐步地侵蚀着组织的绩效水平。在这种情况下，组织推动者不能仅仅被动地苛求员工积极努力地扫除这些问题，而应该主动地承担起这份责任，积极地完善组织的架构和流程。

一个优秀绩效体系的建立对于迅速稳定变革中的组织并提升绩效是十分有帮助的。管理者可以根据此次变革的项目制定有针对性的绩效指标，从而为变革中的员工指明努力的方向。经历了变革的过程后，员工迫切地需要向自己证明所经历的一切是有价值的。此时一个富有挑战性

第 9 章　变革与风险管理

的绩效目标不仅不会受到抵触，反而会激发他们的工作热情。

⑤文化和领导承诺贯彻变革推动全过程。沟通、培训和绩效体系的建设从技术层面减轻了变革的压力，使组织从变革的过程中获益。但仍要强调的是，虽然技术手段是变革的重要工具，但变革能够成功的关键还在于变革的推动者是否营造了一个良好的文化氛围，并且在恰当的时候给出承诺并履行承诺。

某公司财务共享服务中心项目启动时，分散在全国各地的财务人员被要求集中到北京。由于薪资待遇等没有相应提高，很多员工对此深有抱怨。但对这家公司而言，集中共享势在必行。为了鼓励员工能够接受集中的现状，管理者慎重地作出了一个承诺，即在共享服务中心工作两年后将可以协助其返回原工作地工作。尽管这个承诺是以两年后的人员流动为代价，但在此时还是创造了极大的价值。有了这个承诺，财务人员放心地来到了北京。利用这两年的时间，一方面管理者积极优化流程，实施一些人性化措施以鼓励员工主动留下来，另一方面，财务共享服务中心逐步地储备新的业务人员，以应对即将来临的人员回流。通过这些充分的准备，变革顺利完成。同时，也有很多员工在新组织良好的文化氛围中找到了自己新的定位，并主动地要求留了下来。

⑥换位思考解决实际问题，进一步缩小 A。虽然有了领导的支持和承诺，但在财务共享服务中心运营的过程中，员工在工作和生活过程中还是会遇到很多的问题，这些问题都超出了员工的能力范围，例如员工异地生活的适应问题，由于财务共享服务中心大多经历了分散到集中的过程，或者出于提高员工素质，降低运营成本的考虑，财务共享服务中心很多员工都不是财务共享服务中心所在城市的当地人，因此无可避免会因异地工作而对生活造成一定影响。如果这时领导能安排相关部门或亲自带领相关人员解决这些问题，提前给员工联系好租赁的房屋、做好住宿附近行车路线调查、超市、饭店分布介绍等，那么财务共享服务中心员工的忠诚度、工作积极性势必会大有提升。

变革曲线揭示了变革中员工会面临的困难，以及管理者应如何积极应对。积极的心态是化解危机的关键，变革本身并不可怕，可怕的是不敢面对变革。

（2）客户的变革应对

变革曲线解决了变革中组织内部员工的问题，但不能忽视，组织的

财务共享服务

客户也是变革的干系者。当变革行为发生时，组织的客户会切身感受到这些影响。管理者必须考虑到如何最大限度地减少变革对客户带来的影响。

对多个财务共享服务中心的调查表明，在变革期间，客户感受到的最大的压力是沟通界面的变化。财务共享服务中心作为一个集中式组织，它对客户是封闭的。如果它的变革没有改变对客户的沟通界面，客户不会在变革中受到巨大的影响。然而，如果变革改变了客户沟通界面，客户无法再像先前一样找到明确或熟悉的接口人，客户的满意度会迅速受到影响。不难看出，一个完善的沟通渠道在适当的时候能够有效地化解变革对客户的影响。

财务共享服务中心和客户间的沟通可以分为主动沟通和被动沟通。对于共享服务中心而言，最为理想的沟通状态是让客户将财务共享服务中心视为一个整体，他们是在和财务共享服务中心这个组织发生交互。这使得进行沟通渠道设计的时候要尽快塑造一种整体形象。

①主动式沟通渠道。主动式沟通渠道是以财务共享服务中心为主体，主动发起与客户进行沟通的行为。主动的沟通渠道能够让客户产生被服务的感觉，有利于提高客户满意度。主动式沟通渠道的建设关键在于能够将希望沟通的信息有效率、高质量地传递到客户那里。

例如一些财务共享服务中心设立了专业的沟通渠道管理人员，他们负责对和客户沟通的各种渠道进行管理。主动沟通渠道中最为重要的是向客户发布公告和邮件。公告的发布通常会在客户方的公告信息栏或论坛中进行。为了树立共享服务中心在客户中的整体形象，公告的发布可以进行统一的编号，所有公告的形式保持一致，并以共享服务中心署名。对客户发送的邮件中，渠道管理员要对客户群体进行分析和分类，并及时对各类群体信息进行维护，当客户群体被明确划分后，信息的发布将更具针对性，信息通过最直接的渠道传递到客户那里，从而达到最佳的宣贯效果。对于和客户正式的沟通，建议采用书面函件的方式进行。正式的文件使客户能够意识到事件的重要性，并给予更多的关注和认同。

②被动式沟通渠道。和主动式沟通渠道相反，被动式的沟通渠道是客户主动向财务共享服务中心发起沟通，财务共享服务中心被动应答的方式。这种沟通方式不适合信息的发布，但却能够有力地支持客户的业

第 9 章　变革与风险管理

务咨询。被动式沟通的关键在于让客户能够在需要的时候找到合适的人并满意地解决问题。

为避免缺乏统一的应答，以及发生客户有可能得到错误的解答和不满意的服务，也可能根本无法找到人进行解答的情况，财务共享服务中心，可以考虑建设自己的呼叫中心以应对客户的咨询。借助呼叫中心，财务共享服务中心可以建立自己的知识库，将和客户相关的各类知识予以记载，并在答复客户咨询的过程中不断地进行知识积累。对于自行建设呼叫中心有困难的财务共享服务中心，可以考虑将呼叫业务外包给专业的呼叫中心来做，他们在呼叫业务管理上有着更加丰富的经验和技术条件。但有一个需要注意的问题是，外包的呼叫中心尽管具有其在呼叫行业的专业水平，但缺乏财务业务知识。在这种情况下，财务共享服务中心可以通过派驻培训经理的方式来协助呼叫中心提升财务业务知识水平。在一些情况下，还可以将呼叫中心的接线人员安排到财务共享服务中心现场进行学习。

通过沟通渠道的建设，能够有效地改进变革过程中财务共享服务中心和客户之间的沟通界面，使得客户能够尽快地接受这种变革，并认为这种变革不会对他们带来巨大的影响。

（3）企业的变革应对

心理的疏通和沟通渠道的建设使组织在面对变革时不会束手无策，但对于一个优秀的共享服务中心而言，更为重要的是在日常运作中培育其应对变革的能力。

变革能力的产生往往需要外力的推动，因此在很多企业中，变革的产生往往伴随着组织的调整。克莱顿·克里斯滕森（Clayton M. Christensen）与迈克尔·奥弗多尔夫（Michael Overdorf）在"应对颠覆性变革的挑战"一文中指出，通常可以通过以下三种方式来培育应对变革的能力：①在公司内部成立一个新机构，建立新流程；②从现有组织中分拆出一个独立的组织，建立解决新问题所需的新流程和新价值观；③收购一个外部组织，其流程和价值观必须与新任务的需求高度匹配。

①在内部培育新能力。由于最初的组织边界通常是为了旧流程的运行而界定的，当出现新的挑战时，旧流程不再适用于新形势，那么管理者就要从现有组织中抽调相关人员，重新划定边界，组成一个新的团队。

财务共享服务

这种新构建的团队能够全身心地迎接新的挑战：团队成员在同一地点工作，团队每位成员都对整个项目的成功承担各自的责任。很多公司将这种新型团队作为流程创新的工具，来尝试新的技术和新的管理思想，这种应对挑战和促动变革的组织模式赋予内部更强的创造力和执行力。

②通过分拆组织培育新能力。当组织的主流价值观使它无法给一个创新项目分配资源时，公司就应该将该项目分拆出去成立一个新企业。大公司不可能为了在小规模的新兴市场上取得优势，而将关键的财务资源和人力资源分配给这个项目团队。而且，对于成本结构专为高端市场而设计的公司来说，也难以在低端市场上赢利。分拆组建一个独立的组织，有助于建立解决新问题所需的新流程和新价值观。

例如在一些共享中心推出影像业务时，代表了颠覆性变革的影像处理业务流程被埋没在以实物流转为主体的传统业务中。尽管影像系统有其技术的先进性，但考虑到主要客户并没有提出这样的需求，并且担心影像系统的实施会使原来纸面流转的传统流程受到冲击，从而引发变革的阻力，因此很少引入和实施。直到一些管理者将影像流程组织单独剥离出来，并说服一些合适的小客户使用影像系统后，影像业务流程才找到了自己的土壤和空间。

分离的组织并不是要在空间上独立，更多的是不能让该项目与主流组织的其他项目争夺资源。通常来说，与公司主流价值观相抵触的项目，其优先级自然会被降为最低。分拆出去的组织是否需要另辟办公场所并不重要，重要的是它不能再受原有资源配置流程中常规决策标准的束缚。

③通过收购培育新能力。对组织的资源、流程和价值观中的缺陷也可以考虑通过收购来获得弥补，某些外部组织的流程和价值观，可能恰好与新任务的要求高度匹配。这时，就可以通过收购来获得这些能力。在收购过程中，管理者必须仔细评估被收购公司的资源、流程和价值观中蕴涵的能力和缺陷，同时还必须准确了解被收购公司的能力存在于哪个地方，并对其针对性地进行吸收和同化。

例如进行企业收购时，管理者常常选择将被收购方直接整合到母公司中，这种整合的方式，会导致被收购方迅速被母公司的流程、价值观和经营方式所趋同，丧失了其自身独特的能力，从而导致收购的初衷难

第 9 章 变革与风险管理

以达成。因此，通过企业收购方式获取被收购方流程和价值观时，正确的做法，应该是让被收购的组织单独存在，并将母公司的资源注入其流程和价值观。只有这样才能真正通过收购获得新能力。

这种能力的获取方式不仅限于收购，对于竞争性的内部合并也是有效的。某集团的财务共享服务中心分设国内中心和国际中心。国际的财务共享服务中心更加了解当地的具体情况，能够更好地适应海外客户的需求；而国内的财务共享服务中心在流程和价值观管理上则更为突出。集团在将二者合并后，并没有让双方人员融合进行业务处理，而是配以共同的领导，分别运作。这时，管理者将国内中心的流程和价值观在国际中心予以实施，并让国内中心逐步学习国际业务的复杂性，从而有效地提升了整合后中心的整体能力。

【案例】SAP 亚洲六年瘦身 CFO 畅谈共享服务变革

尽管 SAP 公司在中国的业务正以每年 50%的速度增长，可是它在中国大陆的员工数量并没有多少变化。"除了在上海的研发中心需要不断招聘一些新人外，我想我们公司在很长一段时间不会招进新的员工。"北京 SAP 公司的姚小姐告诉记者。更甚者，SAP 中国一些岗位上的职员正在迅速减少，现在负责北京公司人力资源的只有两位员工，而上海只有一位。而在前不久，SAP 各地分公司人力资源岗位的编制还是四至五名。同样，在财务、营销、法律等各个环节上，SAP 中国的人手也没有随着业务的迅速增长而增加，岗位职能也在发生巨大的变化：中国区的财务人员不必为计算公司庞杂的差旅费、应收账款、票据结算而头疼；行政管理人员也不再为合同管理、信件、员工请假等琐事而手忙脚乱。

前来中国"布道"的 SAP 亚太区首席财务总监兼新加坡管理总监 Colin Sampson 向中国记者讲述了这一场长达六年的运动。"这一切都是因为五年前 SAP 亚太区开始了一项新的尝试。"Colin 说。五年前，SAP 亚太区在 Colin 的带领下，进行了一场低调却庞大的变革——在公司内部推行共享服务。

Colin 把它定义为一种协同战略——即现有的部分业务职能部门合并为一个新的、半自治业务部门，旨在提高效率、创造价值、节约成本并提高对总公司内部客户的服务水平。"要像一个独立企业那样在开放市场中展开竞争。"他总结。如今，通过共享服务，SAP 亚太区已经降低了 40% 的管理成本，节约了 42% 的人员数量。"根据内部测算，每个雇员的平均月成本，在 2002 年之前是 2 728 欧元，而现在是 2 196 欧元，下降了 20%；此外，因为安排了专门的人来处理专门的事情，现在 9 个人可以承担以前需要 16 人的工作。"Colin 说。

　　为什么由 CFO 领导变革？SAP 亚太区为什么要由 CFO 在内部发动这样一场共享服务的变革？驱动力是什么？最重要的原因是 CFO 这个角色正在面临巨大的挑战。首席财务官们不像过去那样，仅仅是在电脑前面按按钮，而是介入到企业价值链上的各个环节：企业战略、结构重组、BPO（业务流程外包）、KPI（关键绩效指标）、销售、IT……信息对企业至关重要，因此 CFO 面临快速结算的挑战；受萨班斯——奥克斯利法案的约束，内部控制和报告的重要性与日俱增，所以 CFO 就必须与 CEO 一起来承担最终责任；要减少成本、确保信息的高质量和可靠性，CFO 就必须介入流程标准化和流线化的全过程；安然事件的发生，企业监管和风险控制问题被提到桌面上来，这一切都是当今 CFO 们不得不面对的挑战。而这些挑战在 Colin 看来大部分都可以通过共享服务得以解决。其最终目的就是：企业在发展的同时，成本得到有效控制。

　　那为什么是由首席财务官来领导这场变革，而不是亚太区的 CEO，或者是职位更高的人呢？事实上，BP（英国石油公司）也在做同样的事情。BP 的全球 CEO 布朗勋爵是整个集团建立共享服务中心的幕后推动者。但当他在决定引发这场变革的时候，所考虑的第一个人就是首席财务官，CFO 能够阐明如何推动这场变革。这场变革一开始，全球 CEO 孔翰宁博士就参与进来，他的支持是最重要的。但首席财务官在这场变革中确实也起到了非常重要的作用，因为实际上，如今 CFO 对任何一个公司都是至关重要的，他们既涉及对新系统的部署，同时也参与对以往企业运作系统的更新换代。一旦获得了 CEO 授权后，在推动这个项目的实施过程中，CFO 就是不二人选。

　　当内部员工对共享服务带来的组织变革产生畏惧，进而对集权产生阻力时，SAP 大概从什么时候开始考虑建立共享服务这个模式，花了多长时间呢？Colin 说：大约在六年前，我们提出过要建立共享服务中心，但是遭到了公司上下的一致反对，大家认为风险太大。五年前，我们再次提出，可以在亚太区先试点建设共享服务中心。因为没有别人的经验

第 9 章　变革与风险管理

可以学习，不能从其他地方获得帮助，所以主要是在一些比较小的领域开始尝试，例如在员工薪金支付系统、合同管理等领域。在这两个领域取得成功后，以此为基础进一步推广，逐步扩大它的实施范围，直到财务和行政管理。整个过程从起步到真正扩展开来花了三年多的时间。最后又花了大概一年半的时间从战略层面在整个公司推广。

这场变革是一场全民运动，包括所有部门的所有人，Colin 讲到，这样的变革需要得到所有人的支持，他们都是加班来做的。变革中花在沟通上的时间极多，比如，亚太地区管理人员每周都要开会，通报最新进展情况；每月一次内部沟通的电话会议；通过电子邮件和内部新闻稿，向每个员工提供最新信息。总之，充分沟通，得到大家的理解和支持是很必要的。

那么在这场组织变革过程中有没有统一的指导思想呢？Colin 介绍说：首先要确立目标和方法。为了建立亚太地区共享服务中心（APA/SSC），所有的亚太区 12 家分公司执行的是统一的业务流程，重点是五个方面，包括合同管理、人力资源与薪金管理、教育管理、咨询管理和财务与行政管理。具体的策略是渐进式，一项项业务依次合并。追求的是立竿见影的效果，否则大家容易失去信心。

这场变革具体的实施步骤是什么？Colin 回答道：首先，要选择共享服务中心的地点。在综合考虑了以下几个因素：是否接近亚太区的管理层、接入 IT 的基础设施状况、劳动力资源、包括通信、交通、医疗等在内的国家基础设施条件等等，最后选择了新加坡。其次，建立一个完整的共享服务结构，也就是业务内部系统再造。从 IT、HR 直到下面的内部审计，这些不同的群组中通常都会安排一个组长，也各会有一个小组长负责各个组的财务管理、咨询管理……他们之间都是通过共享库来进行交易。打个比方，子公司的财务人员不能往共享库中输入文件，但是他们可以看、可以分析、并获取所需要的信息。通过共享服务，公司可以实现信息透明化，降低风险。

变革中间碰到最大的阻力是哪些，如何解决呢？Colin 介绍说：遇到的最大困难就是：因为要将一些职能集中起来，很多分公司的领导者都与他们的下属感情深厚，他们不愿意看到下属离开岗位，被分派去做其他的工作。为了能够解决这些问题，我们与相关的人员进行了充分的沟通和座谈，向他们说明这种变化对他们会产生什么样的影响。以一种开

财务共享服务

诚布公的透明方式告诉他们，今后企业发展的方向在哪里。有时候我会打电话给那些董事总经理，问他们，是什么让你们如此焦虑不安？是销售额、是人事问题还是薪酬？都不是，他们担忧的只是如何才能满足客户的需求，所以我们需要建立一个高效的共享服务中心。

执行共享管理，在组织变革之后公司内部CFO的决策和职能将会发生什么样的变化？Colin认为，CFO是为公司未来确定财务战略，这个未来的期限可以达到十年以上。CFO的作用是根据公司竞争对手在财务方面的能力，为本公司确定一个财务方面的标准，而且CFO应该清楚地了解投资者的预期，同时他需要帮助公司实现公司所要达到的目标。举个例子，通常大家认为预算是相当重要的，可是通过共享服务，对于SAP来说，重点是放在预测，而非预算。完全抛弃预算需要具有革命性的勇气。但是，财务管理人员最好是能将预算体现在实现公司的目标和远景战略之中。他们应该采取更及时的反馈方式，同时应具有高瞻远瞩的眼光。SAP公司将精力集中在滚动式的预测，你也可以把它称之为一种更灵活的预算，用这种滚动式的预测来帮助企业确定关键绩效指标。这些业务指标是变量，比方说，如果一个国家的发展比之前预测的速度要快，那么就随时可以调整指标以及相关的战略，以适应这个国家加速发展的新局面。因此我们会建立一个程序，随时面对业务的发展和新形势的变化。

变革后中国分公司的CFO呢？他们会不会抱怨权力被削弱了？Colin认为：CFO的职能本身就一直在发生着变化，不能简单地说谁更强势或谁被削弱。各个国家分公司CFO现在更多地是考虑如何为决策提供支持，而他们之前的作用可能只是将财务数据简单地记录下来。实际上，他们会更加愿意，也更加主动地来从事这种决策。我们从亚太地区各个国家CFO那里收集相关的数据，在共享服务中心进行数据整合，共享中心与各个国家的CFO实际上是一个团队。共享服务的关键在于，是否能够允许CFO独立担当这种变革中所要求的一些职责，比如，让中国分部的CFO独立负责包括持续降低运作成本、提高合并信息质量和可靠性、优化向内外部客户提供的服务和支持等相关的财务决策，而非像过去那样，仅仅从事财务方面的管理。

什么样的行业，什么样的公司应该建立共享服务中心？或者说它对中国企业的意义何在？Colin又谈到了BP的例子，这是一个石油公司，其上下游产品涉及几千种，同时有化工、天然气、电力等等，而且它的业务遍布全球。对于这样一个大的石油公司来说，它的共享服务可以划分为三个地区——欧洲、美洲和亚太地区，这三个共享服务中心是在不同的业务领域分配设置。今后将会有一个统一的、一体的共享服务中心。所以，其实任何行业都可以实施共享服务。SAP 与 BP 几乎是在同时做着同样的事情，我们也是要建立这样三个共享服务中心，一个在亚太地区，一个在美国，另外一个共享服务中心打算建在欧洲。这对中国的意义更是重大，我们认为，将来中国很可能会成为这种共享服务的全球性中心。

案例来源：作者根据公开资料整理，仅代表个人观点。

9.2 财务共享服务中心的风险管理

风险是影响目标达成的不确定性。财务共享服务中心的出现是一次革命，它的可持续发展，必须建立在变革的基础上。而变革的同时，就意味着要时刻面对潜伏着的各类风险。企业在实施共享服务过程中，要能提前认识到这些风险的存在及其严重性，预先制定应对措施或备选方案，并注重对风险的监控，从而使变革之路更为平坦。

9.2.1 财务共享服务的风险模型

通过对中国实施财务共享服务的企业进行调查，不难发现，财务共享服务中心的实施风险主要包含三类：战略风险、管理风险和技术风险。其中战略风险主要是一些战略性决策所带来的风险；管理风险多来自于运营管理业务所带来的风险；技术风险主要是来自基层业务或业务支撑系统的风险（见图 9-4）。

（1）战略风险

- 业务范围确定风险：由于选择财务共享的范围涉及集团内部敏感的利益划分，将会给财务共享服务试运行带来内部阻力，给项目带来运作风险；

财务共享服务

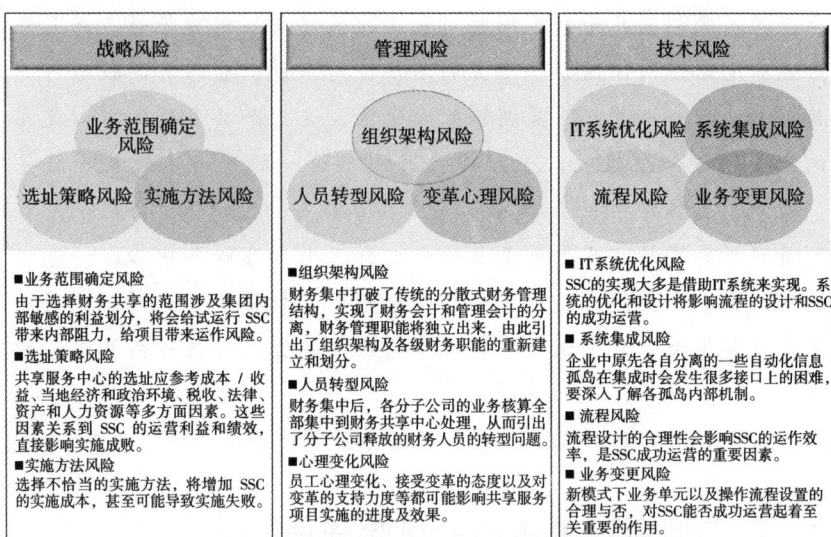

图9-4 财务共享服务的风险模型

- 选址策略风险：共享服务中心的选址应参考成本/收益、当地经济和政治环境、税收、法律、资产和人力资源等多方面因素。这些因素关系到财务共享服务中心的运营利益和绩效，直接影响实施成败；
- 实施方法风险：选择不恰当的实施方法，将增加财务共享服务中心的实施成本，甚至可能导致实施失败。

（2）管理风险

- 组织架构风险：财务集中打破了传统的分散式财务管理结构，实现了财务会计和管理会计的分离，财务管理职能将独立出来，由此引出了组织架构及各级财务职能的重新建立和划分；
- 人员转型风险：财务集中后，各分子公司的业务核算全部集中到财务共享服务中心处理，从而引出了分子公司释放的财务人员的转型问题；
- 心理变化风险：员工心理变化、接受变革的态度以及对变革的支持力度等都可能影响共享服务项目实施的进度及效果。

（3）技术风险

- IT系统优化风险：财务共享服务的实现大多是借助IT系统来实现。系统的优化和设计将影响流程的设计和财务共享服务中心的成功运营；

第 9 章 变革与风险管理

- **系统集成风险**：企业中原先各自分离的一些自动化信息孤岛在集成时会产生很多接口上的困难，要深入了解各孤岛内部机制；
- **流程风险**：流程设计的合理性会影响财务共享服务中心的运作效率，是影响财务共享服务中心是否成功运营的重要因素；
- **业务变更风险**：新模式下业务单元以及操作流程设置的合理与否，对财务共享服务中心能否成功运营起着至关重要的作用。

9.2.2 战略风险及其应对

（1）业务范围确定风险

确定财务共享服务中心的业务范围是实施财务共享的首要任务。

业务服务范围的确定会带来企业财务组织架构的变革，由于涉及内部利益格局的转变，业务范围划分的风险将会给财务共享服务中心的运行带来阻力。财务共享服务的模式，适用于具有同质性的、高度重复、可标准化的业务，其业务区域具有明显的特征。相对来讲，融资、投资、税务筹划等业务类型，就很难显现财务共享服务模式的优势。

财务共享服务虽然具有规模优势，利于降低流程成本，提升效率，但是由于其强调标准化、统一化，因此很难满足业务需求多变、标准和方式独立的业务单元，例如与集团主营业务相差非常大的子公司单位，是否纳入集团共享服务中心的业务服务范围，就需要根据其业务特性，成本效率等因素，进行慎重的考虑和判断。

财务共享服务业务范围的确定，决定了共享实施后共享中心与企业其他财务组织间的职责界面和利益划分，以及纳入共享服务的企业组织机构。不恰当的业务范围，容易造成共享实施过程中组织内部的运行不畅，以及与其他组织间的协作障碍，对于共享服务目标的实现具有极为不利的影响，带来运行风险。

财务共享服务是财务管理模式的变革和创新，在诸多方面都具有其先进性，但在共享的推广中，不能一味追求共享的模式而忽略了业务的本质。对共享的业务范围进行缜密的考虑和确定，对于共享服务模式优势的体现具有积极的促进作用。

（2）选址策略风险

财务共享服务中心选址的最直接意义在于与建设共享服务中心的目标或定位保持一致。不同的目标或定位决定了其对环境的不同需求，管理者需要借助财务共享服务中心选址来满足这种环境需求。如果财务共享服务中心选址与这种需求发生冲突，将会为财务共享服务的长远发展埋下隐患。因此，需要谨慎对待选址问题，而非简单地就地取材，将共享服务中心建设在CFO身边。

选址策略从总体来看，受共享服务中心定位、运营模式、长远战略、企业规模大小等多个因素的共同影响。以共享服务中心定位为例，如果建设财务共享服务中心的主要目的是降低成本、从中获益，选址时就会更多地考虑地址的人力成本和运营成本等成本因素。在确定了财务共享服务中心选址的总体策略后，还需要从人力资源、成本/收益、当地环境、税收法律共四个方面去综合考虑选址当地的人员素质、人力成本、通讯与交通、人才资源、与总部的关系、城市的配套设施、当地的法律法规及税收政策等影响因素（见图9-5）。

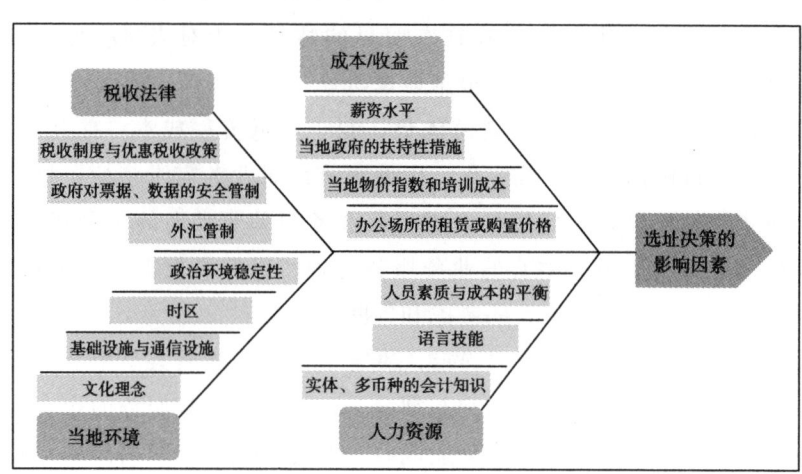

图9-5 选址决策的影响因素

财务共享服务中心的选址应综合考虑上述选址决策的影响因素，将选址与环境需求相冲突的风险降到最低，满足财务共享服务中心的长远发展需求。需要注意的是，事实上，不存在能够满足所有选择标准的办公地址，所以在决策过程中应进行排序，选择其中最适合的即可。地震、飓风、洪水等自然灾害都有可能引起业务中断，必须在选址时也要加以考虑。

第 9 章 变革与风险管理

从行业调查结果可知，中国企业在为共享服务中心选址时，比较关注的因素集中在与总部或分支机构所在地一致、人员素质和招聘来源以及成本等因素上。目前已实施财务共享服务的企业大多集中在上海、北京、深圳、大连、天津、成都等城市。

综上所述，企业在进行财务共享服务中心选址决策时，应紧密结合企业对财务共享服务中心的建设目标和定位，综合考虑相关影响因素，参考国内已实施财务共享服务企业的经验，作出自己的选择，为企业规避风险。

（3）实施方法风险

财务共享服务的实施是一项耗时较长的复杂工程，各个阶段环环相扣，每一环对整个项目的成功都起着重要的作用。而且，共享服务这个理念起源于西方，在中国企业的应用中，还需要结合中国社会经济背景和企业自身特点，设计出一套完善的实施方法。不恰当的实施方法，将增加财务共享服务中心的实施成本，甚至可能导致实施失败。

实施方法主要解决以下几个方面的问题：

①试点单位选择。是选择某个地区或产品线试点，还是选择几个法人机构试点。这两者的区别是，使用地区或产品试点，所实施的业务有一定局限性；选择法人机构试点，业务范围较为全面。

②试点业务选择。是所有的流程同步切换，还是从某些流程先开始。如果所有流程同步切换对财务共享服务中心的业务处理能力将是全方位的考验。

③试点周期选择。试点周期越长，发现的问题会越多越全面，但试点周期过长会拖延共享服务中心的实施进程，消耗共享中心人员的进取热情。而如果试点周期过短，又不能充分发现存在的问题。

④问题反馈处理机制。在试点的过程中，试点单位会不断反馈工作中遇到的问题，这些问题如何接收、记录、处理、反馈及其对应的时效要求将影响客户的满意度，且因为处于试运行这一敏感时期，问题的处理很可能会影响到后续全面上线的推广。

⑤全面上线策略。在试运行过程中，财务共享服务中心需要对相关业务流程、组织架构、人员分工、IT 系统、运营管理等进行修正，并确认最终方案。试运行结束后财务共享服务中心的全面上线，是将所有子公司业务流程一次性全部上线，还是逐步接入各子公司业务流程，是需

要慎重对待的问题。如果一次性全部上线,就面临试点单位选择中的问题——共享服务中心的业务处理人员将面临巨大的压力,而且由于是所有子公司的业务流程,这个考验将比试运行期更加严峻。

对于以上问题,根据总结的实践经验,建议如下:

①欲速则不达。无论是试运行期,还是全面上线期,应优先选择某个地区或产品线的易于共享的业务上线,例如可以选择较为规范的子公司员工报销、档案管理、资金支付等业务先行上线。

②试运行期以 2—6 个月为宜。较为简单的业务经过两个报表期,已经可以将问题充分暴露出来。较为复杂或发生频率低的业务因经过六个月,也已经经过了一次半年报或者年报,财务共享服务中心已经可以获取一定的处理经验。

③加强宣贯与监控。财务共享可能会限制子公司经营的灵活性,对突发事件处理的及时性不足,在一定程度上导致子公司对财务共享服务上线的抵制。但这并非财务共享的问题,而是所有集权与分权模式的矛盾。实施财务共享的目的是要为子公司提供良好的财务内部环境,因此财务共享服务中心在建立之初就要做好宣贯工作,让公司所有员工都了解财务共享服务中心建立的目的;另外通过系统或制度化建设引入高效的财务跟踪和监控机制,总公司可以对下属公司充分授权,并且不介入下属公司的日常管理。

④建立完善的问题处理机制。问题的处理方式、客户满意度,也会影响后续的上线推广,必须要予以重视。问题处理不但包括业务流程中出现的问题,例如员工报销费用时,不知如何提单,或者系统出现问题,导致报销金额有误等。还应包括财务共享服务中心内部的问题如何处理,例如,系统需求提交等等。这些问题的处理都应将其固化,以便高效快速处理问题,避免每次出现提交问题时都请示领导。

9.2.3 管理风险及其应对

(1) 组织架构风险

财务共享一方面打破了传统的分散式财务管理结构,实现了财务会计和管理会计的分离,财务管理职能将独立出来,由此引出了组织架构及各级财务职能中心的建立和划分。另一方面,由于财务共享服务中心工厂流水线的工作模式,导致共享中心内部也存在不同的组织架构划

第9章　变革与风险管理

分，能否协调好组织间和组织内的关系对共享服务中心的发展至关重要。

组织架构的风险分为三个方面：

①组织架构的设置风险。财务共享服务中心整体战略目标的达成，依赖于内部各个组织模块的协同工作，以及与外部关系部门的良好配合。在共享服务中心运营的过程中，相关组织的职责界面划分是否清晰，内部机构设置是否科学，组织架构是否过于偏重内控等都会对共享服务中心的效率产生影响。如果组织架构的设置不合理，就会导致相关组织的工作开展受到牵制和阻碍，影响整体组织目标的达成。

②组织架构的运行风险。一是运行效率低下的风险，这可能是由于组织设置不科学、权责不清晰、职能交叉、跨部门协调不畅等，这样会增加组织的运行成本；二是岗位操作风险，操作风险是员工在日常操作中，由于缺乏监管或员工故意作弊，违规操作给公司带来损失；三是运行中不能很好地通过组织或职能调整优化企业的管控方式，导致管控不力或管控过度，出现失控、员工积极性受损等。

③组织架构的监控风险。组织设立后，需要根据公司管控要求，不断优化，这就需要有一套很好的监控和评价机制，监控风险主要是监控过度和监控不力两个方面的风险，这就需要对此进行协调和平衡。

那么针对以上风险，财务共享服务中心应该如何应对呢？

①组织架构的设置应兼顾职能的完整性、处理业务的高效性和审批的分级性。紧密相关的业务操作尽量放在一个组织中完成，同时避免出现业务无人负责的情况。对组织架构设置和运行中存在职能交叉、缺失或运行效率低下的问题，应当及时解决。企业应制定科学、高效的组织结构图、业务流程图、岗位说明书和权限指引等内部管理制度或相关文件，对各组织机构的职能进行科学合理的划分，明确各个岗位的权限和相互关系。对于不相容职务必须严格分离，避免关键人物操纵整个业务。明确划分各层级的权限，规定其权限范围，对于超出限额的业务，必须通过上一级领导审批。

②确保信息畅通。组织架构的设计，需有利于组织间、组织内部上下进行有效的沟通、信息共享，防止因组织架构复杂或沟通渠道不畅导致业务无法正常开展。

③健全内部控制制度。财务共享服务中心要建立健全议事规则和内

部运行制度，严格履行职责，确保不缺位、不越位、不错位，保证权力制衡机制有效发挥。

（2）人员转型风险

实施财务共享服务后，分散在各分子公司的业务核算全部集中到财务共享服务中心处理，通过规模效应以及共享后的流程优化、效率提升，财务核算人员将得到极大释放，从而引出了各分子公司释放的财务人员的转型问题。如果对这部分人员安排不当，易带来整个组织的负面情绪，可能对共享服务的实施造成一定的阻力。

在实施初期，不建议随意或盲目地减少人员，这样可能造成人心不稳，抵触情绪增加，不利于项目推进。集团在设计财务共享服务方案时就应提前明确对释放人员的安置态度和转型方案。如何根据释放人员的学习能力、基本素质选择适当的转型方案是问题的关键。

以某企业为例，在财务共享服务中心实施过程中，该企业将相关流程的岗位及其人员一起纳入财务共享中心，并按能力类型进行分流管理：让有创新和流程经验的同事组成共享中心的核心团队，要求他们以流程为导向帮助共享中心分阶段的上线；对于有操作经验的同事则安排他们做具体的交易处理；对于能力特质介于两者之间的人员，该企业在充分尊重员工个人意愿的前提下，鼓励他们向业务骨干方向发展。该受访企业指出，人员与团队建设是一个长期的过程，人员转型与提升也是一个长期的过程，过分急进往往事倍功半。

（3）变革心理风险

变革的成功依赖于各种因素的综合作用，在这之中人的因素是万万不可忽略的，企业的任何行为都离不开人，如企业的建立、战略定位的确认、产品的生产等等，越来越多的学者和实践者认识到在变革中必须先解决人的问题。组织行为学家认为人往往有一种非常强烈的捍卫自己已知的和熟悉的事情的愿望，因此员工会产生对变革的抗拒心理。从职业心理健康的角度来分析，组织变革对员工而言是一个特殊而强大的刺激源，员工必然会产生不同寻常的应激反应，如若员工没有足够的能力应付如此强大的压力，将会引起一系列生理、心理、行为上的不适，进而影响正常的工作与生活，这样的员工将是组织变革的真正风险。

许多企业把员工帮助计划（EAP）作为建立员工心理支持和干预系统、帮助员工解决变革中各种心理问题及应对由此引发的危机事件的一种有效途径，并且取得了广泛认可。诚然，是否能应对好压力与每个员工个人的心理素质与应对技巧有关，但已有的大量研究表明，组织在变革中也能通过很多管理手段帮助员工消除和缓解压力、提高员工对变革的适应能力，从而把员工从变革的阻力转变成为变革的推动力。

在变革心理应对中，财务共享服务中心的领导至关重要，共享中心领导可从以下方面入手，增强员工对财务共享服务的认同感，积极参与和支持项目实施：

①领导表达对财务共享服务中心建设的重视和支持。高层领导应将对财务共享服务中心的关心和支持传达给员工，让员工充分理解财务共享服务模式的意义，领导对其重视度，以及为企业和他们自身所带来的巨大利益。

②培训、培训、再培训。通过反复培训，让员工充分认识实施财务共享服务的重要性和必然性，与企业达成一致的奋斗目标。

③频繁而密切的沟通。与员工沟通财务共享服务中心未来的发展方向、目前的进展、可能遇到的机遇与困难，了解员工的顾虑和担忧，积极引导，让员工对未来有清晰的认知。

④承诺与承诺兑现。给予员工适当的承诺，激发员工的进取心，同时在适当的时候兑现承诺，让员工对领导有充分的信任，以更加充沛的激情投入工作。

⑤分享、宣贯。对项目关键里程碑进行排序，及时分享项目实施成果。增强财务共享服务中心员工及企业其他部门对财务共享服务中心的信心。

9.2.4 技术风险及其应对

（1）IT系统优化风险

财务共享服务的实现大多数都是借助IT系统来实现。系统的优化和设计将影响流程的设计和财务共享服务能否成功运营。

信息化是财务共享服务的一大特征，财务共享服务的实现及实施效果依赖于几大核心系统的支撑。这些系统的设计以及与业务系统的集成，关系着财务共享服务中心的运作效率和运营效果，也关系着财务共享服务中心的业务流程是否能得到系统的有效支撑。分散模式下，各分子公司大多是根据各自的业务需求自行开发相关的信息系统，但各分子

财务共享服务

公司信息化程度不一,所采用的信息系统也不一致,原先各自分离的信息孤岛在集成时可能会产生很多接口上的困难。而共享服务一个重要的实施前提是具有统一的系统平台,这一点对于很多企业,特别是中国的企业是一个较大的阻力。

针对系统风险,建议可从以下几方面防范:

①对企业 IT 系统现状进行充分评估,识别系统的待优化之处以及对于实施共享服务的功能缺失。

②尽可能开发并整合业务系统,同时开发必要的核心系统功能以满足共享服务的要求。

③充分集成业务系统与财务系统。

④各分子公司派人参与系统需求设计,确保系统功能满足各公司的需求,同时增强各公司的参与感,降低系统上线的阻力。

⑤尽量统一各公司的业务和系统,减少系统的数量和降低接口难度。

⑥对共享服务中心人员进行培训以熟练掌握各个业务系统功能及操作。

⑦IT 系统开发时应关注界面的可操作性,操作方式简单明了,说明信息尽量使用通俗易懂的非专业性词汇等。

⑧尽可能将各种流程、制度要求实现系统固化,例如各种事前事后审批、签批流程、额度控制等,以提升业务处理效率,避免差错,实现风险控制。

(2) 系统集成风险

随着计算机技术、网络技术和通讯技术的飞速发展,企业的信息化水平得到了前所未有的提高。在企业的巨额投入下,办公自动化、管理信息系统、决策支持系统等纷纷得到实施和应用,以帮助企业提高运作的效率,协助企业管理层的决策制定。可是随着企业发展规模的扩大,企业发现信息化并未达到预期的目标,由于信息化开始阶段的盲目性、分散性和局部性,造成了现有的信息系统都是分散、异构、封闭的系统,系统之间信息不能达到有效的共享,造成了企业内部部门间信息交互的困难,影响到了企业的正常运作,信息化的结果反而造成了企业内一个个信息孤岛,成为企业进一步发展的瓶颈。要解决企业内部信息共享的问题,最切实可行的方法就是选择一个合理的集成方案,对企业内

第9章 变革与风险管理

的多个信息系统进行有机的集成。系统集成不仅涉及技术方面,更涉及组织的架构、管理、人员等等,所以集成的过程中存在巨大的风险。

在系统集成过程中,主要涉及的风险包括以下几个方面:

①管理集成风险。人们常说,信息系统的开发,三分靠技术,七分靠管理,而信息系统集成过程中,管理同样扮演着关键的角色。IT集成的目的是为了解决信息孤岛的问题,支撑企业的业务运营和辅助管理决策,这必然会涉及不同的部门,可能需要调整组织架构、划分部门利益、分派资源、梳理和重整业务流程,这些都是管理集成不得不考虑的问题。

②技术集成风险。企业在不同阶段上线的信息系统可能会采用不同的技术开发,运行于不同的平台之上,也可能使用不同的第三方成熟产品。而技术的发展日新月异,新旧技术之间,新的技术与旧的平台之间,不同平台、不同产品之间能否实现无缝集成,都会影响到信息系统集成成功与否。

③数据集成风险。信息系统集成可以解决企业数据冗余和信息孤岛的问题,以达到信息共享,辅助管理的目的,但现状是企业没有一个统一的数据模式和成熟的数据质量稽核机制,各部门之间信息封闭独立,不能共享,各信息系统之间采用不同的数据库平台和选择不同的数据库设计模式,所以在系统集成时,会产生数据丢失、数据不准确以及各系统数据冲突、冗余、缺失等风险。同时,没有建立完善的管理制度,数据泄露、数据安全等都是系统集成的隐患。

④人员集成和其他风险。信息系统集成会涉及企业的各个层面、各个部门利益资源的分派、专业技术人员和业务人员的沟通交流障碍、实施人员与开发人员的矛盾、顾客与开发方的目标不一致、项目过程中人事变动等潜在风险。同时,系统集成往往周期较长,这期间国家地方法律法规、行业政策的变化、经济环境变动都会带来各种风险。

系统集成风险,建议可从以下几方面防范:

①争取管理层支持,根据战略定位,对组织架构、职能、业务流程进行重新划分。

②在企业自身IT资源的基础上,通过招聘或外包提升IT处理能力,打通不同信息系统间的接口。

③建立企业数据管理制度,包括数据质量要求、数据稽核规范、信

财务共享服务

息安全规范等。

④必要时重新建立一个新的数据管理平台彻底解决数据冗余、信息孤岛的问题。

⑤加强人力资源的管理,考核与激励并重,高效合理地使用人力资源。

(3) 流程风险

流程设计的合理性会影响财务共享服务中心的运作效率,是财务共享服务中心能否成功运营的重要因素。

实施财务共享服务后的一大特征就是所有流程及操作都流程化、标准化,这是财务共享服务提升效率的一个重要因素。对于大型集团企业,分散模式下,各分子公司都有一定的自主权,即使相同的业务也很可能是不同的业务流程,而财务共享服务实施中的一项不可缺少的工作就是流程梳理及优化,使得优化后的流程一方面满足各分子公司业务需要,另一方面要尽量地高效、标准化。因此,流程的合理性直接影响了财务共享服务中心的运作效率与效果,是财务共享服务中心成功运营的重要因素。如果设计不合理,可能为财务共享服务中心的运营带来极大的阻力,导致工作效率低下、流程冗余、成本耗费大,甚至无法实现系统配合等等。

为应对流程带来的风险,建议可从以下几方面防范:

①获得高层领导支持。由于流程梳理和优化会改变原有各公司的习惯和规则,很容易产生抵触情绪,此时如有高层领导的支持和要求,执行力会加强,流程优化工作容易进行下去。同时,在执行过程中,遇到项目团队无法达成一致意见时,高层领导需要发挥决策作用,明确方向。

②重视可行性分析工作,对各分子公司的业务流程现状进行充分调研和评估,尽量统一同质的业务流程,简化流程,减少流程的冗余环节,提高流程效率。

③基于实施共享服务后的业务模式进行业务流程优化,确保优化后的流程满足业务也满足共享服务的运作模式。

④流程优化团队建议从各分子公司抽调人员组成,共同参与流程的调研分析和优化项目,不但可全面考虑各分子公司的需求和特点,确保优化后流程的可行性,同时也可增强各公司的参与感,减少对新流程的

第9章 变革与风险管理

抵触。

⑤可考虑借助第三方咨询顾问的专业优势。

⑥形成完整的流程文档,设定流程的更新机制,明确流程责任人。

(4) 业务变更风险

财务共享服务中心的建立是一场变革,变革的核心目的是提高效率、降低成本,变革的手段是业务重新划分、流程再造、优化及管理制度统一。首先,必须为共享服务中心的建立设计一整套的业务流程、组织人力、信息系统、运营管理体系。其次,这些标准的文档、美好的愿景必须要变为实际可操作的规范和流程,这样变革才能成功。

在合理设计业务单元以及业务流程时需要关注以下几个风险点:

①新的业务单元以及业务流程是否达成了财务共享服务中心建立的目标?

②新的业务单元以及业务流程是否具有可操作性?

③业务变更是否做好了培训与宣贯?

④新旧业务切换是否有标准的指导文档?

首先,应坚持共享服务中心建立的目标:成本和效率。在业务变更中,需要主动优化业务流程,调整组织架构,对业务操作标准化和简化,以达到降低部分岗位要求,降低人工成本,同时提升效率的目的。

其次,流程和业务单元一旦确认应强制执行。优化后的流程改变了部分人员的工作习惯,需要提前做好培训,同时辅以稽核、监控等手段保障执行的效果。对于与外部门相关的变更,在确认流程时应要求相关部门会签,在确认后,应采用邮件、关键人员电视电话会议等手段尽量保证通知到每位员工。

最后,业务变更涉及新旧业务切换,对于新旧业务切换应出台相应的管理规范,包括变更审批、切换要求、并行期等等。

【案例】 区域SSC向全国推进的风险

共享服务这一新兴管理方式,因其标准、高效、低成本、利于管控等优点日益为中国企业所认知、推崇。一些勇于尝试、希望提升管理能力的企业开始规划、组建自己的共享服务中心。

为确保共享服务中心的成功建立,企业在推进共享服务中心建设

财务共享服务

时，一般会采用由区域共享服务中心到全国乃至全球共享服务中心这样一种推进模式。

1. 区域与全国性财务共享服务中心的关系

（1）区域与全国性财务共享服务中心，有着共同的目标延续与不同的侧重方向。

对区域性财务共享服务中心的实施而言：

- 将原分、子公司不尽相同的流程规范化与标准化；
- 此阶段允许一些特殊流程、制度的存在，但需要关注、考虑这些特殊情况的改进方法，为后续全国标准化、规范化打好基础；
- 配合新系统的建设，做好基础信息收集；
- 积极反馈流程、制度、系统的问题，以保证后续流程、制度、系统的可用性、易用性。

对全国性财务共享服务中心的实施而言：

- 将在区域模式基础上完成全国范围的流程规范化与标准化；
- 对已开始的提高效率与优质信息方面的努力赋予更多实现手段；
- 将防控风险作为本阶段的重点；
- 致力于不断的成本降低与服务提升获得财务共享服务中心的长期生命力。

（2）全国性财务共享服务中心是在区域模式基础上的推进

在区域中心稳定运营的基础上，根据企业的规划，可考虑向全国性财务共享服务中心推进。通过区域中心的建设，各区域中心建立了相对统一的业务规范、财务规范、组织规范和信息系统，但由于各地业务的特殊性，可能还存在一定差异，针对这些差异，应结合企业的战略目标，采用适宜的措施，就可逐步实现全国财务共享服务中心的建设。图9-6所列示的是区域中心建立后，业务规范、财务规范、组织规范和信息系统应达到的水平，以及企业在建立全国中心时一般会采取的措施。

2. 区域 SSC 向全国推进的风险

一项业务在其不断发展的过程中，存在各种未知的可能性，共享服务这一新兴的管理模式，本身就在不断完善发展的过程中，而采用这种模式的企业自然会遇到更多的风险，那么在区域财务共享服务中心向全国财务共享服务中心推进的过程中，企业又会遇到哪些风险，对于这些风险又应采用什么应对措施呢？

第9章 变革与风险管理

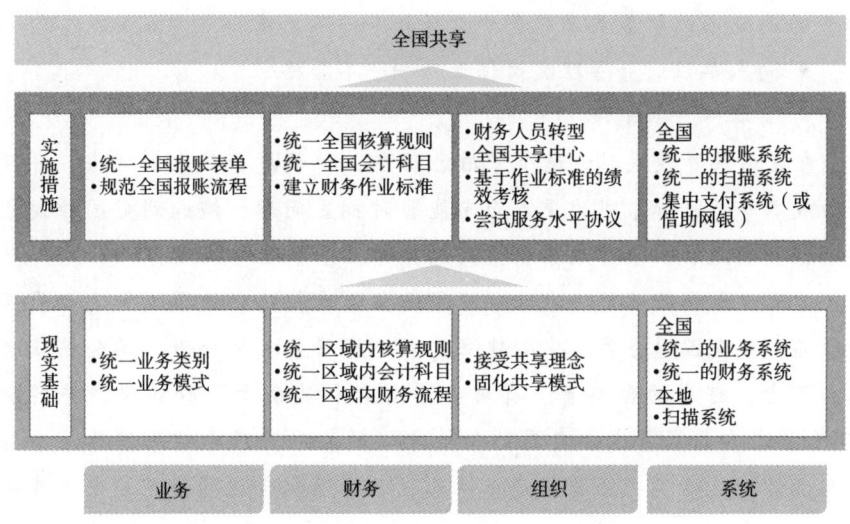

图 9-6 区域 SSC 建立的现实基础和实施措施

（1）人员迁移风险

与区域共享模式相比，全国性财务共享服务在流程、组织、系统、实施等方面均独有其特点。

全国财务共享服务中心建设后，主要的管理、操作人员都将集中到集团，会计信息的生成、政策制度的制定都将由集团覆盖全国，省公司、地市公司将只保留辅助性岗位人员以及业务财务人员。但人员迁转数量与难度呈级次放大，给财务共享服务中心降低成本的目标的实现带来显著压力。如图 9-7。

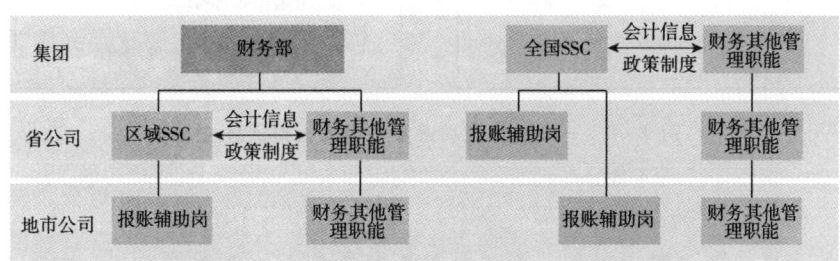

图 9-7 财务共享服务中心人员分布

由于异于国外的文化与政策环境，国内公司在冗员离职上存在多方面障碍。这类人员的岗位迁转很可能出现以下三种局面：

239

财务共享服务

- 向全国性财务共享服务中心迁转——不愿意
- 向本单位财务管理类岗位迁转——不合格
- 离职——不允许

在区域共享模式时,这个矛盾已存在,但矛盾分散在各区域,并且因为成本降低目标未成为重点而尚能暂时搁置问题。演进到全国性财务共享服务模式后,矛盾聚集在集团总部并且很难继续搁置。

对此,企业可采用一次性分流和逐步分流相结合的模式解决人员迁移问题。在全国财务共享中心建立之初先将财务人员分为"不合格或自愿离开者、自愿的合格者、有培养潜质者和其余者"这四类,并解决"不合格或自愿离开者、自愿的合格者"的去向。对于"有培养潜质者和其余者"这两类再根据其考核情况,逐步采取合适的措施,安排其去向。如图9-8。

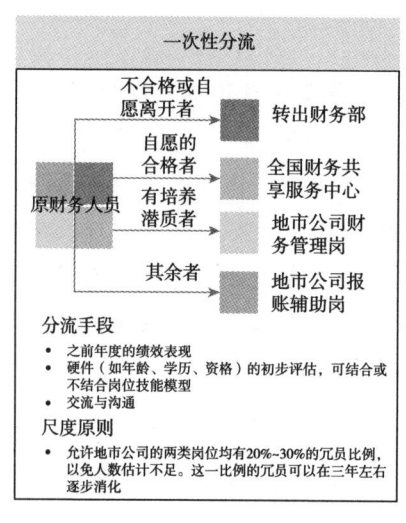
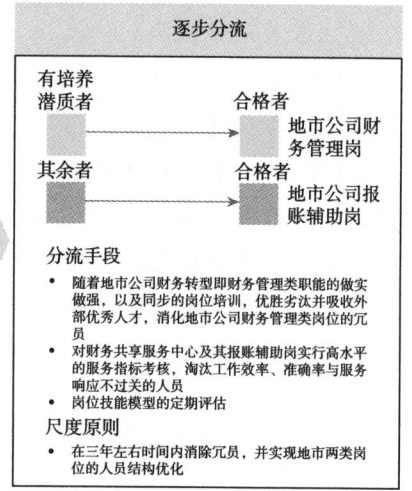

图9-8 一次性分流和逐步分流的人员迁移模式

(2)上下沟通覆盖面扩大

与区域共享模式相比,全国财务共享服务中心需要面对的报账单位更多,沟通覆盖面更广,如果沟通不畅,或者沟通中所依据的标准不统一,将大大影响财务共享服务中心的满意度和专业性,这时就需要借助专业的呼叫中心。呼叫中心的建立,将省公司、地市公司的咨询全部转入集团公司统一处理,保障了沟通的及时、标准的统一。如图9-9。

第9章 变革与风险管理

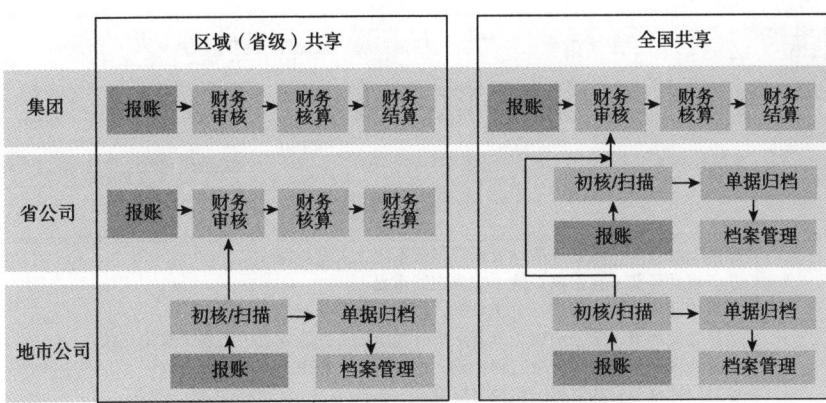

图9-9 全国财务共享服务中心覆盖面示例

呼叫中心是一点接入进行内部服务受理与记录、任务分配、标准化答复、解决状态跟踪的窗口,能改善被服务者(比如查询报销到账情况的员工)的感受,避免财务共享服务中心的核算结算类岗位连续作业被打断而影响流程的平顺运作。如图9-10。

问题受理	所有与财务共享相关的问题都可以向呼叫中心人员提出,呼叫中心人员及时协调相关的资源,解决并回答咨询人员提出的问题。
问题记录	建立问题记录日志,对于无法即时回答的问题,还应登记受理问题详细记录。
限期答复	财务共享服务中心、财务部相关人员对呼叫中心转派的问题,应当在规定期限之前给出解答,原则上解答时间不能超过24小时。
工单派转	如相关岗位人员无法解决下派工单的问题,则需要将该问题的资料退还呼叫中心并说明不能处理的理由,由呼叫中心进行任务的二次派转。
及时通知	呼叫中心每日都应汇总问题处理记录,对已解决的问题通过邮件等方式通知咨询人员。
问题总结	总结共性问题,形成规范性操作文件。
信息发布	将更新的流程制度、FAQ及时更新至知识库。

图9-10 呼叫中心的功能阐述

(3)信息处理更为海量

在区域共享模式下,局部流程可能会保留手工作业,但在全国性财务共享服务中心内,由于需要处理更多单位更为海量的报账信息,必须实现更加全面的自动化,提高流程效率并减少人为误差。如图9-11。

财务共享服务

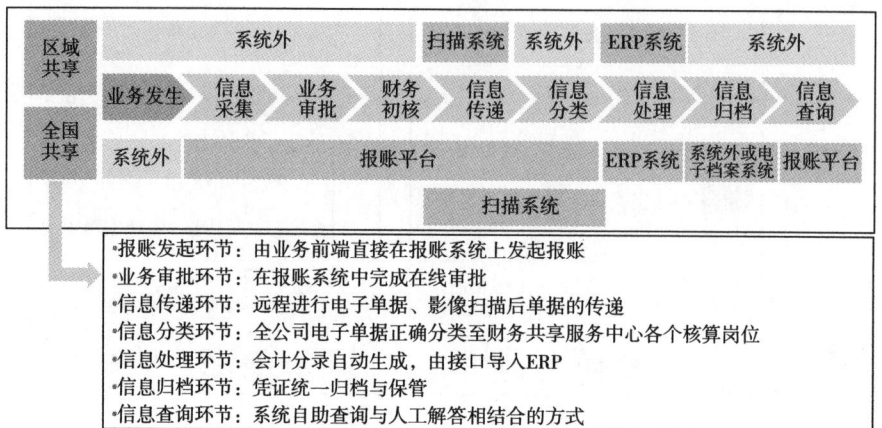

图 9-11 区域共享与全国共享的对比

资料来源：作者根据公开资料整理　仅代表个人观点。

小结

　　财务共享服务是对财务管理模式的一次深度变革，如何把握共享变革的机遇，加强变革的风险管理，将为共享的成功实施奠定坚实的基础。

　　企业变革的核心是管理变革。在财务共享服务中心的变革管理中，我们首先要了解变革的由来和影响，根据变革的类型施予不同的应对策略。其次，明确变革中可能遭遇的风险，建立风险模型，充分评估各个方面可能产生的具体问题，以防为主，以堵为辅，通过各项具体的管理举措和控制机制防范风险产生的来源，并在问题产生之初就予以疏导和解决。财务共享服务是企业的一场彻底、深入、全面的变革，管理者必须通过自上而下（包括管理层、基层员工，以及与之相关的客户和供应商等）、全面深入（包括战略、模式、流程、组织、技术、产品和服务等）的管理举措才能保证共享中心的成功运营和健康发展。

第 10 章　财务共享服务项目实施方法

项目管理领域的探索经历了从初始形成到现代项目管理的漫长过程。财务共享服务的理念诞生于 20 世纪 80 年代，这一时期，项目管理理论的发展日趋成熟，财务会计、项目管理、流程管理、信息系统、工业技术、组织行为、质量管理、变革管理等多学科融汇结合，这都为财务共享服务项目的发展提供了坚实的理论基础。一个简单的项目，通过对核心环节的各项基本过程或任务的实施，就能够达到项目的基本要求；但是，对于实施共享服务这样一个复杂的项目而言，完整的项目规划、科学的实施步骤，以及制定可能出现的风险或问题的应急预案，都是项目顺利实施和运营的保障。因此，在理论的基础上，项目管理团队系统地建立共享服务中心的实施方法是十分必要的。

10.1　财务共享服务实施的 PDE 方法

财务共享服务中心的实施过程，即两个"如何"的问题——如何将原来分散的工作方式成功转换为共享服务的工作模式，以及如何保证此项目有序地实施、推进、完成，并具备可持续发展能力。这一过程具有系统性、整体性的特点，完备的实施方法论是组建工作顺利开展的保证。在实施方法的研究上，从整体性的角度，可通过专有的 PDE 方法的思想来展开财务共享服务的项目管理思路。在 PDE 方法的指导下，分阶段、分步骤建立系统的实施方法。

PDE 方法即通过"最佳实践（Practice）——方法设计（Design）——效果评估（Evaluate）"的逻辑（见图 10-1），设计财务共享服务中心的构建方案，同时，关注方案的可行性与客户变革收益的实现。

财务共享服务

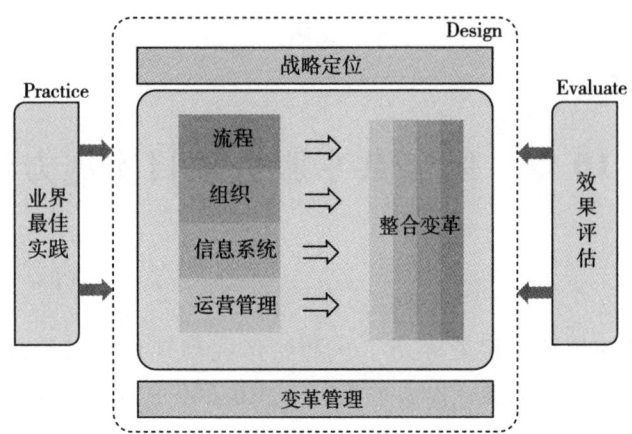

图 10-1 财务共享服务中心构建的 PDE 方法

财务共享服务中心构建方案的设计思想,来源于业界财务共享服务最佳实践的经验;对实施效果的评估是对实施方案的反馈,有助于实施方案的优化和提升。构建方案的设计是 PDE 方法的主体,方案的设计是战略导向性的。整体的设计理念与思路是一个变革管理的过程,对流程、组织、信息系统、运营管理四大要素进行整合(见图 10-2),每个要素又代表了一个完整的实施模块,各自包含了更深一级的详细工作方案设计。在方案设计阶段建立一个如图 10-2 所示的共享服务中心方案构建模型,针对每部分展开详细设计、方案实施和优化建议,得到适用于目标企业的落地性最强、变革收益最大的最佳设计方案。

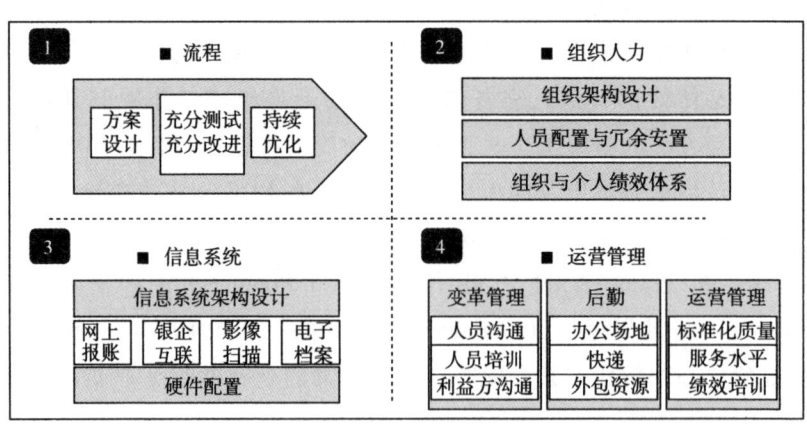

图 10-2 财务共享服务中心组建模型

244

第 10 章 财务共享服务项目实施方法

PDE 方法来自于业界财务共享服务中心的实践经验，展示了从传统模式到财务共享服务这一变革的基本路径。在 PDE 方法的指引下，可以将方案设计与效果评估的总体思路划分为三个阶段进行展开，即启动与调研阶段、规划与设计阶段和实施与运行阶段。在各个阶段，又具体细化实施步骤，构造一套完整的财务共享服务项目实施办法。

10.2 财务共享服务项目实施的"361 度方法"

在具体项目中，从明确财务管理的现状到实现财务共享服务目标的过程，就是财务共享服务项目的实施路径，财务共享的实施路径可以总结为一套"361 度方法"，即通过三个阶段、六个步骤，最终成功建成一个财务共享服务中心。具体来讲，三个阶段包括启动与调研、规划与设计、实施与运营；将三个阶段各自展开，又可详细分为定义与启动、现状调研分析、整体规划、详细方案设计、实施部署、持续改进共六个步骤（见图 10-3）。

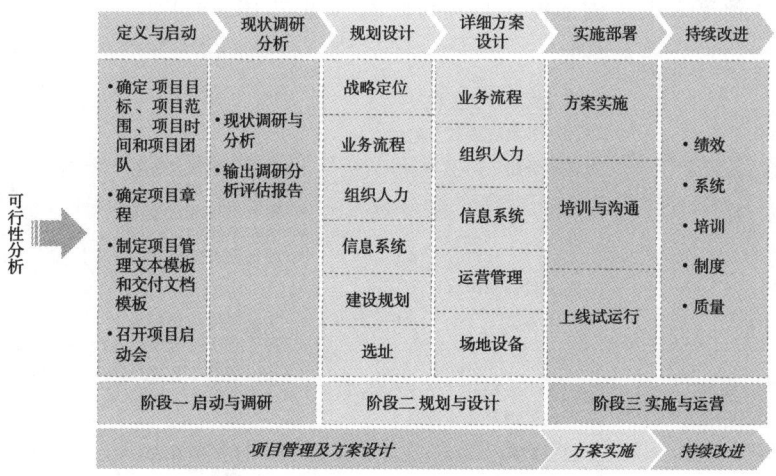

图 10-3 财务共享服务的实施步骤

10.2.1 可行性分析

在立项决策之前，通常需要对项目进行可行性分析。可行性分析是对项目进行充分分析、研究、论证、评价的过程，是决定项目取舍的关键，也是项目管理的起点。

财务共享服务

可行性分析大致包含以下内容：项目的背景及目标、行业分析及市场需求、初步设计、项目SWOT分析、财务预测，最终作出结论。可行性分析集中回答了几个问题：

为什么要做？（背景与需求）

做成什么样？（愿景）

应该如何做？（初步计划）

是否值得做？（成本效益分析）

可行性分析项目通常由项目的投资者（在企业中可以理解为立项的决策者）或项目的主管部门来主持，企业既可以指定内部项目团队承担该项工作，也可委托给专业咨询机构对项目的合理性、可行性、必要性进行分析和论证，为投资者的最终决策提供准确的科学依据。

财务共享服务项目的可行性分析，需要结合业界领先实践，从组织、人员、流程、系统等维度对企业财务管理现状进行分析，讨论建设财务共享服务的必要性，评估企业是否适合建立共享服务中心；建立共享服务中心是否能够解决企业所期待解决的核心问题等，形成初步方案，并预测未来的成本投入与项目收益（见图10-4）。

可行性分析报告	
项目背景及必要性	
国内外发展现状及趋势	
需求分析	• 财务组织现状分析 • 财务人员现状分析 • 财务流程现状分析 • 信息系统现状分析 • 项目需求分析
建设目标和内容	
技术方案	• 系统架构与集成方案 • 财务共享服务项目系统架构 • 技术路线与采用技术 • 系统配置
项目管理及实施策略	
投资估算	• 项目投资概算表 • 咨询服务费 • 软件配置费 • 硬件配置费 • 培训管理及其他费用
效益分析	
风险评估	• 管理风险 • 业务风险 • 技术风险
结论	

（样例，仅供参考）

图10-4 财务共享服务中心可行性分析报告示例

第 10 章　财务共享服务项目实施方法

10.2.2　项目启动与调研阶段

经过可行性分析，项目获得批准，项目启动。项目团队的首要任务就是定义在职责范围内要做的工作。项目定义往往是项目管理过程最初的、也是十分重要的一个阶段。因为此时，项目管理的要求者（项目发起人或客户）与项目团队需要就财务共享服务的一些重要方面达成一致。在项目启动与调研阶段，项目团队需要回答好几个重要问题：

- 构建财务共享服务的机会是什么？
- 实施财务共享服务项目的目的是什么？
- 为实现这一目的，哪些目标是必要的？
- 如果财务共享服务已成功构建，将如何确认？
- 是否存在可能影响成功的假设、风险和障碍？
- 目前企业财务组织、人员配置、流程以及信息现状是怎样的？

在启动与调研阶段，企业高管将对实施财务共享服务表达各自的期许与愿景，财务、业务、信息等各部门人员代表与项目团队要进行信息的充分沟通；与此同时，项目团队需要将财务共享服务的理念在各层级之间进行宣贯和知识引导，双方沟通之后，最终由项目团队出具第一阶段的输出物。信息传递过程如图 10-5 所示（箭头代表信息流）。

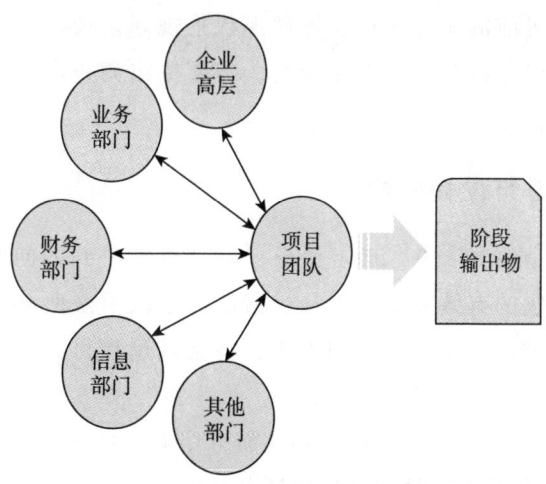

图 10-5　启动与调研阶段信息流关系

财务共享服务

项目启动与调研阶段是建立财务共享服务中心的起点,包括项目的启动与先期评估。启动是项目开端的标志性工作,启动工作主要包含了对项目范围的界定、项目管理文档的输出和启动会议的召开,同时也要展开对企业现状的调研分析,通过调研数据及分析结果,评估企业财务管理现状、领导及基层人员对共享服务的理解和态度、共享实施的基础环境等相关信息。这一阶段包括以下两个步骤的工作:

(1) 定义与启动

作为财务共享服务项目实施的第一阶段,项目定义与启动阶段是整个项目的基础。这一阶段首要的任务是项目启动,它包含:确定项目目标、项目范围、项目时间和项目团队;确定项目工作规范、制定项目管理文本模板和交付文档模板;召开项目启动会等各项工作。输出物包含上述几项工作的文档模板——项目工作规范、项目计划、项目管理文档及项目启动会资料等。

(2) 现状调研分析

现状调研分析是规划和部署财务共享服务项目的基础,有助于定性与定量地明晰企业的财务管理现状。现状调研可采取的常见调研方法有问卷调查、现场调研、访谈等。通过现状调研结果,可以得出企业的信息化程度、信息系统的交互情况,从而来设定项目周期;根据企业人员素质、管理层与员工对构建共享中心的态度,来评估项目推进的难易程度;根据企业目前的业务流程、管理现状来规划设计共享中心的实施框架等。现状调研分析阶段工作完成后,需要输出调查问卷、访谈备忘录和调研分析评估报告。

10.2.3 规划与设计阶段

项目规划是预测未来,确定任务,估计可能碰到的问题,提出完成任务和解决问题的有效方案、方针、措施和手段以及所必需的各种活动和工作成果的过程。这一阶段的工作,将会辅助项目人员解决以下几个问题:

- 从哪几个维度出发,设计共享服务中心实施方案?
- 各个维度的方案设计是如何展开的?
- 共享服务与集团其他组织及部门之间的协作关系是怎样的?
- 与传统模式相比,共享服务中心的业务流程有哪些变化?

第 10 章 财务共享服务项目实施方法

- 如何组建积极协作的财务共享服务团队？
- 共享服务模式下的系统架构是怎样的？

实施中，规划与设计阶段所进行的工作是整个共享项目过程中的骨干和细节的搭建。这个阶段通常包括规划设计和详细方案设计工作。项目人员在规划设计的框架下，细化各模块的具体实施细节，添加需要完善的子模块和具体推进计划。这一阶段，两个步骤的具体工作如图10-6所示。

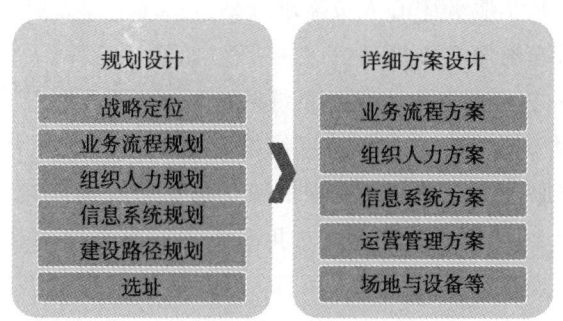

图 10-6 规划与设计阶段的工作模块

（1）规划设计

规划与设计阶段是为整个财务共享服务项目搭建工作框架。规划阶段可具体划分为战略定位、业务流程规划、组织人力规划、信息系统规划、建设路径及选址。

①战略定位主要包括：
- 财务转型；
- 战略结构；
- 战略职能规划；
- 中长期规划。

企业应以整体战略为出发点，形成财务转型规划，重新构建财务管理模式，明确财务共享服务中心在财务管理模式中的定位。

②业务流程规划主要包括：
- 财务共享服务中心流程设计的业务前提；
- 主流程和流程框架。

整体流程的设计要基于企业财务流程管理的现状，在共享模式基础下，综合考虑效率、质量、控制等因素，进行再造与优化。

财务共享服务

③组织人力规划主要包括：
- 实施共享后集团财务职能体系界面构建；
- 财务共享服务中心的组织架构设计；
- 人员测算等。

财务共享服务是对传统财务管理模式的突破，这就意味着必须重新配置适用这一新模式的职能划分岗位设计与人力资源结构。这一模块需要讨论实施财务共享服务后的集团财务职能体系、财务共享服务中心岗位设计及财务共享服务中心人员需求计划。

④信息系统规划主要包括：
- 对财务共享服务中心信息系统的诊断；
- 财务共享服务中心的信息系统架构设计。

财务共享服务中心的高效流程依赖于信息系统的实现。信息系统现状诊断应明确企业现有信息系统与共享模式下系统架构和功能的差异。根据信息系统现状诊断的结果，项目人员设计系统改造及新建规划，包括总体架构、功能架构、应用架构、集成架构、技术架构等方面。

⑤建设路径规划主要包括：

根据企业的机构数量及区域分布、业务状况、财务组织规模等，制定共享服务中心建设规划，包括整体建设目标、分阶段业务范围及里程碑、实施计划、风险评估与应对策略等。

⑥选址规划主要包括：

基于财务共享服务中心战略结构的选择，企业应综合考虑服务对象、经营成本、信息技术、外部环境、税收与补贴政策、人力资源等因素，合理确定共享服务中心的选址方案。

（2）详细方案设计

在规划方案的指导下，项目人员可进一步将业务流程、组织人力、信息系统、运营管理、场地及设备方案展开详细设计工作。

- 业务流程方案：财务共享服务中心业务流程的设计，各岗位操作手册编写等；
- 组织人力方案：基于财务共享服务中心组织规划下，岗位设计；人员转型方案、人员发展通道设计；人员绩效方案设计；人员培训方案；确定需要外包的业务和岗位；
- 信息系统方案：基于系统架构的功能设计、集成关系以及业务需

第 10 章 财务共享服务项目实施方法

求的编写；

- 运营管理方案：为了保证财务共享服务的良好运行，流程制度管理、系统管理、人员管理、绩效管理、服务管理、标准化管理等各维度管理方案的设计；
- 场地设备方案：财务共享服务中心办公区域设计和硬件设备需求方案等。

10.2.4　实施与运营阶段

项目的实施与运营阶段，是按照规划设计逐步展开，实现方案落地的阶段。通过项目的实施工作，项目团队需要回答以下几个问题：

- 共享服务的实施中，需要关注哪些要素？
- 实施中，哪些风险是需要考虑的？
- 如何防范和控制这些风险？
- 共享项目的实施达到了预期目标吗？
- 怎样保持共享服务中心的先进性？

项目的实施与运营阶段，包括执行和控制两个过程（见图10-7）。执行工作包含信息发布、团队建设、质量保证、方案选择、沟通管理、资源管理等；控制工作包括范围控制、信息安全控制、人员控制、质量控制、风险应对控制、进度控制等。

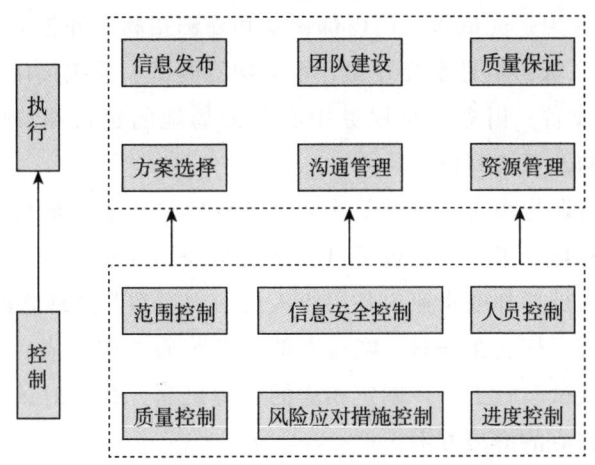

图 10-7　实施与运营阶段执行与控制

财务共享服务

项目的执行,需要根据项目性质的不同,分多个步骤或几个模块来逐步完成。项目的执行过程需要配合全程的项目控制工作。项目控制就是监视和测量项目的实际进展,若发现实施过程偏离了计划,应找出原因,采取行动,使项目回到计划的轨道上来。控制工作各子过程彼此之间并非独立,项目人员需要具备全程把控的意识。在共享服务实施的各个步骤中,需要根据规划完成各模块的执行活动,并在活动执行过程中,对范围、信息安全、人员等进行实时把控,保障实施工作的顺利完成。

如果将构建财务共享服务的过程看作是建设一栋大楼,那么完善的规划设计方案就如同大楼的设计图纸,是建筑的基础和指导;而实施与运营阶段如同大楼的建设施工过程,是建设工作的主体和重点,也是占用资源最多的阶段。这个阶段的实施工作,需要执行前期制定的详细设计方案,并与实施单位进行信息沟通,实现方案的落地与推进。运营阶段的开始标志着项目已经成功实现,并转入日常监控。项目人员需要及时跟踪项目的实施进展情况,适时对项目实施情况进行反馈,并根据反馈进行持续改进。这一阶段的工作,包括以下三个方面的具体工作。

(1) 实施部署

实施部署是项目实施方案落地阶段。这一阶段的主要工作包括财务共享服务规划方案的实施、人员培训与沟通、上线试运行。

①财务共享服务方案实施工作包括:
- 业务流程:业务流程的测试、改进及优化等;
- 组织人力:完成人员的内部调动和外部招聘,外包协议签订等;
- 信息系统:信息系统开发、系统功能测试、系统接口测试等;
- 场地设备:财务共享服务中心办公场地的建设和装修、验收进场、设备采购及安装到位等。

②人员培训与沟通。在财务共享服务各模块实施完成后,项目人员需要进行人员培训工作,注重项目实施的培训和知识分享,同时,高层领导、项目人员要加强企业内各层级人员的沟通和共享理念的宣贯等。

③上线试运行。在方案实施与人员培训沟通工作完成后,项目人员需要主导上线试运行工作,制定相应的管理机制,并针对试运行中出现的问题提供相应的解决方案。

(2) 运营

在试运行的过程中,财务共享服务中心应当完善运营管理相关制度

第 10 章　财务共享服务项目实施方法

规范，将管理模式、权责界面、工作规范等内容进行固化；同时建立培训、服务的长期机制，实现财务共享服务中心的稳定运营。

（3）持续改进

为保证服务水平的持续改进，需要持续关注财务共享服务中心的运行情况，并进一步进行流程、系统、管理的优化及改进。共享服务的持续改进工作，可以从系统、流程、制度、质量等几个维度重点展开。财务共享服务中心应树立随需而变、持续改进的观念，使共享中心成为一个成长性强、创新思维丰富的活跃组织。

在持续运营过程中，共享中心不断对业务标准体系、运营管理规范及相关信息系统等进行优化改造，进一步提升共享的运营效率与效果，从而降低成本、加强风险控制、提高处理速度及提升服务品质。

【视点】实施财务共享服务的常见问题

财务共享服务如今得到了国际上的普遍认可，并已在众多跨国企业中付诸实践，也涌现了诸多成功实施的案例，积累了宝贵的经验。当然，在目前企业实施的过程中，也暴露了一些实践中的问题与误区。财务共享服务项目本身具有复杂性、创造性、多地点性、多公司性和国际性的特点，财务共享服务项目管理具有很高的复杂性和风险，项目人员也就不可避免地会遇到一些问题或误区。综合来看，实施中会面临的问题与误区可以归结为以下几个方面：

首先，对共享服务定位不清。在项目规划阶段，需要将明确的企业战略定位作为财务共享服务中心构建与实施的指导。例如，企业依据自身的发展战略，将财务共享服务中心定位为"两步走"战略，第一步仅建立一个财务数据处理中心，第二步建立一个风险控制、绩效管理、客户管理、学习与成长一体化的财务共享服务中心；亦或是第一阶段定位于构建一个区域性的财务共享服务中心，在此基础上，第二阶段构建一个全国性的财务共享服务中心。

第二，缺乏对管理变革的重视。财务共享服务中心建设是一场管理模式的变革，这种冲击往往会带来员工、客户的质疑和不配合。管理层对管理变革的重视是项目推进的前提与有力保障，因此，财务共享的建设首先必须得到高级管理层坚定不移的重视和支持，让员工认识到管理变革所带来的利益，体验财务共享的优势所在。

第三，对实施周期考虑不充分。项目以"慢—快—慢"的方式朝目标进展是普遍现象，观察过建筑物建设项目的人都会注意到这一现象。这主要是项目生命周期各个阶段资源分布的变化所导致的。大多数项目的生命周期可以划分为概念阶段、设计阶段、实施阶段、终止阶段四个阶段。在实践中，多数的项目人员能够合理划分项目的生命周期，问题通常出现在各阶段内部的控制。在项目生命周期中，美国项目管理学会将生命周期的各阶段划分为5个不同的过程：启动过程（initiating）、计划过程（planning）、实施过程（executing）、控制过程（controlling）和收尾过程（closing）。它们之间的关系如图10-8所示（箭头表示信息的流向）。在生命周期的每个阶段，都需要经历这5个过程，是一个阶段性的循环过程。财务共享服务项目人员需要周全考虑不同阶段内实施过程的要点，结合行业经验与本企业的自身特点，充分考虑设置各个周期长度，避免出现周期过短导致项目上线仓促，或周期过长导致效率低下和人员积极性降低的问题。

第四，项目期间人员不稳定。公司引入一个包含巨大变革的新概念，员工的心理变化、接受变革的态度以及变革的支持力度都会影响服务项目实施的进度和效果。共享服务模式的推行必然带来资源和组织的整合，能否协调好组织之间的关系是面临的重要风险之一。财务共享服务中心的建设是一个持续完善、不断改进的过程。在项目的不同周期，需要构建不同结构的人才梯队，这并非是一个不稳定的人力资源结构，而是一个有机的和动态的人员组织结构。企业需要重视人力资源管理在共享中心管理中的作用和地位。另一方面，组织变革带来的一个重大影响可能是基层业务领导认为自己的管理权限被上收，将会失去原有的财务审批权限，可能会人为阻碍财务共享在当地的实施，甚至造成人员流失。因此，需要让员工理解，财务共享仅仅是信息处理模式和财务核算流程的优化，不会削弱原有的管理权限，以获得员工的支持。

第五，忽略共享之外的变化。财务共享为企业带来的变化，不仅仅在于财务管理模式本身；事实上，财务共享服务的构建，带来了财务职能架构变化，财务管理、人员管理手段得到了很大提升。

第六，试图通过共享解决太多问题。先进性与有效性的大大提高使得共享成为了适合现代集团企业的新型管理模式，但期望实施财务共享

第 10 章　财务共享服务项目实施方法

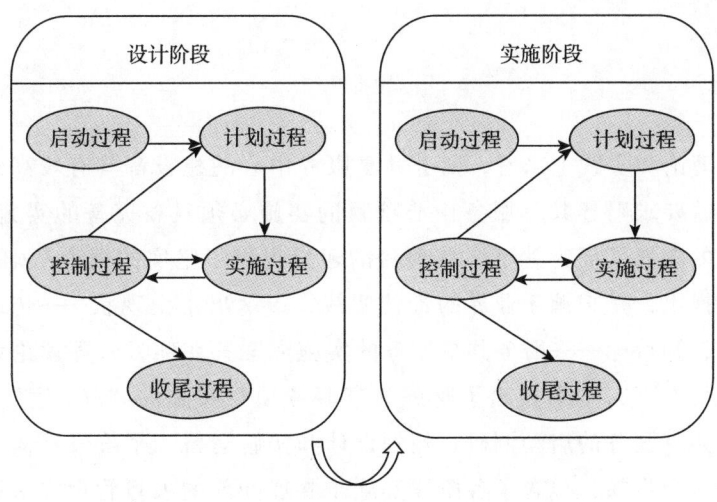

图 10-8　项目生命周期各阶段内 5 个过程关系

解决实务中的所有问题是实践中的误区。在实施财务共享时，一定要视集团公司具体情况和要求框定项目范围。共享中心的建立是分阶段、分步骤进行的，不同的阶段和工作步骤有不同的项目目标和项目工作范围。例如，有的跨国公司考虑到汇率与税收规定的问题，将海外业务的共享放在共享服务的后期；而有的跨国公司为了高效解决派驻海外的财务人员过多的问题，将海外业务的共享放在共享服务的前期。

第七，试图建立一步到位的共享中心。在讲求标准化和流程化的财务共享中心，很多人认为不需要创新能力，只要按要求做事情就可以了。但财务共享服务是一个走在技术和创新前沿的领域，不可能一蹴而就地建立到位的共享中心，需要在制度化的模式下形成持续创新能力。

第八，管理层缺乏充分的参与。管理层的参与能够为共享中心的建立起到标杆和带动作用，管理层缺乏充分参与可能会导致项目周期延长，项目目标不能按期达到。由于管理层在企业运转中的指示性作用，管理层缺乏充分的参与将导致员工对共享中心的建立产生质疑，不能有效推动共享中心方案的实施。因此，在项目的准备阶段，项目人员一定要与管理层进行充分沟通，解决管理层对实施财务共享的疑虑与误解，使其首先充分理解到实施财务共享将对企业管理带来的效益。在项目的设计与推进阶段，项目人员也需要及时与管理层进行沟通与反馈，共同完成项目的构建与上线工作。

小结

　　从理论和实践上来看，财务共享服务中心的建设都具有较高的复杂性，这就要求财务共享服务中心项目的实施必须具备完备的实施逻辑。多学科的融通发展为共享服务项目的建设提供了坚实的理论基础；PDE方法的提出，是来源于业界的最佳实践，指示出了由现状——传统模式的财务，到目标——财务共享服务的实施方案；在项目管理理论和PDE方法的指引下，本书提出了财务共享服务项目实施的"361度"方法，将财务共享服务的启动调研、规划设计和实施运营三个阶段具体细化为实施的六个步骤，包含了各阶段实施步骤展开前的项目管理方法论，同时又展示了具体的实施模块和实现方案，这一套从理论到思想到方法的实施办法，将成为实施财务共享服务中心的重要方案支持，在很大程度上助力财务共享服务中心的上线运营。

第 11 章 财务共享服务项目定义与启动

财务共享服务的实施是一个系统工程,在实施过程中要动用企业自身或外部供应商的很多资源,如何有效利用各种资源、避免不必要的风险,需要在项目开始之初准确定义项目。项目定义是指针对项目人员、项目计划和项目有关初始化约定的一系列相关活动,回答项目做什么、谁来做以及如何做的问题。财务共享服务定义与启动阶段的工作,由项目立项、项目组织、项目启动会及项目调研组成。

11.1 项目立项

项目立项是项目启动前的前期准备工作,主要包括项目目标制定、项目范围规划和项目计划确定。

阶段输出物:
- 《财务共享服务中心项目总计划》

11.1.1 项目目标

项目目标是指财务共享服务的实施目的,是企业对项目实施动因和成果期望的表述。

不同行业、不同规模、不同管理需求的企业,对财务共享的需求有所区别,因此对项目实施的侧重点和方向也随之产生差异。制定项目目标时,应从企业当下现状出发考虑,着眼企业未来发展和管理需要,规划企业未来管理模式,进而制定财务共享服务项目目标。

11.1.2 项目范围

确定项目范围是项目目标实现过程中所必须完成的工作,包括确定产品范围和服务范围。产品范围是指项目过程中需要交付的主要成果,包括开发的系统、编制的文档、输出的规范等交付内容；服务范围是指项目过程中具体涉及的相关参与方、协作方以及事先约定的项目服务内容，包括涉及的企业单位、业务流程等。

应根据项目目标的表述，对目标按产品或服务进行分解，逐一明确并规划项目实施的具体工作，确定项目范围，作为未来项目计划和输出文档的基准依据。

11.1.3 项目计划

项目计划是对项目实施过程的统一安排和确认，包括制定项目的时间计划、制定人力资源计划、定义递交的工作成果、制定成本和预算计划，并评估实施的主要风险，输出财务共享服务项目的实施计划（见图11-1）。

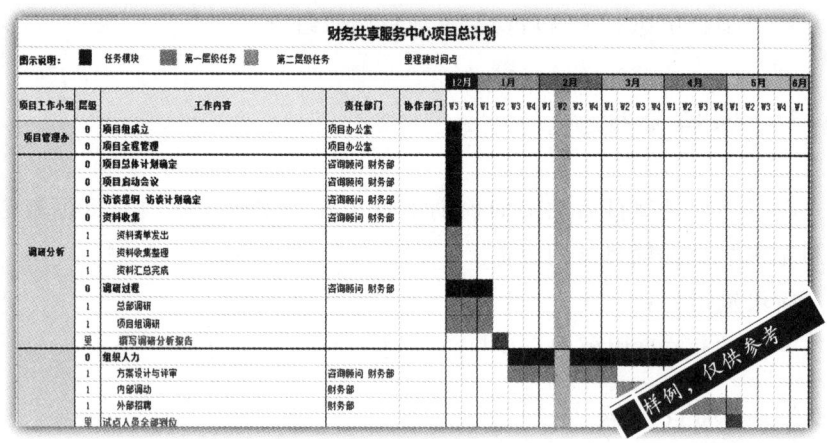

图11-1 项目总计划样例

11.2 项目组织

项目组织的建立是项目定义阶段人力资源的准备工作，包括参与项目的人员和角色责任、组织机制这两个方面。加强人力资源的管理是降低项目风险，提高实施效率的重要手段。

阶段输出物：

- 《工作规范和奖惩办法》

第11章 财务共享服务项目定义与启动

- 《项目日报》模版
- 《项目会议纪要》模版
- 《项目周总结与计划》模版

11.2.1 人员和角色责任

（1）项目组织架构

项目组织架构的具体建设可参考图11-2。

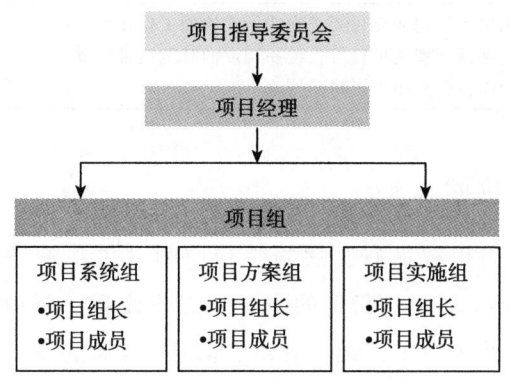

图11-2 项目组基本架构

（2）成立项目指导委员会

项目指导委员会由企业高层领导及项目经理共同组成，其成立目的是审查项目的进展状况，并解决可能对项目产生不利影响的管理问题。经项目经理提议，不定期召开项目指导委员会会议。

> 财务共享服务实施项目是"一把手"工程，企业高层应给予充分的支持和强有力的推动，尤其在项目实施遇到障碍、人员调整、部门之间的协调时，应迅速出面帮助解决。同时，应给予项目组成员充分的授权和相应的激励措施。

（3）项目组人员角色和职责定义

项目组人员角色和职责定义见表11-1。

表 11 – 1　　　　　　　　人员角色与职责定义

角色	职责
项目经理	①负责项目的总体管理； ②与项目指导委员会联系并决定方向性、重大性决策； ③负责项目工作各类计划的审批，并监督、控制计划的实施； ④项目方案的整体审阅、指导等。
项目组长	①负责项目总体工作计划、阶段工作计划的制定，并组织计划的实施； ②负责项目组成员各阶段的工作安排，并协调控制成员的工作进度； ③负责项目成果的审阅、对项目成员进行业务指导； ④负责项目成员的日常管理，营造良好的工作氛围； ⑤负责与各协作单位沟通会议的组织、准备及协调工作。
项目成员	①按照项目计划和交付要求完成子模块的工作任务； ②完成项目经理或项目组长统一调度的其他项目任务； ③负责项目各类相关资料的搜集。

11.2.2　组织机制

为保证项目组规范运行，需制定相应的《工作规范和奖惩办法》。其内容包括项目组人员和职责的定义、工作流程、组内沟通与工作规范、管理规范、礼仪与工作纪律规范、信息安全规范等。

其中组内沟通与工作规范，应编制《项目日报》模版（见图 11 – 3）、《项目会议纪要》模版、《项目周总结与计划》模版等相关文档。

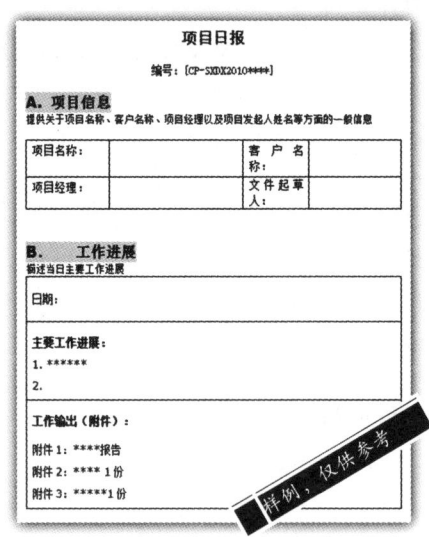

图 11 – 3　《项目日报》模板样例

11.3 项目启动会

项目启动会（Kick off Meeting）是利用企业组织的正规形式，宣布项目正式开始实施的会议，同时是项目定义阶段结束的标志。项目启动会的参会人员包括企业高层领导，财务总监，各分、子公司财务部长，相关业务部门领导及关键人员，核心业务支撑人员和项目组全体成员等。

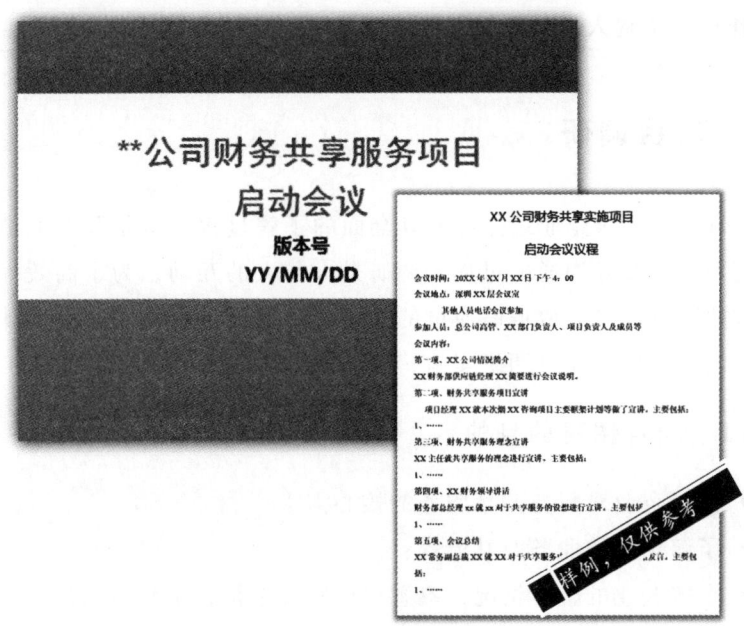

图 11-4 会议议程样例

会议应做好充分的准备工作，编制并输出详细的《会议议程》（见图 11-4）。主要会议议程如下：

- 企业高层领导讲话。企业高层领导向企业上下宣贯财务共享服务基本知识，阐述项目实施工作对企业发展的意义，并表达推进决心；
- 项目经理详细介绍项目计划，以及项目实施完毕后，对管理方式、业务流程、信息系统等产生的影响；
- 企业高层领导宣布项目实施管理制度，并授权项目组，表达推动承诺。

项目启动会结束后,项目组正式启动项目调研,逐步开展项目规划和实施工作。

> 企业高层领导应着重向企业上下表明对项目的期望和推动承诺,形成企业共识,以避免未来很多不必要的阻力和问题,这对今后项目工作的顺利进行有着重要意义。
>
> 企业高层领导应在会议中以宣布的形式对项目组授权,公布项目实施管理的政策和考核管理办法,保障项目组的协调能力和工作效率。
>
> 项目组应在会议期间明确和其他协作单位的工作方式和沟通方式,与协作单位负责人初步接触。

11.4 项目调研

项目调研是对企业运作深入且全面的了解过程,也是和企业员工在实施前期充分交互沟通的过程。调研是人与人的互动,为了高效推进调研工作的同时,又能取得高质量的调研结果,项目组需要详细设计调研目的和调研方法,通过调研实施,最后输出调研报告。

11.4.1 项目调研的目的

- 掌握企业对财务共享服务的核心需求;
- 了解企业的业务及其流程;
- 了解企业的整体情况,熟悉企业管理架构,了解各岗位职责;
- 了解企业员工对于实施工作重点期望解决的问题。

11.4.2 项目调研的方法

项目调研要注意调研的方式方法,根据划分标准不同,调研方法可做如下划分:

- 按形式划分:问卷式、访谈式;
- 按人员对象划分:基层、中层、高层;
- 按场地划分:会议室、实地现场。

在调研过程中,应根据具体情况需要采用合适的调研方法。不论采用何种调研方法,调研前应设计周密的调研表。

第 11 章 财务共享服务项目定义与启动

> 不论采用何种调研方法,在保证调研效率和达成调研目的的情况下,应尽可能让企业各方人员表达自己的看法,倾听员工心声,加强员工参与感,同时在调研过程中让员工更多地了解财务共享服务。

11.4.3 项目调研的实施

制定好调研目的以及调研方法后,项目组正式进入调研实施阶段。调研的实施阶段分为调研准备、进场调研、编写调研报告并汇报三个过程,如表11-2所示:

表 11-2　　　　　　　　调研各阶段工作内容

工作任务	工作内容	输出物（见图 11-5）	角色
调研准备	收集企业流程文件和方案		项目组长
	设计调研表	《材料需求清单》《基础信息收集表》《访谈提纲》《项目调查问卷》模版	项目成员
	编制实施调研工作计划	《关于财务共享服务的调研需求》《调研计划》	项目组长
	确认现场调研的业务部门人员及工作计划		项目组长
	确定参与调研的实施成员		项目组长
进场调研	项目集中调研	《访谈备忘录》《项目调查问卷》	调研小组
	业务点现场调研		调研小组
调研报告	编写调研报告	《财务共享服务项目现状评估报告》	项目组
	提交调研报告		项目组长

调研准备阶段是进场调研前的准备工作,包括企业资料收集及掌握、调研计划编制、企业相关参与人员和项目成员的工作安排和确认,同时应确认收集相关资料的汇总表以及调研过程中所使用的工作模版。在确定调研计划后,应针对不同访问对象提前设计好相应调研问题,充分做好进场调研前的准备工作。

财务共享服务

进场调研阶段是项目调研的核心阶段，按照《调研计划》全面展开调研工作，对人员的访谈结束后输出《访谈备忘录》。《项目调查问卷》在收回后应统计回收率和有效性。

调研阶段后期，项目组输出《财务共享服务项目现状评估报告》，由项目组长提交项目经理及项目指导委员会。

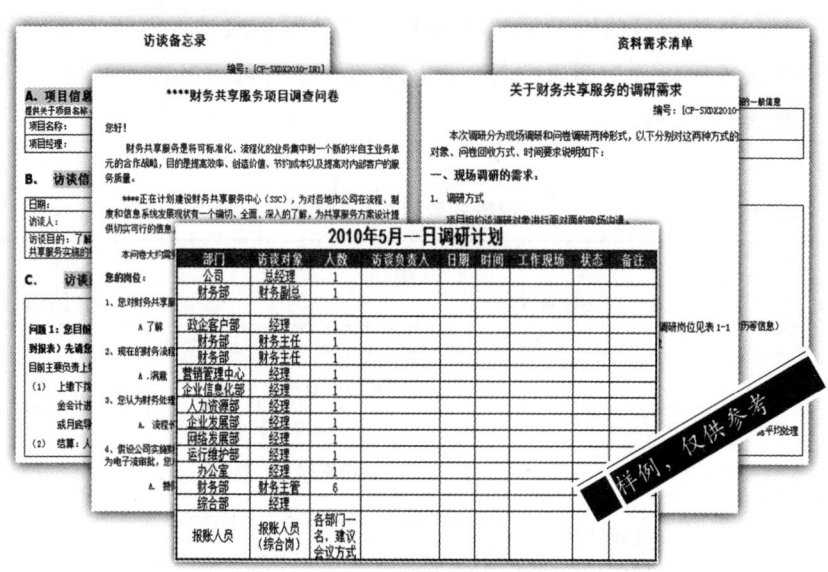

图 11-5　调研输出物样例

访谈需要针对关键人员，以提高调研效率，节约时间，避免不必要的重复性工作。对高层领导的访谈应着重了解他们对财务共享服务的定位和对未来企业管理的期望，这是企业核心需求的重要影响因素；对关键业务人员的访谈除了了解相关业务流程，更应了解在执行业务流时所产生的问题、期望改进的方向和对项目实施的看法。

在对业务流程和决策流程梳理时，应根据核心需求有侧重地对具体工作进行调研，例如财务核算工作调查、资金信息调查、审计事项调查等。

11.4.4　调研报告

《财务共享服务项目现状评估报告》包括四个部分：

第 11 章 财务共享服务项目定义与启动

- 财务体系现状分析：主要包括财务体系部门结构、与其他部门的协作关系、其战略定位等现状的综述和分析；
- 财务流程现状分析：主要包括企业财务流程和业务流程现状的梳理和分析；
- 财务组织人力现状分析：主要包括财务部门的人员结构、运行情况、管理模式及其制度现状的阐述和分析；
- 财务相关信息系统现状分析：主要包括与财务相关的信息系统的功能、作用、系统间关系及对企业流程影响的梳理和分析。

【视点】财务共享服务中心实施过程中的关键点

迄今为止的经验表明，在一个财务共享服务中心的建立过程中有诸多的因素需要实施者谨慎考虑。

- 卓越的沟通是成功实施财务共享服务的先决条件。
- 工作的交接通常会是一项艰巨的任务。
- 建立良好的团队精神。
- 由于组织结构的变化和对新技术的需求，企业必须合理地进行相应的投资。
- 全企业范围内，各级别管理者，特别是其他部门对于财务职能的重新认识，以及对相关人员的技能培训是十分必要的。
- 必须建立相应的服务水平协议（SLA），并使双方就此达成一致。
- 必须妥善并合理地进行财务共享服务中心的选址工作。
- 原财务组织中的管理团队要能够对工作交接（Work Shadowing）阶段进行有效地管理，并及时地处理可能发生的各种问题。
- 企业的管理者们应该明确，在工作交接完成之后，财务共享服务中心仍会在一定时间内需要原财务部门的核心人员和管理者的帮助，以便能够将这种学习的过程延续，直到财务共享服务中心人员完全掌握相应的工作技能和要求。
- 在建立财务共享服务中心过程中，选择性地使用有经验的咨询公司和招聘服务公司也是可行的，并且视企业不同情况，这种对有经验的咨询公司与招聘服务公司的应用有可能是十分必要的。

小结

建立共享服务中心对企业而言是一个非常大的组织和管理模式变革。从已经实施共享服务的企业案例来看，定义与启动阶段的工作完成了确立目标、需求识别、调查研究、拟定项目计划、组建项目团队等项目先期任务，对后期项目的设计与实施具有重要意义。

财务共享服务定义与启动阶段的工作，涉及对共享服务项目的需求、问题的识别、发现和确认，项目的确立与先期组织工作等，具体由项目立项、项目组织、项目启动会及项目调研四部分工作组成，这是一个完整的启动流程。项目立项包括确立实施工作目标、范围和计划，是项目启动前的前期准备工作；项目组织工作包括参与项目的人员和角色责任、组织机制两方面，目的在于保证项目组人员和其工作运行方式及纪律；项目启动会则是仪式性的宣告项目组开展工作，项目调研是正式开展实施工作前的调研，项目启动会需要特别注意其仪式性，通过此项活动让企业上下形成共识，为未来的实施工作铺展道路。

第 12 章　财务共享服务项目规划与设计

充分的项目准备是项目顺利推进的重要保证，项目的具体规划建立在完备的项目管理、充分的现状调研和积极协作的项目团队的基础之上。在准备工作完善之后，项目团队就进入了整个项目的主体部分，即财务共享服务的规划与设计阶段。

12.1　财务共享服务规划设计

财务共享服务的规划设计是在项目组织、项目调研的基础上，梳理项目脉络，明确项目范围，勾勒共享项目的基本框架。

财务共享服务项目规划设计主要包括，战略定位、业务流程、组织人力、信息系统、建设规划与选址（见图 12-1）。

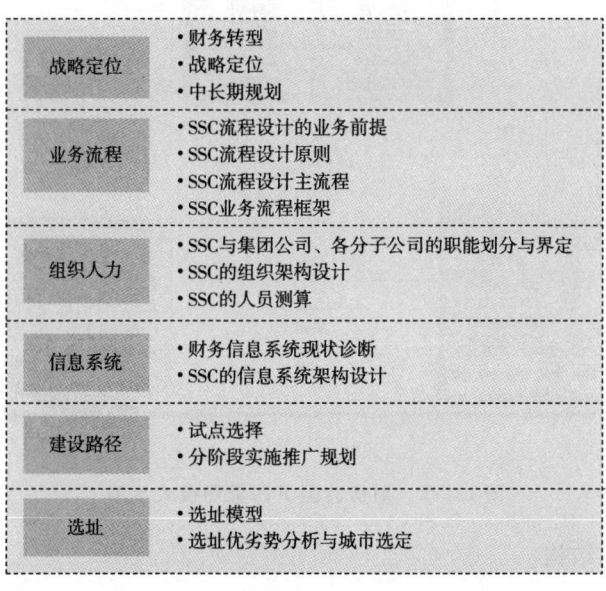

图 12-1　财务共享服务规划设计框架

财务共享服务

12.1.1 战略定位

战略定位是财务共享服务中心未来工作的目标及为达成目标而采取的行动,是共享项目的方向指引。

阶段输出物:
- 《财务共享服务中心战略定位》
- 《财务共享服务中心中长期规划》

项目团队需要在充分了解企业战略目标、发展方向的基础上,结合企业实际情况,明确财务共享服务中心的战略定位和未来发展,例如欲将其作为区域性财务共享服务中心、全球性财务共享服务中心,亦或是专长性财务共享服务中心。

战略定位的规划主要包括:

- 财务转型。企业基于共享服务重新构建财务管理模式,将传统财务职能基于执行层、控制层与决策层整合为战略财务、业务财务与共享服务,从而明确财务共享服务中心在财务组织中的定位(见图12-2)。

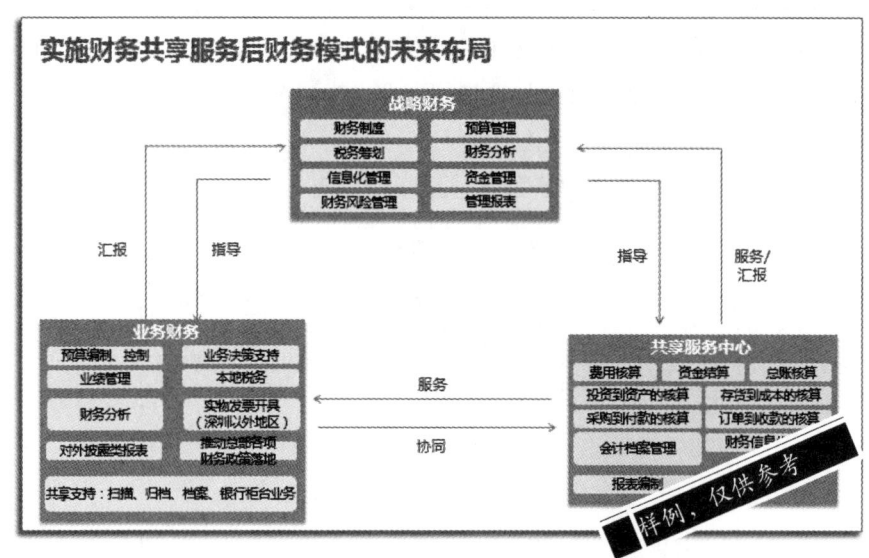

图 12-2 财务转型下的管理模式示例

- 战略结构;
- 战略职能;

第 12 章　财务共享服务项目规划与设计

- 财务共享服务中心中长期规划。

见图 12-3。

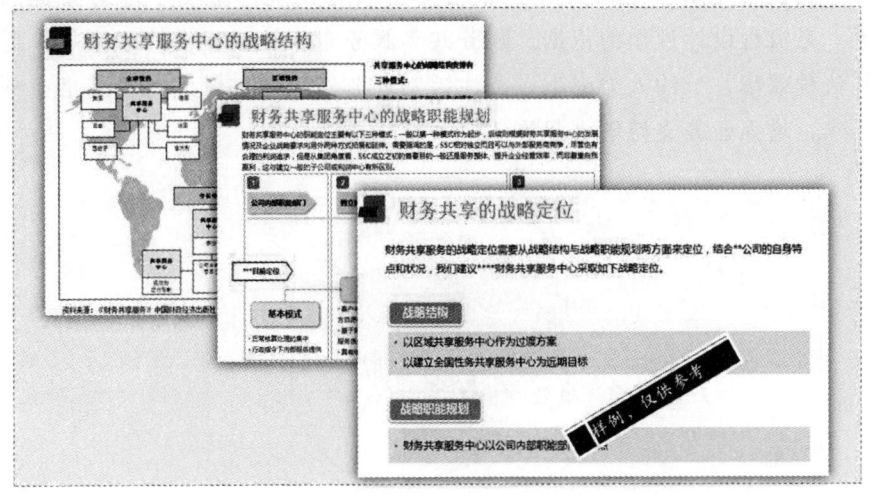

图 12-3　财务共享服务战略定位方案示例

12.1.2　业务流程规划

业务流程模块的工作，主要回答如何去做、怎样做好的问题。本模块的主要工作有：业务前提确认，流程设计原则，主流程设计，及流程框架制定。

阶段输出物：

- 《财务共享服务中心流程规划方案》

（1）业务前提

财务共享服务中心的业务前提是流程设计的起点，该环节将明确共享后流程设计的前提，是共享流程设计的基础和背景，会影响到共享后的流程规范。

业务前提的确定主要包括业务、系统、管理等多个方面：

- 业务，例如共享纳入的业务范围、会计档案集中或分散、支付入账的先后顺序等；
- 系统，例如影像系统的采用与否、电子档案系统的引入及系统的整合范围等；
- 管理，例如内控管理的规则、业务审批权责的划分、审批流程的设计、审批环节是否见影像等。

(2) 流程设计原则

流程设计原则是在流程再造与优化的过程中，需要考虑的关键因素，是流程设计遵循的依据。财务共享服务中心的流程设计原则如：提高流程效率，节约人力成本；关注控制环节，降低支付风险；满足业务需求，增强业务支持等（见图12-4）。

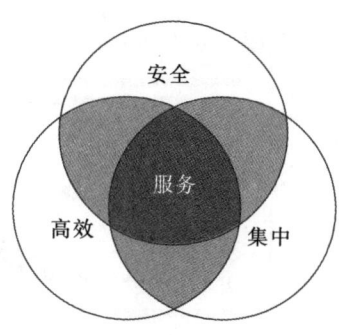

图12-4　财务共享服务中心的流程设计原则示例

(3) 主流程设计

主流程设计是业务前提、流程基础等相关信息的载体，对共享实施后业务的主要形式进行描述和展示，简单地呈现整体业务流程的信息传递过程和相关业务接口，为详细方案设计阶段中的业务流程编写提供依据。

(4) 流程框架

流程框架是财务共享服务纳入业务的流程全集，包含了所有共享涉及的具体流程。在流程框架设计中，可以使用不同的划分办法，比较常用的一般是按照业务角度划分，例如分为总账、费用审核、资金支付等流程，或是按照会计角度划分，例如主营业务收入、主营业务成本、内部往来核算等流程。

流程框架的勾勒在目前阶段来说，仅仅是业务大范围的设计，没有具体进行详细流程的设计，很多小的分支流程会不够全面，因此它既是流程设计的指引，也会在流程设计中不断进行更新和完善，并在不断的变化中趋于完备。见图12-5。

第 12 章　财务共享服务项目规划与设计

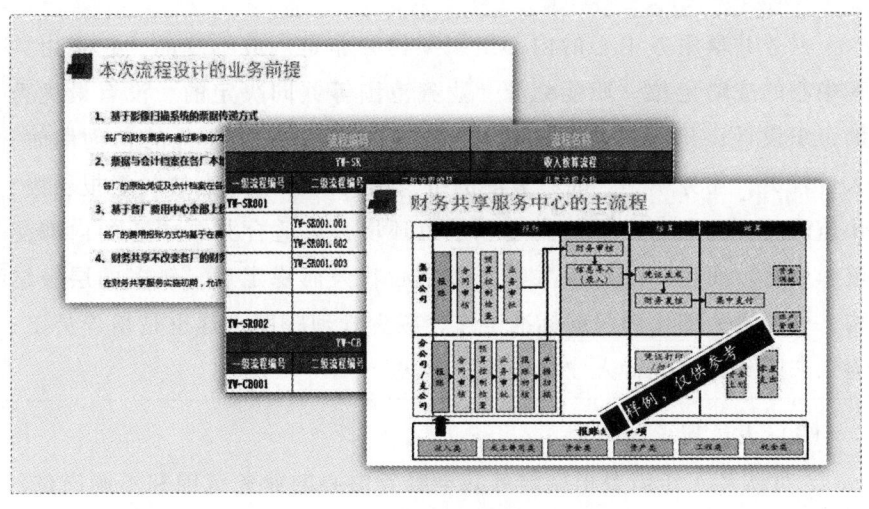

图 12-5　财务共享服务流程设计方案示例

12.1.3　组织人力规划

战略定位明确后,接下来要解决的问题,就是要做什么、由什么人来做。这一阶段的主要工作,是财务共享组织在集团整体中的组织地位,与其他部门、分子公司的组织架构关系及职能界面,内部组织的划分,人员岗位设置以及人力需求测算。见图 12-6。

阶段输出物：

- 《财务共享服务中心组织人力规划方案》

（1）财务共享服务中心的职能划分与界定

财务共享服务中心的职能划分和界定,需要进行财务工作的合理分配,规划财务共享服务中心和其他各财务组织的职责划分,信息支撑、管理方式,以及明细的具体工作内容、相关接口信息和途径。

（2）组织架构与设计

本书第 6 章——组织和人员,针对不同的财务共享服务中心组织结构划分方法进行了详细的阐述和案例展示,在此不作赘述。财务共享服务中心的组织设计可以参照本书介绍的其中一种方法进行规划,或者是结合多种方法同时运用,目前较多的财务共享服务中心采用的是以职能为主、人数为辅的方法进行架构划分。

财务共享服务

财务共享服务中心的内部组织架构并非是一成不变的，它是由共享中心的战略定位、职能划分、业务范围等共同决定的。没有最优秀的组织设计，只有最合适的组织架构。当部门处于业务的初创期时，人员较少、业务单一，简单紧凑的组织结构所带来的直接的汇报层级、快速的反应能力、良好的沟通和学习环境，更适合共享中心的内部交流和成长。而当一个财务共享服务中心壮大而稳定后，较多的层级结构，可以更为细化部门的标准工作，减少管理跨度，这也是培养员工、为未来业务拓展进行人才储备的好方法。

（3）人员需求与测算

人员测算工作需要根据财务共享服务中心的业务范围和不同岗位的业务性质，选择科学合理的测评方法，测算出各岗位的人员需求数量。不同的业务岗位，人员需求测算的方法会略有不同，需要进行合理的选择或组合。

常用的测算方法主要有：

- 业务分析法；
- 数据测算法；
- 对标测评法。

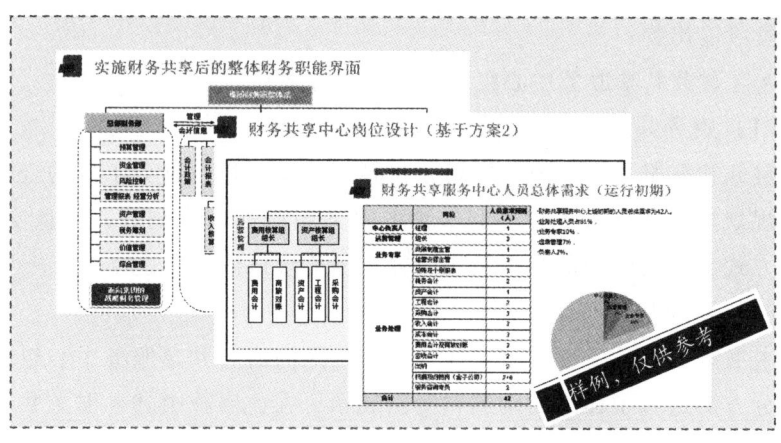

图 12-6 财务共享服务组织人力方案示例

12.1.4 信息系统规划

利用信息技术，实现流程的优化，加强系统数据的互联和共享，达

第 12 章　财务共享服务项目规划与设计

到工作效率的大幅度提升，减少人为操作所可能带来的差错，是财务共享服务中心获得成功的关键。

阶段输出物：

- 《财务共享服务中心信息系统规划方案》

（1）系统现状诊断

财务共享服务中心的系统现状诊断是建立于共享服务模式的前提下，以统一信息平台为标杆，以企业现有系统设置为依据，在系统现状及完备性基础上进行诊断。

系统现状诊断的主要工作包括：

- 各业务、财务系统现有功能、接口及数据信息的分析；
- 与共享服务模式需求相比，需新建或改造的信息系统架构、功能及需求。

（2）信息系统方案规划

信息系统方案设计的主要工作包括（见图 12-7）：

- 系统的层级结构、各层级的主要功能、包含的信息系统或系统模块；
- 各层级信息系统和模块间系统数据的流转、各系统输入和输出的信息。

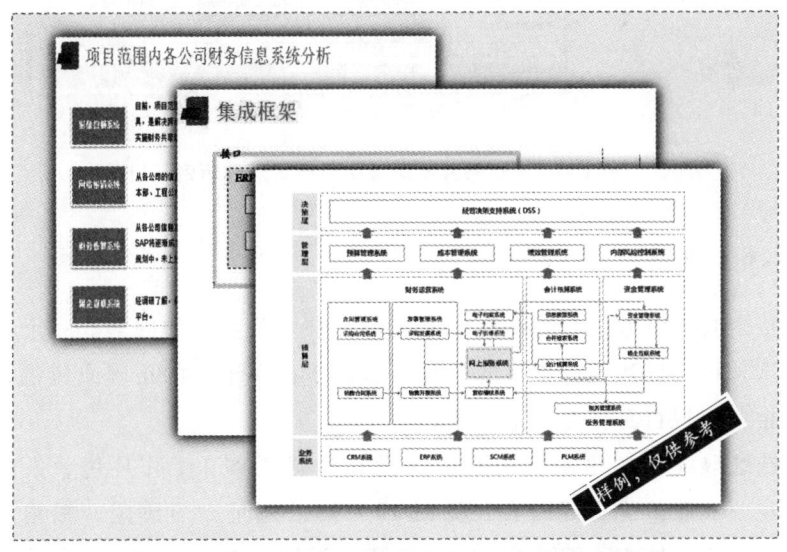

图 12-7　财务共享服务信息系统规划示例

12.1.5 建设规划

财务共享服务中心的建设是一项大型系统工程,在短期内无法一蹴而就,因此企业必须在规划阶段,设计财务共享服务中心的建设步骤,主要包括(见图12-8):

• 建设策略,即如何在组织范围内实现共享服务全业务流程的移交,试点以及业务流程优化的步骤选择;

• 实施规划,即财务共享服务中心实施推广各个阶段的安排;

• 各阶段主要工作安排,是基于实施规划各个阶段的具体工作任务。

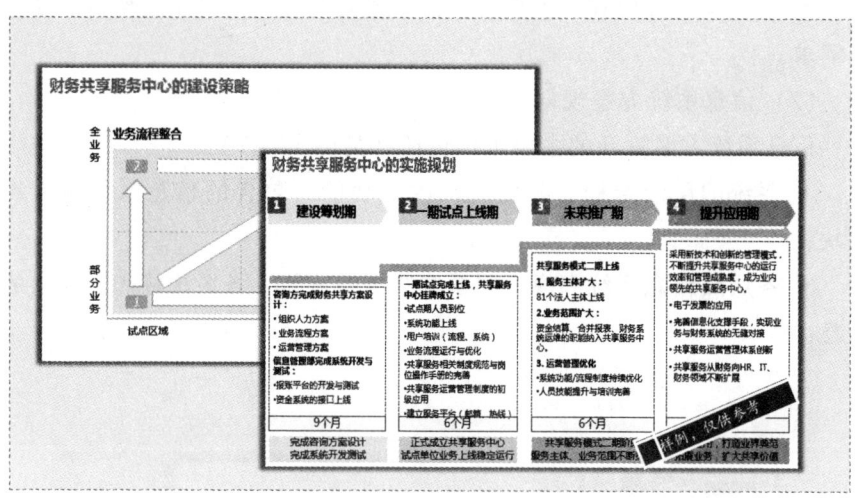

图12-8 财务共享服务中心建设规划示例

12.1.6 选址

整个共享服务中心的建设,选址是一个至关重要的因素。一个不适合的选址可能导致整个项目的失败。选址不存在绝对的正确或错误,每一个企业应视自身情况确定方案。

选址取决于共享服务中心的建设和运营成本、工作环境、人员组成、税收和政策优惠等因素(见图12-9)。选址一旦确定,根据涉及范围和选定的城市,即可开始办公场所等设计工作。

第 12 章　财务共享服务项目规划与设计

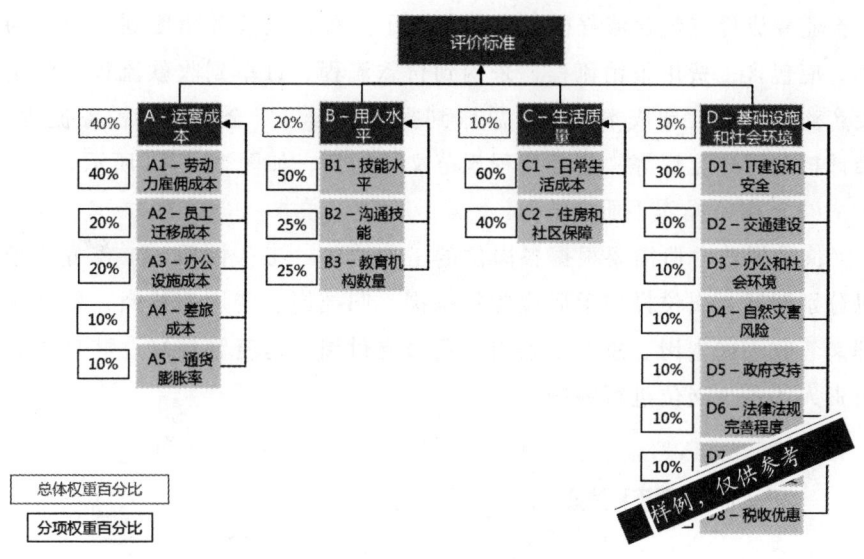

图 12 - 9　财务共享服务中心选址评估标准示例

12.2　财务共享服务项目详细方案设计

整体规划的构建搭设了财务共享服务的良好框架，但是想要真正落实到具体实施中，还需要在整体规划基础上，进行更具有可操作性的详细方案设计。

12.2.1　业务流程

业务流程是财务共享服务中心详细方案设计的重要环节，共享中心的各项业务都将在此环节中加以流程化、标准化，设计缜密、周全、高效的各项业务流程是共享中心未来顺畅运营的关键保障。见图 12 - 10。

阶段输出物：
- 《财务共享服务中心业务流程规范》
- 《财务共享服务中心岗位操作手册》

（1）财务共享服务中心业务流程规范编写

财务共享服务中心的流程设计应以文档的形式，详细阐述各业务流程的概要说明、流程图、流程描述以及一些流程中的关注点、业务或系统需求点等内容。

业务流程应包含流程框架中的各个子流程,以业务角度划分流程为例,应包含:费用报销流程、采购到付款流程、订单到收款流程、固定资产流程、存货到成本流程、总账到报表流程、资金流程、税务流程、会计档案管理流程等。业务流程规范文档示例,如图 12-10 所示。

（2）岗位操作手册

岗位操作手册需要根据各岗位的工作内容、工作性质、工作方式予以分别阐述。岗位操作手册应为扫描岗、归档岗、费用审核岗、资产管理岗、收入成本岗、总账报表岗、资金支付岗、运营管理岗、共享中心负责人等各个岗位进行编制。

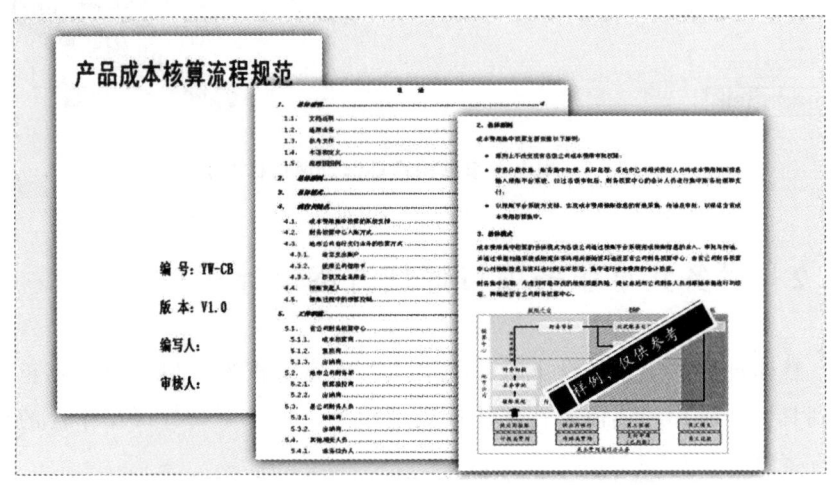

图 12-10　财务共享服务流程规范文档示例

以费用审核岗为例,其岗位操作手册需包含:
- 审批制度要求、报销发票要求、资金管理要求;
- 审核要点、操作步骤、操作规范等。

岗位操作手册示例,如图 12-11 所示。

12.2.2　组织人力

组织人力的详细方案一般包括岗位职责说明、人员发展与绩效,培训体系设计及外包资源协调等主要方面。

阶段输出物:
- 《财务共享服务中心岗位职责说明》

第 12 章　财务共享服务项目规划与设计

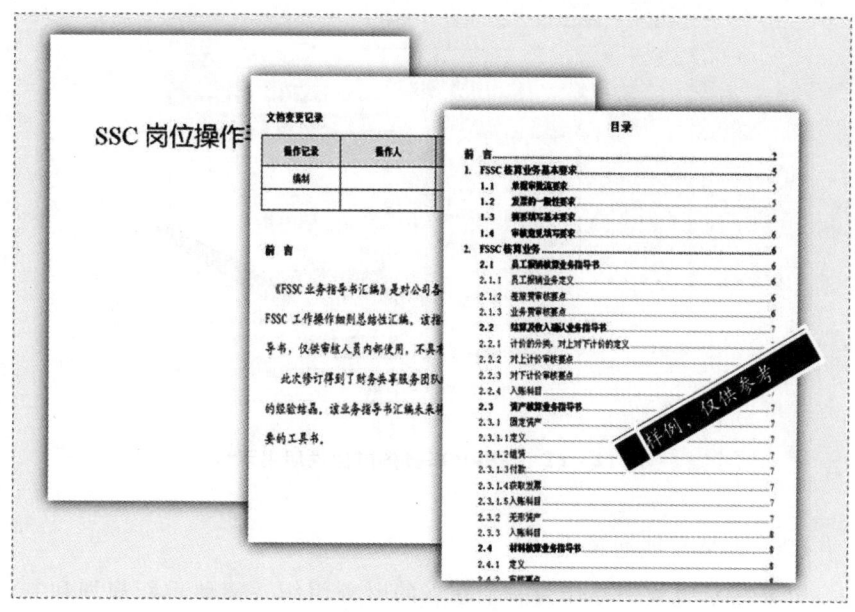

图 12-11　财务共享服务岗位操作手册示例

- 《财务共享服务中心人员发展通道设计方案》
- 《财务共享服务中心人员绩效方案》
- 《财务共享服务中心培训管理方案》

(1) 岗位职责说明

为了使人员安置后更好地了解各自的岗位职责，能够对转型后分配的新工作或新流程有所了解，应为每一个设置的岗位编制详细的岗位说明，这是组织人力详细方案的重要工作。

岗位职责说明书一般包括以下四方面主要内容：

- 工作内容简介；
- 上下级汇报层级，包括岗位工作中相关的上下游关系，汇报层级，本岗位业务的输入和输出；
- 岗位职责，涵盖岗位的业务操作要求，管理职责范围；
- 任职要求，对岗位任职的工作经验、技能，和其他相关特殊素质要求的说明等。

岗位职责说明书示例，如图 12-12 所示。

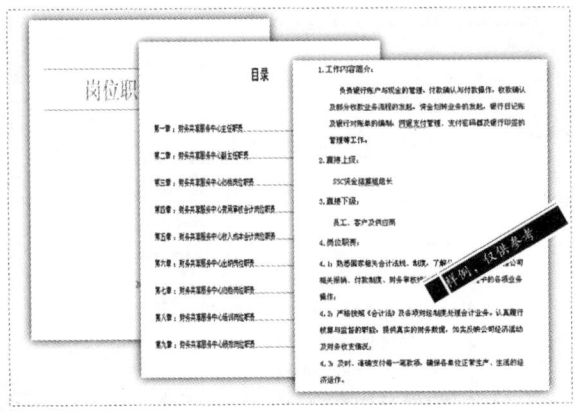

图 12-12　财务共享服务岗位说明书示例

（2）人员发展通道设计

财务共享服务中心作为一个新兴的财务组织，需要重新规划和制定共享成员的发展通道。人员发展通道方案主要内容包括：

- 各岗位的发展路径及层级介绍；
- 各层级工作经验、专业能力及人员素质要求等。

人员发展通道设计示例，如图 12-13 所示。

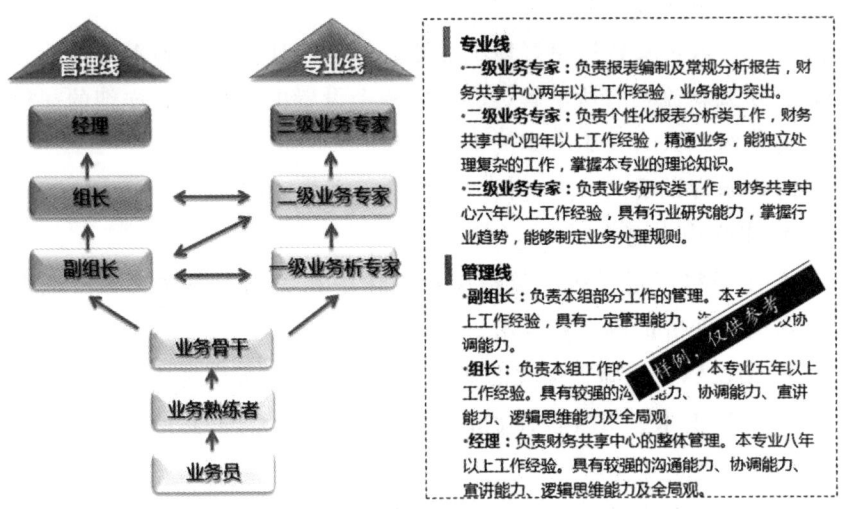

图 12-13　财务共享服务人员发展通道设计示例

第12章 财务共享服务项目规划与设计

（3）人员绩效方案设计

绩效考核指标，需尽量以定量的方式，阐明绩效考核的各项测评内容。绩效方案主要内容包括：

- 绩效考核维度、考核指标、计算公式、数据获取途径及考核对象；
- 考核频率、考核方式、考核激励办法等。

人员绩效方案示例，如图12-14所示。

（4）培训体系建设

培训体系建设的工作主要包括：

- 培训管理团队的建设、管理标准的制定；
- 培训资源的引进、培训方式的设计；

价值维度	序号	考核指标	计算公式	获得途径	考核对象
满意度	1	票据接收满意度	满意人数/调查总样本*100%	调查问卷、投诉跟踪	扫描岗
	2	单据审核满意度	满意人数/调查总样本*100%	调查问卷、投诉跟踪	审核会计
	3	…			
效率	1	票据扫描时效	影像上传时间-票据接收时间	系统取数	扫描岗
	2	领导审批时效	领导审批时间-影像上传时间	系统取数	\
	3	…			
质量	1	影像扫描准确度	当月不合格影像数/当月扫描总张数*100%	系统取数	扫描岗
	2	票据匹配准确率	当月匹配错误凭证数/当月凭证总数*100%	人工复核	
	3	…			
成本	1	每页扫描成本	(扫描员人工成本+设备折旧+纸张成本+其他管理费用分摊)/扫描总页数	人工计算	
	2	每单审核成本	(共享中心人工成本+设备折旧+办公费+其他管理费用分摊)/核算总单数	人工计算	\
	3	…			

（举例，仅供参考）

图12-14 财务共享服务人员绩效方案设计示例

- 培训的具体开展和组织、培训实施的效果评估；
- 培训文档的规范及培训课程的设计与安排等。

培训体系示例，如图12-15所示。

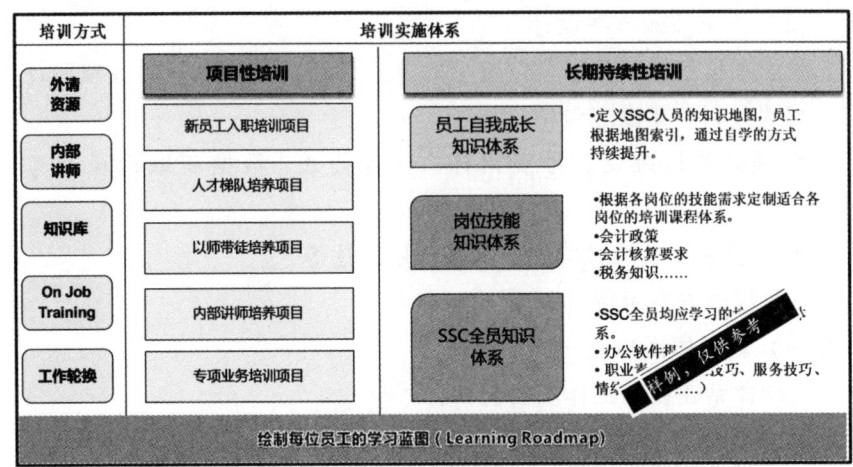

图 12-15 财务共享服务培训体系建设示例

> 财务共享服务中心的发展通道、绩效方案、培训平台搭建等方案的设计，目的是让共享服务中心的员工可以清晰的了解组织的发展前景，以及本岗位的需求、发展和提升，明确组织和自我成长的方向。从而促使共享中心成员始终保持积极进取、竞争向上、团结奋进的心态，实现将共享中心建设成为一个学习型、创新型组织的初衷。

（5）外包资源需求

财务共享服务中心的各项业务并不一定需要完全由共享中心员工独立完成，一些低附加、高度重复的工作，也可以考虑通过外包方式进行处理。例如单据扫描及档案信息的系统录入等工作，技术要求较低、重复性极高，此种情况下，如果外包处理的成本低于财务共享服务中心独立处理的成本时，可以考虑将此类业务进行外包。

12.2.3 信息系统

信息系统平台的建设涉及到企业的多个系统，包括业务系统及财务系统，因而在信息系统的设计阶段，完善的信息系统架构设计、明晰的系统需求说明书，是系统平台搭设的重要依据。

阶段输出物：
- 《财务共享服务中心信息系统架构设计》
- 《财务共享服务中心信息系统需求说明书》

第 12 章　财务共享服务项目规划与设计

(1) 系统架构设计编写

系统架构设计的整理,是对财务共享服务项目规划设计中准备引入的系统规划和设计,包括电子报账系统、影像系统、电子档案系统等相关新增系统,及系统间为搭建整体平台而产生的接口系统布局、接口需求。

系统架构方案一般包括以下主要内容:系统布局、技术平台、系统安全、环境部署、系统框架、系统性能、内外部接口、数据库及应用服务器选择、技术安全风险及应对方案等。

(2) 系统需求说明书编写

系统需求说明书的编写,是将业务语言转变为系统语言,指导系统开发团队的实际开发工作,以实现各方协调确认的系统业务需求。

系统需求说明书一般包括以下主要内容:背景和目标、适用范围、系统功能需求、系统接口等。系统需求说明书示例,如图 12 - 16 所示。

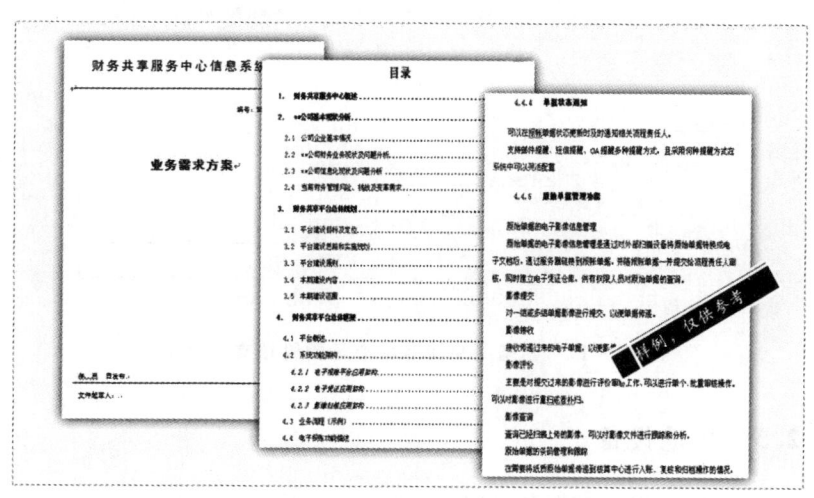

图 12 - 16　财务共享服务信息系统详细方案示例

12.2.4　运营管理

运营管理方案是通过制度的形式将运营管理体系中各项规范、要求和操作进行标准化和固化,用以指导财务共享服务中心的管理活动有序开展。因此,运营管理方案的设计是财务共享服务中心各项业务正式运

财务共享服务

行的前提。

阶段输出物：

《财务共享服务中心绩效管理办法》

《财务共享服务中心质量管理办法》

《财务共享服务中心服务管理办法》

《财务共享服务中心标准化管理办法》

《财务共享服务中心现场管理办法》

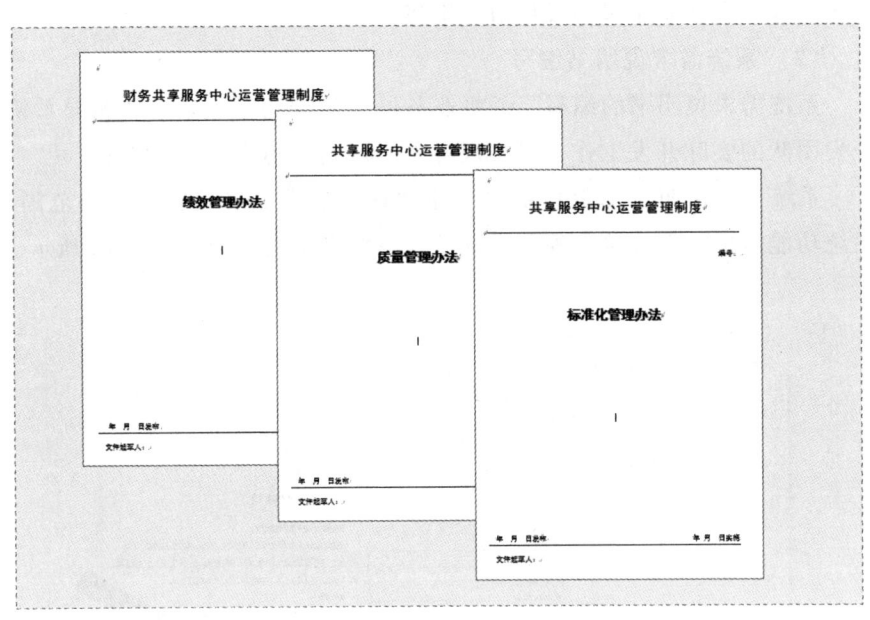

图 12-17　财务共享服务中心运营管理文档示例

12.2.5　场地设备

硬件设施的到位和齐备是财务共享服务中心开始进行测试和运行的先决条件，在财务共享服务规划与设计的最后环节，根据前期业务流程、组织人力以及信息系统的详细设计方案，就可以启动硬件设施的设计和规划工作。

阶段输出物：

- 《财务共享服务中心办公场所设计》
- 《财务共享服务中心档案室需求方案》

第 12 章　财务共享服务项目规划与设计

- 《财务共享服务中心设备需求方案》

硬件设施主要分为两大部分：一是财务共享服务中心的场地规划；二是财务共享服务中心内部的配套设备规划。

（1）场地规划

财务共享服务中心的场地规划需完成办公场所各个区域的设计，财务共享服务中心是一个高效协作的组织，工作区域设置应尽量集中，办公中心设计应包含各小组、人员的办公座位安排，办公区、会议室的位置划分，及共享中心档案室的规划与设计。

（2）设备规划

设备需求方案应包含所需的各类设备数量、品牌、型号等相关信息。设备需求主要包括电脑、显示屏、扫描仪、档案装订机、复印机及打印机等。

【案例】共享服务中心的选址方案

选址在共享服务中心的方案设计中是比较重要的一环。选址前，首先要决策的是共享服务中心是一个还是多个，以什么标准进行划分，是按地域划分还是按流程划分。确定后，需要考虑是建立在总部还是其他城市，不同的选择利弊是什么。如果上述决策并不适合企业自身，会带来各种水土不服的问题，比如用人困难，运营成本高等等。如果在人员招聘之前，选址问题迟迟确定不了，后续招聘压力会更大，因为往往一部分人会由于办公地点的变化而选择离开。

全球共享服务选址

花旗集团是共享服务领域的长期参与者，它致力于满足客户对共享服务中心的各类需求。花旗集团下的共享服务部门主要专注于财务金融领域的共享服务，花旗银行也是其主要客户之一。花旗共享服务中心几乎遍及全球，但根据其业务需要，在不同地区的密集程度有所不同。

高密度区：花旗共享服务中心最为密集的地区包括美国、巴西、印度、英国、新加坡。

中密度区：花旗共享服务中心中密度区包括墨西哥、阿根廷、南非、爱尔兰、肯尼亚、中国、菲律宾、印度尼西亚等国家。

花旗集团共享服务中心的选址是和其集团业务紧密相联的。特别是

财务共享服务

美国和英国,这两个地区并不是很适合从事共享服务,但由于这些地区是花旗集团核心业务区域,从而分布了大量的共享服务中心。在巴西、印度和新加坡的选择上,花旗集团则更多地考虑从共享服务角度如何选择。这些地区在共享服务领域在目前和将来都有一定的优势。

在花旗共享服务分布的中密度区看,他们主要承担了区域服务的职能,尽管数量不是很多,但为其未来业务发展打下了很好的基础。

由此可见,共享服务中心选址的直接意义在于和建设共享服务中心的目标或定位保持一致,不同的定位以及相关因素都会对决策结果产生影响。

国内共享服务选址

马士基目前共设立了六所共享服务中心,总计聘用了1万名员工,其中菲律宾马尼拉的服务中心规模最大。马士基于2001年在广州开设了首家中国共享服务中心,之后又并购了深圳的一家共享中心。"共享服务中心的发展成熟,我们有能力通过精益管理和六西格玛等技巧集中优化控制和流程,但也带来了留住人才的挑战,"同时产业环境的变化,也再次使得成本考量重新变得至关重要。马士基中国共享服务中心主管邵伟曾感叹道,全球金融危机对航运业的影响非同小可,马士基必须制定新的策略应对。财务共享中心在中国广州的竞争力不如从前,因此在2009年成都开设了新的服务中心,成都已成为其全球策略中心之一。

目前,马士基成都服务中心业务突飞猛进,主要负责北亚地区的客户服务流程、应付和应收账款等财务流程、马士基集装箱码头公司业务和部分物流工作。邵伟预计成都的财务共享中心行业在未来两年仍将保持高速增长。

我国境内目前已有超过450家共享服务中心,涵盖了各行各业。从布局上看,大部分共享服务中心选址在东南沿海大城市或者其周边地区,其中包括上海、北京、广州、深圳、大连等。这些城市凭借自身的资源禀赋分别在业务先进性、行业代表性、服务辐射性、规模增长性四个方面呈现出各自的特色。从业务角度而言,北京在信息技术共享中心的拥有量上排第一,上海在客户服务及行业性共享服务中心数量上排第一,大连在财务共享服务中心拥有量上排第一;从行业角度,呈现出与本地优势行业紧密关联的特点,如上海在金融业共享服务中心拥有量上占有绝对优势,而苏州在制造业拥有优势;从服务辐射区域来看,全球

第 12 章　财务共享服务项目规划与设计

性共享中心多布局上海，大连在服务东北亚地区的共享中心领域有较明显优势，而深圳在服务东南亚市场有较大优势。

与之相比，中西部内陆地区虽然尚未形成明显的城市集群，战略中心型城市缺位；与东南沿海城市相比，在经济环境、交通运输、政策扶持、产业集群等方面均有所不足，但其基础建设、人力资源、运营成本和政治环境等优势条件，必然将成为我国共享服务选址布局的走向。随着共享服务在中西部内陆城市的加速推进，中西部共享服务产业集群展现出"围绕中心城市，协同共进发展"的格局，从而使共享服务及服务外包在有限区域范围内能够形成有梯次、有衔接、完整性强的产业链条，通过合作之力打造出更为强大的承接大额高端共享服务项目的能力，成都、西安、武汉等均是企业建立财务共享中心越来越关注的重要城市。

案例来源：中兴财务云："共享服务中心的选址布局"，《首席财务官》，2016 年第 24 期。

小结

规划与设计是开展财务共享服务中心建设项目的第二阶段，也是共享项目得以顺利实施的关键阶段，这一阶段的核心工作是设计符合业务方案目标的详细操作模型，规划财务共享服务中心未来的运作蓝图。

规划与设计方案是财务共享服务中心的大纲指导，包含两大阶段的具体工作，一是财务共享服务中心的整体规划，通过在战略定位、业务流程、组织人力、信息系统、建设路径、选址等方面进行框架搭建和整体设计，对共享中心的主体方向与内容进行明确，另一方面需在本阶段工作完成后，在此基础上进行详细方案的设计，针对业务流程、组织人力、信息系统、运营管理及场地设备等细节方面予以设计、评审与确定，并辅以相应的管理制度、绩效考核等设计。精心设计、全员评审、反馈总结、优化提升，以全面支撑财务共享服务中心后续的上线实施，最大程度防范和减少初期推进的问题和阻碍。

第13章 财务共享服务项目实施与运营

财务共享服务中心的建立，具有严谨的实施逻辑，按照"361度方法"的结构勾勒出来，环环相扣，线索分明。实施与运营阶段是整个项目方案落地阶段，项目人员根据设计规划来部署实施，完成共享中心的模块实现和上线运营。同时，财务共享服务是一个持续优化的过程，共享中心在这一阶段还应建立持续的优化和改进机制。

13.1 财务共享服务实施部署

实施部署阶段的主要工作包括财务共享服务方案的实施、人员培训及沟通和上线试运行。

13.1.1 方案实施

（1）业务流程

财务共享服务中心项目的工作模式十分注重业务与技术两者的结合。业务流程是项目的开端和切入点，根据业务流程落实技术设计，最后再返回到业务流程中去。实施阶段的业务流程模块，就是从系统到业务流程的过程。这一阶段并非独立，通常需要配合这一阶段的信息系统模块的测试工作共同进行。业务流程模块的工作包括，检查是否存在流程不畅、设计有误、权限设置不当的部分，测试用户体验，并进行优化改进。

具体来讲，业务流程的测试工作包括：

①流程冗余测试。项目人员在测试中首先需要考察业务流程设计是否符合企业的操作实际，消除或置换难以实现的环节。实践中，有时会出现流程设计阶段在内控上的偏向明显影响了实施效率的情况，项目人员需要做必要权衡后，对冗余环节进行删减。

第13章 财务共享服务项目实施与运营

②流程不足测试。业务流程测试模块的工作是检验业务流程环节是否详尽完善。尽管在前期进行了充分的调研和评估，但在业务流程的测试中出现流程设计不尽完善的情况也属正常。项目人员在发现流程设计疏漏后，应及时与业务人员和系统人员沟通，完善设计阶段流程环节。

③岗位权限测试。项目人员需要在测试中考察用户权限的设置是否达到了用户角色设计初衷。例如，在审单业务流程测试时，项目人员发现有可能会出现员工单据量不均、员工积压单据的问题。为解决这个问题，项目人员在组长的岗位权限设置中，增加了任务和工作量分配的权限，就很好地解决了员工工作量不均的问题。

④用户接受度测试。主要包括了解用户使用系统之后对时效和质量的满意度，并根据测试结果，分析考虑是否进行流程环节的微调。

（2）组织人员

利用规划设计阶段的人员需求方案，项目人员需要首先完成人员调配工作。根据财务共享后的财务职能界面与测算的人员规模，企业可通过内部调配和外部招聘实现人员组织配置工作。财务共享服务的建立势必会带来人员转型的问题，因此进行人员调配的工作，需要关注以下主要因素：

- 学习能力、基本素质适应转型后岗位的职责要求；
- 建立科学的人才梯度和人力资源结构；
- 避免人员招聘不足；
- 明确人才需求标准，扩展招聘渠道。

在实践中，许多财务共享服务中心倾向于将技术性低、重复性高的业务进行服务外包。在进行外包招聘时，项目人员需要考虑服务提供商的报价，与提供商达成有关服务水平问题的共识，详尽说明将以什么样的价格、质量标准，提供什么样的服务。对外包资源的选择通常比较灵活，在考虑外部服务提供商的同时，项目人员可以充分利用公司内部的可用资源，节约成本。

（3）信息系统

信息系统是实现财务共享的工具。在整个项目实施过程中，信息系统是一个关键的模块。规划设计阶段的业务流程设计方案能否在系统中得到准确体现，关键在于系统实现能否准确执行，这是从理论向实践跨越的阶段。实施阶段的信息系统模块，包括系统开发、系统设置、系统

财务共享服务

测试和系统上线的工作。

①系统开发。根据企业的信息化水平，和共享后信息系统的方案设计，实施财务共享服务项目时一般需要开发一些尚不具备的应用系统。系统开发包括根据业务流程设计方案进行客户化开发工作，以及根据系统接口方案进行接口开发工作。

②系统设置。系统设置工作主要包括系统初始化和编写系统使用说明书。

输出物：
- 《系统初始化方案》
- 《系统初始化完成确认书》
- 《系统使用说明书》

系统初始化是指准备初始化数据并将初始化数据录入系统的过程。初始化数据类型包括静态数据和动态数据，按时准确地录入系统非常重要。在企业的基础资料很多时，系统人员一般采用数据导入的方式来减少工作量。在这种情况下，企业整理数据的时候，一方面要按照既定的规则要求进行整理；另一方面需要利用标准表格进行数据整理，以有利于数据导入的操作。

信息系统模块，项目人员需要最终获得系统人员的系统使用说明书。系统使用说明书是系统知识固化和准确传递的重要工具，项目人员需要保证系统使用说明书的专业程度、严谨性和可用性。

③系统测试。系统测试是系统投入正式运行前的重要工作，系统测试与业务流程测试相辅相承，经常是同时进行的。项目人员和系统人员需要针对测试中出现的问题，提供实时的解决方案支持。系统测试的主要工作包括：

- 新系统测试：系统人员应进行专业的单元及集成测试，调整系统设置及开发程序，进行系统验收确认。项目人员应配合系统人员测试系统是否能够满足业务流程的全部要求，是否存在系统错误等；
- 数据转换测试：主要包括测试数据转换内容、方法、任务分配，测试新旧系统的数据转换，是否存在数据传输错误等；
- 系统管理测试：具体包括灾难恢复测试、压力测试、安全测试、备份恢复程序测试，管理方案实现测试等；
- 系统界面测试：主要包括了解用户系统使用之后对界面的使用体

第13章 财务共享服务项目实施与运营

验，收集用户意见反馈，优化界面设计方案。

系统测试工作的步骤包括：
- 制定系统测试计划；
- 设计系统测试用例；
- 执行系统测试；
- 缺陷管理与改错。

（4）场地设备

①场地准备。场地设备模块的实施中，要进行的主要工作包括：
- 完成预算申请工作；
- 一次性的创建费用和后续运行费用的落实；
- 若场地是租赁的，需确保租约有效；
- 委派专业人员进行场地施工；
- 完成监督和验收工作；
- 完成办公物品登记发放、办公室除味等工作，最后完成搬迁工作。

②设备配套。完成场地设置工作后，行政人员辅助完成财务共享服务中心的设备配套，设备配套工作包括：
- 制定设备采购预算和执行；
- 物品调拨；
- 办公物品外购与内购；
- 物品摆放、办公低耗的管理等。

13.1.2 培训和沟通

在设计规划方案执行完毕后，项目人员需要组织并开展人员培训与信息沟通的工作。

财务共享服务中心的运行离不开共享组织内部人员和外部人员的大力支持，确保共享上线试运行及之后的正式运行工作，让共享中心业务操作人员在短时间内能够按照标准化的作业流程熟练操作，达到各个岗位的要求，并建立企业上下对共享中心的支持氛围，对初次建立共享服务中心来说是个不小的挑战，而及时展开广泛、公开、积极的培训和沟通工作，是解决这个问题的有效方式。

输出物：

财务共享服务

- 《上线培训课程体系安排》
- 《系统培训完成确认书》
- 《实施阶段性沟通汇报机制》

（1）人员培训与知识分享

人员培训的对象包括所有与流程、系统运行相关的最终使用者。针对不同的培训对象，项目团队在培训内容和方式上需要有所侧重，分而治之。

共享中心的业务操作人员：包括共享服务的理念和流程全景、共享中心的业务规则、业务流程操作规范等；培训方式上，可采用岗前封闭培训，并保证覆盖全员。

业务人员及相关企业员工：包括财务共享服务的理念、模块的搭建设置、提单操作规范、财务流程的基础知识；培训方式上，尽可能覆盖更多的员工，考虑成本效益原则，可采用以点带面的模式，提高效率。

实践中，有价值的知识和信息分享是项目成功实施的关键因素，知识分享相比培训来说，形式更加灵活丰富，有助于多渠道地向财务人员和企业其他员工宣贯共享服务的理念，在某种程度上，知识分享的重要性并不亚于对员工的正式培训。知识分享的对象广泛，项目人员应当积极把握各种分享和营销机会，通常可以采用的分享渠道包括：

- 发布项目公告；
- 在公司杂志或报纸上发布文章；
- 在非项目会议上演示项目；
- 对项目启动日的特别宣传；
- 在公司内部网络上发布项目信息等。

宣传的内容包括项目新闻、项目进展、项目成员文章、项目简介等，在宣传公告最初发布及项目的困难阶段，可以发布一些高层管理人员对项目的评价文章，使人们能够清楚地认识到高层管理人员对于该项目的支持。

（2）人员沟通

共享服务方案实施的过程中，项目人员需要做好沟通管理工作。人员沟通包括高层领导、项目人员与基层人员之间各层级的沟通。项目人员可以建设《实施阶段性沟通汇报机制》来组织和进行有效的沟通管理。

人员沟通的内容通常包括：

• 财务人员及业务人员在实施中遇到的问题，对项目的意见和建议；

• 阶段性汇报，主要指在项目节点，项目人员就项目的实施进展向高层领导和主要业务部门领导及骨干汇报；

• 高层领导就实施中反馈的问题与项目人员进行沟通和方案确定；

• 对基层人员的信息宣贯，有效加强员工对项目成功的信念、降低实施风险。

13.1.3 上线试运行

财务共享服务中心上线试运行过程中的优化和改进是财务共享服务中心转入正常运行的必经阶段，通过2—6个月的试运行期间，可以充分发现过程中的问题和不足，并提出优化改进措施，为共享中心正式运营提供稳定的基础和保障。

输出物：

• 《试运行方案》

• 《上线通知》

• 《试运行问题跟踪表》

• 《问题解决机制》

（1）制定方案

上线试运行工作是财务共享服务中心正式上线前的实战演练。上线试运行阶段，项目人员需制定完备的《试运行方案》，以保证试点单位和业务的有序进行。试运行方案主要内容包括：

• 确定试点正式启动的时间、范围；

• 与分子公司、配合部门的试点分工和沟通机制；

• 组织和安排项目现场人员、后台支援人员、试点人员、业务和系统人员名单；

• 试点工作计划和内容。

（2）发布通知

按照试运行方案的上线安排，项目人员需要依照时间节点适时发布上线试点通知。财务共享中心上线是项目的重要节点，是共享项目正式运营的先决条件，对项目试点发布的重视，可以有效地提高企业各层级人员对于共享实施的关注度，有力提升共享服务的影响力，推进进度。

上线通知的发布方式主要包括：
- 企业公共网站；
- 工作邮箱、即时沟通软件、工作系统页面；
- 正式的企业上线仪式；
- 网络、期刊、报纸等媒体单位。

（3）上线问题跟踪与解决

上线试运行过程中，难以避免会遇到来自系统、流程、管理等多方面的问题。项目人员需要在上线试运行过程中对问题进行持续跟踪，以此来优化项目细节，为全面正式上线做好准备。通过编制《试运行问题跟踪表》，项目人员可以及时捕捉流程运行中发生的问题、使用者反馈的意见，并针对意见制定解决方案，持续跟进问题的解决动态，直到问题解决，状态关闭。

《试运行问题跟踪表》通常包括对问题的描述、重要性评估、反馈人员、反馈时间、解决方案、解决方案负责人、预估解决时间等。

实践中，良好的问题解决机制有助于系统地解决试运行阶段出现的问题，保证对出现的问题都有对口人员进行持续跟踪和处理。问题解决机制的核心是一系列的控制手段，包括：
- 时间控制：明确问题提出时间、阶段划分情况、检查节点等；
- 形式控制：根据问题的性质，规定有效的问题沟通与解决形式，如研讨会、非正式沟通等；
- 输出物控制：使用文档对问题的解决过程进行记录，实现上线问题的知识固化。

13.2　财务共享服务的运营

在本书的第 8 章，详细介绍了财务共享服务中心的运营管理体系，这里不再赘述其具体内容。

规划与设计决定了财务共享服务中心的建设蓝图是否完善，实施落地决定了财务共享中心是否可以顺利上线，这是一个项目成功的最重要的标志。而日常的运营管理，决定了财务共享服务中心是否可以长久良好地运行，是服务能力的体现。

第13章 财务共享服务项目实施与运营

财务共享服务中心成立之后，最重要的评价标准是服务能力，具体体现在质量、效率、成本和满意度几个维度上，这是财务共享服务中心的关键 KPI，也是对客户服务水平的重要承诺。因此，财务共享服务中心的运营，必须有体系化和长效化的良好机制，才能保证服务能力的不断提升。

13.3 财务共享服务中心的持续改进

财务共享服务的实施，实现了财务管理模式从传统到创新的转变；而对财务共享服务的持续改进，则是实现财务管理模式从优秀到卓越的飞跃。

由于企业业务领域的拓展、组织结构的变化、战略目标的转变，希望通过一场管理变革毕其功于一役，建立一个一成不变的财务共享服务模式是不现实的。财务共享服务中心的构建，是一个持续演进的过程，这就需要具备持续改进的意识、敏锐的洞察力及推进一项变革的信念，建立不断进行自我优化的机制。这个过程既非革命性的，也不会引人瞩目，但只有将持续改进的理念一以贯之并付诸实践，才能构建一个充满活力的共享服务中心。

财务共享服务中心是一个动态前进的组织，不同于偶发性的波动改进，共享服务持续性的主动改进具有计划性、组织性、系统性和全员性的特点。做好共享服务中心的持续改进工作，就需要建立一套业务运转的长效支持优化体系，通过各维度的管理角度对整个组织的运营提供支持和优化措施。例如，在系统维度，项目团队需要为系统人员和共享中心的人员搭建良好的沟通平台，定期开展系统讨论会、建立系统版本优化机制。人员维度，根据不同员工的业务及管理要求建立分层级的培训体系，并针对员工发展的不同阶段和岗位职责，设计差异化的培训管理内容及方式。制度维度，通过创建长效的制度优化机制、定期评估制度的有效性、更新制度版本等。质量维度，项目人员可定期对上下游质量节点进行评估，输出存在的问题并提出改进方案。

聚沙成塔，长期的持续改进是一个积跬步以至千里的过程，重视并坚持持续改进，才能确保财务共享服务中心长期健康稳定发展，不断创造价值。

小结

实施与运营阶段的关键是满足客户需求，不断提高服务水平，保证财务指标的实现，确保流程质量、成本和时间等关键指标能得到持续的改善。通过测量共享服务质量与服务水平协议的差异、与业界标杆的对比，发现问题与机会，持续改进财务共享服务中心的流程，进行知识管理，提升人员能力，实现卓越运营。

财务共享服务中心的实施与运营阶段的核心工作，就是把设计方案转化为实际操作模型，并不断改进。设计方案的实施部署承接详细方案设计，主要工作包括设计方案的实施、培训沟通、上线试运行，以及财务共享服务中心上线后的持续改进。方案实施部署包括业务流程、组织人员、信息系统、运营管理和场地设备几个维度的具体实施工作；培训和沟通包括分对象的人员培训和知识分享，以及建立良好的项目内外部沟通机制，进行有效的沟通管理；上线试运行是共享中心正式运营之前的必经阶段，包括制定试运行方案、发布通知、问题解决三个步骤。共享服务的持续改进是组织动态优化的过程，需要建立一个涵盖系统、流程、人员、制度、质量的多维度长效优化体系，实现共享服务中心的稳步前进。

展　望

每一次科技的进步，都会对财务管理带来巨大创新。财务共享服务，是财务领域一次里程碑式的革命。财务共享服务以财务业务流程处理为基础，依托信息技术，以市场视角为内外部客户提供专业化、标准化、流程化的服务，实现优化组织结构、规范流程、提升效率、降低成本、创造价值的目标。从某种程度上说，财务共享服务是一种从财务视角对企业管理模式的创新和再造，是对传统财务活动的一次全方位、革命性再造。

1. 财务共享服务中心的未来发展趋势

在未来，共享服务的发展将会有三个方面的趋势：

- 财务共享服务中心的全球化

随着国家经济实力的提升，中国涌现出越来越多的全球化企业，复杂的内外部环境要求企业构建世界级能力的财务管理模式，分散的财务管理必然向更加集成、拥有更高管理水平的财务管理体系转变，这意味着更多全球化的共享服务中心将会出现。只有世界级的企业，才能产生世界级的管理理念和管理系统。

- 财务共享服务中心的智能化

财务共享服务中心，是将财务的基础业务集中起来，不断进行专业化、标准化、流程化、自动化和智能化。对人工操作耗用极大的基础业务，如财务审核、交易处理、资金结算、对账等越来越多的工作将会被计算机替代，财务自动化程度将越来越高。而图像识别、语音识别、自然语言处理、机器学习等人工智能技术的应用，将帮助财务共享服务中心更加智能化，自动完成由人工完成的更多任务，极大提高财务在基础业务中的处理效率和处理能力。

- 财务共享服务中心会向 GBS（Global Business Service）模式发展

财务共享服务

非核心业务领域都可以被共享，共享服务中心不再仅仅局限在财务领域，会将财务、人事、IT、法务、供应链、研发、商务等职能整合在一起，它结合了多种服务交付模式的优势，包括共享服务、外包、离岸服务和IT解决方案，旨在提高支持性服务的效力和效率。企业集团化、全球化、多元化的发展中，把价值链的辅助活动集中起来，建立全球共享服务中心（GBS）的趋势是不可阻挡的。

GBS这一模式，正在全球跨部门、跨职能的业务活动中得到应用。GBS的发展，使得共享服务中心提供服务业务的广度、深度、灵活度得到了拓展，并使客户获取交付的方式在地域、时间、设备等方面更为云化，也让共享中心的目标从传统的成本降低、效率提升，延伸至提供产品和服务，从而获取价值。GBS的发展，将促使共享服务成为全球化资源协作的关键，为中国企业的全球化战略提供巨大的商机和推动力。

2. 共享服务将更好地支持企业未来的发展

在经济全球化时代，企业从国内经营走向全球市场，跨国企业是当今世界经济中除国家以外最活跃的国际行为主体，是当今世界经济活动的主要组织者。

中国企业经历了十几年的对外投资急速增长，中国企业已经初步实现了"走出去"，活跃在全球经济一体化的舞台上，并扮演越来越重要的角色。

在中国企业的国际化的道路上，企业需要不断总结经验，自我调整，把国际化作为价值链优化与竞争力提升的手段。共享服务中心作为跨地域、跨职能、整合企业不同领域的能力和商业知识的最佳实践，建立全球共享服务中心无疑是中国企业加速实现价值链转型、完成国际化拓展的重要工具和手段。

全球化的共享服务中心优势非常明显。首先，战略制定方面，全球共享服务中心作为数据中心为管理层提供数据分析报告作为决策依据，支持企业的中长期战略进行统筹规划和部署；其次，战略执行方面，全球共享服务中心可实时反映某一地区或某项业务的运营情况，提供了精细化管理途径，降低企业的经营风险；最后，全球财务共享服务中心可迅速配置资源，整合后台以支持企业的快速拓展，帮助企业在核心业务上获得竞争优势，为企业的国际化进程提供了坚实后盾。

展　望

全球共享服务中心不是一个封闭的基础操作后台，它实现了对数据的深度挖掘和分析，帮助管理者决策，支持企业全球资源的优化配置，加速企业的国际化进程。我们深信，在中国企业集团化、国际化的道路上，全球共享服务中心将扮演举足轻重的角色，使中国企业国际化扩张的步伐更加强劲、稳健。

后　　记

距第一本《财务共享服务》的出版已有 6 年之久，经过这 6 年的积累与整合，磨砺与沉淀，这一本《财务共享服务》终于面世，这本书的编写，融合了前书的精华所在，并结合近年来共享行业的发展以及技术的进步，展开了更为严谨、全面、系统、前瞻的理论研究和实践总结。

本书在建立中国企业自己的全球财务共享服务中心的实践基础上，通过学习、借鉴、创新和发展，提出了符合中国国情、切实可行的财务共享服务的思路、框架、模式和方法，这些研究和实践成果，曾在众多共享服务行业峰会和论坛上进行宣讲和交流，并得到了国内外同仁的一致好评。

当然，作为学术性的探讨和实践性摸索，其中一定有不少地方失之偏颇或遗漏疏忽，在此，恳请所有善意的读者对本书提出宝贵建议，也诚邀广大读者和我们一起讨论、完善。

本书出版之际，我要诚挚地感谢原中兴通讯股份有限公司执行副总裁、CFO，现中兴新通讯有限公司董事长韦在胜先生，他对我的信任、支持和指导，是鼓励我创新和实践的重要动力。

同时，我要衷心感谢参与此书编著的财务云的各位同仁，孙彦丛、郭奕、赵旖旎、贾晚晴、毛蓉，她们在本书的编写过程中倾注了大量的心血；感谢为财务云的建设作出贡献的杨慧颖、郑立红、熊黎、董皓、陈东升、孙苗、杨利明；感谢为财务共享服务理念进行实施推广的陈春华、李伯丽、徐影、郑菲、宁燕、党梅梅、李菲、付博、钟妙宁、白月、武琦；以及财务云的全体同事，你们的辛勤工作和具体实践，是本书得以顺利完成的源泉和基础，本书的交付成稿凝聚着你们实施建设和咨询总结的智慧结晶。

在此，也要感谢中国财政经济出版社的编辑们，感谢你们对本书的编辑排版付出的艰辛努力。

后　记

　　我们的理论框架和实践经验的积累和总结不只来源于财务云自身，更是来自与财务云一同协作，合作共赢的客户们，在此也要感谢他们对财务云的信任和托付，并向他们表示诚挚的感谢。

　　路漫漫其修远兮，吾将上下而求索，十几年的财务学习和工作，记载了我在求知道路上探索的艰辛，然而，财务共享服务的日益发展和开拓，为中国企业全球化、为财务管理变革所展开的更为广阔的天地，更为新颖的视角，亦让我被深深地吸引，始终感受到创新的快乐。

　　我坚信，未来的财务，是共享服务的天下，未来的财务共享服务中心，是中国企业走出去，创建全球整合企业的支点和必由之路！

陈虎

2014 年 9 月

参考文献

［1］Michael Hammer and James Champy. Reengineering The Corperation ［M］. Harper business, 1993.

［2］Ikujiro Nonaka, Hirotaka Takeuchi. The knowledge-creating company: How Japanese Companies Create the Dynamics of Innovation ［M］. Oxford University Press, 1995.

［3］迈克尔·波特：《竞争优势》，北京华夏出版社1997年版。

［4］罗伯特·N. 安东尼：《管理控制系统》，机械工业出版社1998年版。

［5］James A. Hall. Accounting information systems ［M］. South-Western College Publishing, 1998.

［6］Barbara Quinn, Robert Cooke, Andrew Kris, 郭蓓［译］：《公司的金矿——共享式服务》，云南大学出版社2001年版。

［7］Tom Olavi Bangemann. Shared services in finance and accounting ［M］. Gower Publishing Ltd, 2004.

［8］布赖恩·伯杰伦：《共享服务精要》，中国人民大学出版社2004年版。

［9］安德鲁·克里斯、马丁·费伊，郭蓓［译］：《服务共享》，中国人民大学出版社2005年版。

［10］塞德里克·里得、汉斯·迪特尔·朔伊尔曼、SAP财务团队著：《财务总监——作为企业整合者》，上海财经大学出版社2005年版。

［11］罗伯特·S. 卡普兰、戴维·P. 诺顿、博意门咨询公司［译］：《组织协同——运用平衡计分卡创造企业合力》，商务印书馆2008年版。

［12］J. 佩帕德、高俊山［译］：《业务流程重组》，中信出版社2009年版。

[13] 费南多·德里亚斯迪贝斯、菲利普·科特勒，刘云松［译］：《赢在创新》，上海财经大学出版社2012年版。

[14] 普华永道著、王立彦、宋焱、代冰彬、高强译：《首席财务官——公司未来的建筑师》，北京大学出版社2002年版。

[15] 世界银行世界发展报告编写组：《1998—1999年世界发展报告：知识与发展》，中国财政经济出版社1999年版。

[16] 王平心：《管理会计应用与发展的典型案例研究》，经济科学出版社2002年版。

[17] 林达：《总统是靠不住的——近距离看美国之二》，三联书店2004年版。

[18] 陈良华等：《基于供应链理论的会计信息重构研究》，东南大学出版社2004年版。

[19] 陈虎：《论会计信息化与网上报销》，经济科学出版社2005年版。

[20] 张雁翎、扶青：《ORACLE财务管理系统教程》，清华大学出版社2006年版。

[21] 田俊国：《ERP项目实施全攻略》，北京大学出版社2007年版。

[22] 张瑞君：《财务管理信息化——IT环境下企业集团财务管理创新》，中信出版社2008年版。

[23] IBM中国商业价值研究院著：《洞察中国——创新、整合与协作：中国企业跨越式发展之路》，东方出版社2008年版。

[24] 陈虎、董皓：《财务共享服务》，中国财政经济出版社2009年版。

[25] 陈虎、李颖：《财务共享服务行业调查报告》，中国财政经济出版社2011年版。

[26] 殷焕武、周中华：《项目管理导论》，机械工业出版社2011年版。

[27] 吴鹏跃、肖红根：《ERP项目实施教程》，清华大学出版社2013年版。

[28] Ray Bell and Philip Browm. An Empirical Evaluation of Accounting Income Numbers［J］. Journal of Accounting Research，1968.

［29］William H. Beave. The information Content of Annual Earnings Announcements［J］. Journal of Accounting Research, 1968.

［30］Kaplan R. Yesterday's accounting undermines production［J］. Harvard Business Review, 1984 (7-8).

［31］Leech. S. A. The theory and development of matrix——based accounting system［J］. Accounting and business research, 1986 (16).

［32］Michael Hammer. Reengineering work: Don't Automate, obliterate［J］. Harvard Business Review, 1990.

［33］A Alter. The Corporate Make-over［J］. CIO, 1990 (9).

［34］R. Eccles. The Performance Measurement Manifesto［J］. Harvard Business Review, 1991 (2).

［35］B. Elliott. The Third Wave Breaks the Shores of Accounting［J］. Accounting Horizons, 1992 (6).

［36］P. Drucker. We Need to Measure, Not Count［J］. The Wall Street Journal, 1993 (13).

［37］Housel T, Bell A, Kanevsky V. Calculating the value of reengineering at pacific bell［J］. Planning Reviewl, 1994 (1).

［38］Donna K, Hirschfield R. The benefit's of sharing［J］. HR Focus, 1996 (9).

［39］David Wslters, Geolf Lancasterzai. Value and information-concepts and issues for management［J］. Management Decision, 1999 (37).

［40］Elizabeth Van Denburgh, Denis Cagna. Doing more with less［J］. Electric Perspectives, 2000 (1).

［41］Leland I. Forst. Shared services grows up［J］. Journal of Business Strategy, 2001 (4).

［42］Joseph Soalheria. Designing a successful plan for your Shared Services Centre［R］. Shared Services Summit China 2007, 2007 (1).

［43］Gerry Clark. Offshoring and Outsourcing your Finance&Accounting Shared Services［R］. Finance and Accounting Shared Services Conference, 2007 (2).

［44］沃尔特·哥萨奇、雅瑞特·西佛尔斯通、安德鲁·里奇："企业应变之术",《展望》, 2010年第3期。

［45］汤云为、陆建桥："财务会计发展所面临的挑战与出路",《会计研究》,1997年第1期。

［46］傅元略:"从财务会计电算化系统扩展成经营决策支持系统的探讨",《会计研究》,1997年第12期。

［47］薛云奎:"论当代会计学科的发展与变革",《会计研究》,1998年第1期。

［48］张广、陈翔、朱朝华:"会计信息体系结构的发展",《会计研究》,2002年第10期。

［49］刘昊:"知识管理下企业的人力资源管理",《广西社会科学》,2003年第2期。

［50］毛华扬、陈泳伶:"中国会计电算化的发展阶段",《中国会计电算化》,2003年第3期。

［51］谢洪明、刘常勇:"技术创新类型与知识管理方法的关系研究",《科学学研究》,2003年第5期。

［52］陈虎、韩玉企:"企业信息化之网上报销",《中国总会计师》,2005年第4期。

［53］张西超:"组织变革中的员工心理压力分析与应对",《经济导刊》,2006年第1期。

［54］王明亮:"以共享服务中心推动财务管理升级",《新理财》,2006年第6期。

［55］李明辉:"论企业风险管理组织架构的设计",《科学学与科学技术管理》,2008年第1期。

［56］张瑞君、陈虎、胡耀光、常艳:"财务共享服务模式研究及实践",《管理案例研究与评论》,2008年第3期。

［57］陈虎、董皓:"信息技术领航——财务共享服务的信息系统支撑"《财务与会计》,2008年第10期。

［58］杨柯、闻华:"知识创造的SECI模型和知识螺旋",《管理学家》,2008年第11期。

［59］刘放:"论集团管控模式的选择与总部职能定位",《江苏企业管理》,2009年第4期。

［60］矫艳、王兆蕊:"财务共享模式下会计相关内控要点",《财务与会计》,2010年第11期。

[61] 陈虎、陈春华："共享服务实施中需要关注的问题"，《财务与会计》，2011年第6期。

[62] 胡炯："试述企业战略目标在内部控制目标体系中的地位"，《时代金融》，2012年第4期。

[63] 钟邦秀："大型跨国集团企业财务共享服务中心构建模式研究"，《财会研究》，2012年第5期。

[64] 袁源、简柏特 Tiger Tyagarajan："服务外包中国迎新机"，《国际金融报》，2012年第5期。

[65] 林斌、舒伟、李万福："COSO框架的新发展及其评述"，《会计研究》，2012年第11期。

[66] 董兴荣、曾飘："精益财资"，《财资中国》，2012年第11期。

[67] 郑晓芳："共享服务：整合型企业的全球化策略"，《商学院》，2012年第12期。

[68] 翼亚楠："浅谈从分散到集中再到共享的财务管理模式"，《现代商业》，2012年第26期。

[69] 董秀琴："COSO内部控制框架最新进展及评价"，《财会通讯：综合（上）》，2013年第3期。

[70] 胡泳："六个西格玛简介"，《21世纪经济报道》，2003年第12期。

[71] 张建华、刘仲英："世界著名公司知识管理激励机制"，《同济大学学报（自然科学版）》，2004年第7期。

[72] 张瑞君、陈虎、胡耀光："企业集团战略执行的保证策略：财务共享服务模式研究——记中兴通讯管理创新的最佳实践"，《中国企业管理案例论坛（2007）暨"首届中国人民大学管理论坛"论文集》，2007年。

[73] 陈虎：《会计流程再造的集成网络财务系统研究》，南京理工大学，2005年。

[74] 陈可：《财务管理革命：财务共享模式研究及应用》，厦门大学，2008年。

[75] 符小波：《信息系统集成的风险评估研究》，同济大学，2008年。

[76] 万蓓：《财务共享服务模式下企业绩效管理问题探讨》，江西

财经大学，2010年。

[77] 刘霞：《辉瑞制药财务共享服务运营策略研究》，大连理工大学，2011年。

[78] KPMG：中国共享服务及外包驶入扩展型全球企业时代［EB/OL］。

[79] 圆石金融研究院，财资金融研究室：构建"财务共享服务中心"是集团财资管理的核心环节［EB/OL］。

[80] 国金证券：大数据时代即将到来［EB/OL］。

[81] 王阳：2013年IBM软件发力大数据和分析、移动、云计算等6大领域［EB/OL］。

[82] 田溯宁："反馈经济"及相关商业模式正在初露端倪［EB/OL］。

[83] 德勤：2011 Global Shared Services Survey Results［EB/OL］。

[84] 安永：中国共享中心研究［EB/OL］。

[85] 埃森哲：多功能共享服务［EB/OL］。

[86] ACCA, HfS Research. Finance leaders on sourcing success［EB/OL］。

[87] ACCA，德勤：中国企业财务共享服务现状与展望［EB/OL］。

[88] ACCA. Expert insights on shared services and outsourcing［EB/OL］。

[89] 张静：重新发现知识管理——访台湾著名知识管理专家陈永隆博士［EB/OL］。

[90] 安永：财务共享服务中心的理解［EB/OL］。

[91] COSO委员会发布，中国企业内部控制标准委员会（财政部会计司）译：内部控制——整合框架［EB/OL］。

[92] 商务部：2013年我国对外直接投资简明统计［EB/OL］。

[93] 李纲、杨葳、高爽怡：中国企业，全球梦想［EB/OL］。

[94] 毕马威：龙的腾飞2013：中国服务外包城市巡览［EB/OL］。

[95] 陈虎、孙彦丛等：《财务就是IT——企业财务信息系统》，中国财政经济出版社2017年版。

[96] 马歇尔·B.罗姆尼、保罗·约翰·施泰因巴特著，张瑞君、程玲莎［译］：《会计信息系统（第12版）》，中国人民大学出版社2013年版。

[97] ACCA、中兴财务云、通用电气（GE）全球运营：《2017中国共享服务领域调研报告》，2017年。

财务云丛书

财务就是 IT

陈虎 等著

ISBN：978-7-5095-7400-3

财务共享服务案例集

陈虎、陈东升 主编

ISBN：978-7-5095-5545-3

从新开始

陈虎 等主编

ISBN：978-7-5095-7704-2

GBS全球共享服务

陈虎 等编译

ISBN：978-7-5095-7856-8